RENCONTRES
475

Série *Linguistique*
dirigée par Franck Neveu
4

La Connexion corrélative

Actes du colloque « Connexion (plus ou moins) corrélative »
organisé le 28 octobre 2016 à l'université de Strasbourg
en partenariat avec l'université de Paris

La Connexion corrélative

De la phrase au discours

Sous la direction d'Audrey Roig et Catherine Schnedecker

PARIS
CLASSIQUES GARNIER
2021

Audrey Roig, docteure en langues et lettres de l'université libre de Bruxelles, est maître de conférences habilitée à diriger des recherches à l'université de Paris et membre du laboratoire Éducation, discours, apprentissages (EDA). Ses recherches portent principalement sur la syntaxe du français (détermination nominale, connexions syntaxiques) et sur l'histoire du discours grammatical.

Catherine Schnedecker est professeur de linguistique française à l'université de Strasbourg depuis 2002 et responsable scientifique de la revue *Langages* depuis 2010. Ses domaines de recherches portent sur la cohésion textuelle (chaînes de référence, marqueurs de structuration textuelle, anaphore et coréférence), la sémantique référentielle et la lexicologie (noms généraux, noms d'humains).

ISBN 978-2-406-10491-9 (livre broché)
ISBN 978-2-406-10492-6 (livre relié)
ISSN 2103-5636

INTRODUCTION

Portrait de la *connexion corrélative*

Suivant les différentes travaux menés sur le sujet (Allaire 1982, Lehmann 1988, Schnedecker (dir.) 1998, Hadermann *& al.* 2006, Pierrard 2008, Corminboeuf 2009, Mignon 2009, Svensson 2010, etc.), la *corrélation* peut être entendue comme *l'expression de toute relation d'interdépendance morphosyntaxique et/ou sémantique, voire pragmatique, entre deux séquences, de telle sorte que la présence de la première présuppose la présence de la seconde, et réciproquement. De l'instauration de cette relation d'interdépendance procède alors l'effet de connexion qui caractérise les séquences corrélées* (Roig 2015). Par extension, de l'adjectif *corrélatif* pourra être donnée la définition suivante : *qui met en relation d'interdépendance morphosyntaxique et/ou sémantique, voire pragmatique, deux séquences, de telle sorte que la réalisation de la première oblige la production de la seconde et vice-versa* (*ibid.*). Et ce sont précisément sur les marqueurs « corrélatifs » qu'entend revenir cet ouvrage.

Au niveau de la phrase, les structures impliquées par la corrélation sont nombreuses et relèvent essentiellement de deux types. La première façon de corréler deux séquences repose sur l'utilisation de *marqueurs corrélatifs* :

a) *Marqueurs uniques* : il s'agit de marqueurs anciennement doubles mais qui, par grammaticalisation, fonctionnent à ce jour en un seul bloc d'un point de vue syntaxique. Unités minimales irréductibles, ces marqueurs permettent l'articulation de deux séquences corrélées surtout par les procès mis en relation. Ex. : *à mesure que/de, au fur et à mesure de/que, comme, au point que, en corrélation avec, en fonction de, parallèlement à*, *en parallèle*, etc.
b) *Marqueurs doubles* : marqueurs qui fonctionnent par deux, au degré de grammaticalisation moindre qu'en (a) en raison de la possibilité d'intégrer un terme – le plus souvent un adjectif ou un participe

passé selon les cas – entre les deux composantes du marqueur (*cf.* Hadermann *& al.* 2013). Par exemple : *ainsi...que, autant... que, aussi...que, de même...que, mieux...que, moins...que, plus...que, si...que, tant...que, trop...pour que, aussi...que, tellement...que*, etc.

Ces deux premières catégories ont fait l'objet de nombreuses études déjà, à l'inverse de la troisième famille de marqueurs corrélatifs qui a moins retenu l'attention et qui mérite pourtant qu'on y revienne :

c) *Marqueurs bi-/polynomiaux* : marqueurs qui fonctionnent toujours par deux minimum. La corrélation, morphosyntaxique mais également sémantique et pragmatique à ce niveau, oblige à la coprésence de deux membres corrélés (au moins) en vertu du principe de coréalisation des items corrélatifs (d'un point de vue normatif[1]) : en situation de marqueurs bi-/polynomiaux, en effet, les instructions interprétatives portées par les marqueurs laissent attendre une suite qui, dans les faits, se réalise souvent, mais pas exclusivement, au moyen d'un marqueur du même paradigme ; l'absence d'éléments subséquents provoquant un sentiment d'incomplétude ou d'inachèvement. Dans cette catégorie, l'on distingue les cas où : (a) les termes corrélatifs ne sont morphologiquement pas en tous points identiques (*d'une part... d'autre part, premièrement...deuxièmement, non seulement...mais, sinon... du moins, celui-ci...celui-là, le premier...le deuxième, l'un...l'autre*, etc.) ; (b) les termes corrélatifs sont morphologiquement et lexicalement identiques (mais éventuellement de sens contraire) : *ni...ni, et...et, plus...plus, autant...autant, tant...tant, tantôt...tantôt, tel...tel*, etc.

La deuxième manière de corréler deux prédications passe par l'emploi de tournures syntaxiques particulières (*cf.* Allaire 1982, Corminboeuf 2009), comme, sans exhaustivité :

- l'absence même de connecteur entre les deux prédications, qui entretiennent un lien du type *protase-apodose* ;
- l'inversion du sujet et du verbe dans la première prédication (Préd1) + (*que* +) énonciation du fait principal dans la seconde prédication (Préd2) (« subordination inverse ») ;

1 *Cf.* règle de *grammaticalisation seconde* formulée par Deulofeu (2001).

- l'emploi d'une forme injonctive en Préd1 + (*que* +) verbe au subjonctif en Préd2 ;
- l'usage, enfin, d'adverbes de négation en structure *ne V1 pas… que… ne V2.*

La corrélation couvre ainsi un spectre de phénomènes très large, qui paraissent pour la plupart assez bien codés mais qui, dans les faits, ne répondent pas toujours aux règles imposées par la norme. C'est le cas de la corrélation rendue au moyen des marqueurs bi-/polynomiaux par exemple, dont les instructions interprétatives sont parfois données par des marqueurs différents de ceux logiquement attendus, comme « *Premièrement* (§ 1). *D'autre part* (§ 2) » ou les corrélatives en « *soit… (ou) sinon…* ».

(1) *Premièrement*, d'après le JDD, les Parisiens bénéficieraient d'une diminution du bruit de 1,2 décibel la nuit et de 0,5 le jour. Or, Il faut savoir que diminuer le volume des nuisances sonores de 1 dB est imperceptible pour l'oreille humaine.
D'autre part, selon la mairie de Paris, la baisse de la limitation de vitesse sur le périphérique aurait permis de réduire les bouchons (« l'effet accordéon »). Or, les Franciliens qui empruntent régulièrement le périphérique estiment au contraire que le temps passé dans les embouteillages a plutôt augmenté depuis un an. (Internet : http://www.40millionsdautomobilistes.com/sites/default/files/20150119periphlebilan.pdf)

(2) (a) […] il y a les deux *soit* ils veulent offrir un livre très précis bon on l'a on l'a pas quand on l'a pas si c'est urgent ils achètent pas on commande pas et euh *sinon* ils demandent conseil (*Corpus de français parlé parisien* (*CFPP*), [14-01])
(b) Pendant l'hiver, ça c'est le cinquième point, le gazon amène son petit chauffage. Quand il fait trop froid, *soit* ils ont des chauffages pour les stades assez grands, comme le Stade de France, *ou sinon* ils ont des bâches de protection pour l'hiver quand il gèle ou quand il neige, parce que l'herbe n'aime pas trop le froid, donc ils ont leur petit chauffage d'hiver, le petit chauffage d'appoint, ils ne se font pas chier. (Internet : https://www.monsuperjardin.com/2-couleurs-pelouse-football/)

Les contributions rassemblées dans cet ouvrage entendent ainsi revenir sur le fonctionnement, synchronique et diachronique, d'items corrélatifs (et, consécutivement, des structures corrélatives qu'ils composent) qui « désobéissent » aux règles de la corrélation lexicale rigidement codifiée (et donc fortement attendue), que ce soit (A) par le biais d'un croisement avec une autre structure corrélative (cas de dissymétrie lexicale), et/ou (B) parce que le corrélatif, initialement de phrase, tend à connaître un emploi d'organisateur textuel (ou réciproquement). Car les marqueurs corrélatifs phrastiques, en dépit de la rigidité pensée de la structure syntaxique générée, peuvent se « métamorphoser » – se *grammaticalisent*-ils ? Se laissent-ils *réanalyser* ? (*cf.* Groupe de Fribourg 2012) – en organisateurs textuels (B1), quand ils ne connaissent pas le cheminement inverse (B2), passant alors d'une liaison discursive/énonciative à une liaison « intraphrastique ».

Le premier cas de figure (A) peut être illustré par les corrélatifs *soit... soit* par exemple. Si l'origine verbale de ce marqueur corrélatif ne fait plus de doute (Roig 2015), *soit* est souvent rencontré aujourd'hui aux côtés d'autres items comme *ou (bien)* ou *sinon*, tandis qu'il tend parfois même à disparaître physiquement de la chaîne écrite/parlée :

(3) Tes pauvres restes seront jetés, *soit* dans un crématoire... [ø] enterrés dans un endroit quelconque... *ou*, plus rarement, proposés à la famille pour être inhumés... (R. Cauvin, P. Bercovici, *Les femmes en blanc : le chant du panaris*, 33, Dupuis)

Par ailleurs, la paire de corrélatifs *soit...soit / ou* exerce dans certains cas un rôle d'organisateur textuel/discursif (B1), à l'image peut-être des corrélatifs « *D'une part.... D'autre part...* », « *Premièrement.... Deuxièmement...* », « *Primo.... Secundo...* », « *Dans un premier temps.... Dans un second temps...* », etc. (*cf.* Schnedecker & Bras 2011 ; Bras & Schnedecker 2013, 2014) :

(4) Il n'y a donc pas trente-six choix possibles – mais il y en a ! *Soit* se soumettre aux injonctions des investisseurs internationaux qui contraignent et le volume brut de la dette publique et les conditions dans lesquelles il est contracté. *Ou bien*, sous l'hypothèse (d'ailleurs discutable) où l'on désire demeurer dans le registre du financement obligataire pur, opter pour la renationalisation majoritaire du financement des déficits en organisant l'allocation massive des épargnes nationales (évidemment pour les pays, comme la France, qui en disposent...) vers les titres de l'État. (F. Lordon, « Et si on commençait la démondialisation financière ? », monde-diplomatique.fr, mai 2010)

Ces connecteurs, rangés parmi les *déterminants de l'énonciation* chez Van Raemdonck (2011 : 165) ou Guimier (2009 : 97) lorsqu'ils organisent l'argumentation[2], ne livrent pourtant pas d'« information relative (a) à la personne énonciative [...], (b) au repère énonciatif [...] ou (c) à la modalité énonciative » (Wilmet 2003 : 575) en tant que telle. Par conséquent, *soit* et *ou bien*, dans un énoncé tel que (3), sont-ils vraiment incidents à l'énonciation ? Cette question ouvre la porte à d'autres interrogations : y a-t-il des marqueurs corrélatifs qui portent sur l'énonciation ou sur l'organisation métadiscursive plutôt que sur l'énoncé (Schnedecker 1999, 2001, 2017) ? Dans le cas d'une réponse positive, quelles sont les conditions qui permettent à ces connecteurs de porter sur la composante énonciative plutôt que sur celle de l'énoncé (ou réciproquement) ?

Le cas B2, faisant état de corrélatifs passant de la liaison textuelle à la liaison intraphrastique, peut être illustré par des marqueurs comme *cependant* et *alors*. Comme le relèvent Benzitoun (2007) et Saez (2009) notamment, l'adverbe *alors*, proprement oppositif/adversatif quand il est combiné à *que* (« *alors que* »), plutôt temporel quand il est utilisé seul (à l'image de son emploi dans l'exemple 5), conduit parfois à une lecture consécutive lorsqu'il entre dans la formation d'une structure corrélative aux côtés de *quand* (exemple 6) :

(5) Il m'a fait un sale coup. *Alors* je me suis vengée (des années plus tard) (Le Draoulec & Bras 2007 : 90)
(6) *Quand* tu seras plus grand, *alors* tu comprendras (Benzitoun 2007 : 245)

Pareille lecture n'est jamais rencontrée avec *cependant*, toutefois, bien que cet adverbe connaisse lui aussi une lecture oppositive et même temporelle : « En français contemporain, la valeur temporelle (simultanéité/concomitance) de *cependant* est rare, mais tout de même présente lorsque *cependant* forme avec *que* une locution conjonctive. [...] La valeur temporelle de *cependant* s'observe également dans la structure corrélative [*quand p, cependant q*], qui est aussi très rare en français contemporain. » (Saez 2009 : 69). Cette même construction corrélative (= « *quand p, cependant q* ») « peut avoir soit une interprétation temporelle soit une interprétation conditionnelle ou oppositive » (*ibid.* : 68) :

(7) Il pleut, *cependant* je n'ai pas pris mon parapluie (C. Marchello-Nizia 2008)

---

2 Mais classés parmi les *déterminants de l'énoncé* lorsqu'ils notent la succession temporelle : *Premièrement je suis rentrée. Deuxièmement j'ai posé mes affaires.*

(8) Mais *quand* Degas parlait d'idées, il pensait *cependant* à des discours intérieurs ou à des images, qui, après tout, eussent pu exprimer des mots, [...] (P. Valéry, *in* Saez 2009 : 69)

Ces différentes lectures, qu'elles résultent d'un schème syntaxiquement corrélatif ou non, sont les fruits de l'évolution de *cependant* dans le temps d'après Marchello-Nizia (2008). Cet adverbe, explique-t-elle, aurait en effet suivi le processus de grammaticalisation suivant : [valeur temporelle : concomitance > opposition > concession]. Si le cas de *cependant* n'est qu'un exemple parmi tant d'autres, cette observation témoigne surtout de l'utilité d'inscrire la question de la connexion (plus ou moins) corrélative dans une perspective historique.

C'est d'ailleurs dans la voie de la diachronie que s'engage Bernard Combettes d'abord, dont la contribution a pour but de comparer deux types de marqueurs de structuration textuelle fondés sur une corrélation. En prenant comme critère l'origine de ces tours, il distingue les expressions à base temporelle (*tantôt...tantôt*) et les expressions à base spatiale (*d'une part...d'autre part*) et tente de déterminer si les différences de fonctionnement et de valeur observables entre ces deux familles de locutions sont dues au sémantisme de départ ou au type même de corrélation, certaines expressions corrélatives correspondant à une répétition (*tantôt...tantôt*), d'autres reposant sur une relation anaphorique (*d'une part...d'autre part*).

À cette contribution succède un autre texte de Bernard Combettes, coécrit par Mathilde Dargnat, sur la forme *d'autant que*. Ce connecteur, expliquent-ils, sert aujourd'hui à expliciter une relation d'explication entre deux propositions. Pourtant, d'un point de vue diachronique, *d'autant que* vient de la forme latine *tanto quanto*, dont la syntaxe est corrélative et l'interprétation comparative. Les deux auteurs montrent que ce premier emploi scalaire corrélatif perdure jusqu'au XVIe siècle, époque qui constitue un pivot important dans l'évolution de la construction. Ils reviennent ensuite sur le passage de la valeur comparative à la valeur causale de *d'autant que*, puis à sa valeur argumentative actuelle, en faisant l'hypothèse d'un processus de (gramma/pragma)ticalisation.

Anna Orlandini & Paolo Poccetti proposent à leur tour une étude plutôt diachronique à partir de la forme latine *magis*. Comme ils le montrent, l'adverbe latin *magis* a évolué, dans les langues romanes, vers une particule de coordination adversative (esp., cat. prov. *mas*, en fr. *mais*, en it. *ma*, en roum. *ma*) et vers un adverbe (port. *mais*, esp. *más*, gasc. *mes*, roum. *maĭ*

« plus », fr. *jamais*, it. *mai* « jamais »). C'est ainsi que *magis* connaît finalement deux emplois différents en ancien français, en ancien italien ou encore en roumain. Les auteurs identifient en particulier un *magis quantitativum* et un *magis correctivum*, ce dernier entrant au demeurant dans une construction corrélative spécifique : *NON* X, *MAGIS* Y. Parce qu'elles sont étroitement liées à la question de la « connexion plus ou moins corrélative », les problématiques de la cohésion discursive ou de l'énumération en français contemporain sont également au cœur d'une partie des contributions de ce volume. C'est dans cette optique qu'Andrée Borillo étudie les structures corrélatives du français contemporain de forme « E[3][e1, (*et*) e2] », fondées sur l'enchaînement temporel et la complémentarité réciproque des deux énoncés, e1, e2, qui la constituent. Cet enchaînement temporel se traduit, selon les cas, par une relation de successivité temporelle immédiate ou par une relation de concomitance partielle, l'une et l'autre étant obtenues par le couplage et l'interdépendance de divers adverbes temporels qui se distribuent dans chacun des deux énoncés. Dans sa contribution, l'autrice entend en particulier dégager, décrire et caractériser ces divers adverbes et leur manière de fonctionner en couple dans les différentes formes d'énoncés corrélatifs qui peuvent être obtenus à partir du même schéma de base.

Griselda Drouet & Elisabeth Richard emboîtent le pas à Andrée Borillo en proposant une étude de l'emploi corrélatif d'un autre marqueur temporel, à savoir *en même temps (que)*. Dans leur contribution, les deux autrices entendent décrire le mode de fonctionnement du marqueur à partir d'énoncés littéraires et oraux et montrent qu'*en même temps (que)* entretient un lien certain avec la question de la corrélation : en effet, puisque *en même temps* installe deux séquences dans un rapport de dépendance et d'implication réciproques, de simultanéité et de concomitance, le marqueur présente donc les propriétés de la connexion corrélative. Selon les énoncés cependant, *en même temps* présente des lectures différentes : le marqueur assure une connexion tantôt temporelle, tantôt oppositive, tantôt énonciative.

Gilles Corminboeuf revient quant à lui sur le fonctionnement de l'adverbe temporel *déjà* lorsque ce dernier introduit un argument à fonction justificative. En s'appuyant notamment sur les recherches d'Apothéloz & Nowakowska (2011, 2013) et en exploitant des données de français oral (tirées essentiellement du corpus OFROM), l'auteur montre que *déjà* justificatif entre dans trois schémas discursifs : des organisations

3 « E » est mis pour « Énoncé ».

unaires, binaires et sérielles. Après avoir examiné le cas particulier de *déjà que* et de *déjà rien que* – dont le fonctionnement diffère sensiblement de celui de *déjà* employé seul –, Gilles Corminboeuf distingue dans un second temps deux routines discursives distinctes, l'une s'apparentant à la corrélation et l'autre à l'énumération, et il questionne le postulat selon lequel *déjà* donnerait l'instruction que l'argument qu'il introduit, jouit d'une priorité par rapport aux (éventuels) autres arguments cités.

Pour achever ce volume, la contribution de Marie-José Béguelin & de Frédéric Gachet revient sur les diptyques de forme [AZ] constitués de *pouvoir* (*bien/toujours*...) ou d'*avoir beau* + infinitif comme dans l'exemple « [*on peut bien / on a beau sonner,*]$_A$ [*il n'ouvre pas*]$_Z$ ». Ces diptyques, rappellent les deux auteurs, ont été précédemment décrits tantôt comme des concessives paratactiques, tantôt comme des cas de subordination non marquée (ou marquée lexicalement), tantôt comme des sortes de corrélatives... Dans ce contexte peu stabilisé, l'étude de Marie-José Béguelin & de Frédéric Gachet explore les circonstances discursives favorables à l'émergence du sens concessif, qui ne représente, dans le cas de la formule avec *pouvoir*, qu'une fraction des emplois. Leur contribution s'attache par ailleurs à caractériser le type de dépendance qui s'établit entre les entités couplées A et Z. À cet égard, les critères morphosyntaxiques donnent des indications contradictoires, montrent-ils : la balance penche parfois en faveur d'une dépendance de type « relation de discours », d'autres fois en faveur d'une dépendance de type (micro)syntaxique. Peu enclins à trancher arbitrairement, les auteurs postulent que les diptyques en question font l'objet, en français contemporain, d'un conflit de grammaires : les sujets les traitent soit comme des routines discursives constituées de deux énonciations dont la première sert, au plan praxéologique, de préparation à la seconde, soit comme des énonciations uniques, constituées d'une concessive liée et d'une principale libre.

Audrey ROIG
Université de Paris, EDA

Catherine SCHNEDECKER
Université de Strasbourg, Lilpa

LOCUTIONS TEMPORELLES, LOCUTIONS SPATIALES EN CORRÉLATION, DEUX ÉVOLUTIONS DIFFÉRENTES

Cette étude a pour but de décrire l'évolution de certaines expressions qui établissent un parallèle entre deux éléments du texte, « parallèle » étant pris dans un sens relativement large, qui permet de recouvrir non seulement différentes relations de discours comme l'opposition, l'addition ou encore la rectification, mais également des organisations comme la constitution de listes. Ces organisateurs discursifs sont d'ordinaire considérés comme un cas particulier des « marqueurs d'intégration linéaire » (Turco & Coltier 1988, Adam & Revaz 1989). D'un point de vue formel, ce type de marqueur peut relier des constituants divers (SN, SAdj, SAdv, etc.), ainsi que des propositions ou des séquences textuelles plus ou moins longues. On peut considérer que les deux éléments sont dans un rapport de corrélation, même si, pour certaines de ces expressions, la présence des deux parties n'est pas toujours obligatoire, *d'autre part* pouvant par exemple fonctionner seul, sans être appelé par *d'une part* (*cf.* Montchaud 2015, 2017). Nous nous limiterons ici à des formes qui, d'un point de vue diachronique, peuvent être considérées comme le résultat d'un processus de grammaticalisation ou, plus précisément, de pragmaticalisation (*cf.* Dostie 2004). On sait que, d'une façon générale, les « mots du discours » ne correspondent pas à une catégorie morphosyntaxique particulière et sont de formation et d'origine très diverses. Dans la mesure où ce sont les autres parties du discours qui sont en quelque sorte « réutilisées » pour constituer ces marqueurs, il n'est pas surprenant que ces derniers soient souvent le résultat d'un changement de catégorie. On pourrait citer ici, en s'en tenant aux marqueurs d'intégration, le cas de *d'une part… d'autre part, d'un côté… de l'autre, tantôt… tantôt*, etc., l'autre grande possibilité étant constituée par les formes héritées, bien moins nombreuses en fait, comme les corrélations *et… et, ou… ou*, par exemple.

À l'intérieur de ces structurateurs textuels issus de grammaticalisation, nous isolerons une sous-partie définie sur un critère d'ordre sémantique. Bon nombre d'expressions concernées par le mouvement de pragmaticalisation que nous venons d'évoquer sont en effet formées à partir de termes qui renvoient aux catégories de l'espace et du temps. Les études de sémantique ont souvent souligné l'importance de ces domaines, qui, par des procédés métaphoriques relativement « naturels », permettent de traduire des relations logiques, ce changement, qui correspond en quelque sorte à une démotivation, étant un des paramètres de la grammaticalisation : c'est ainsi que la locution *alors que* évolue de l'expression de la simultanéité à celle de l'opposition, ou que l'adverbial *d'ailleurs* perd sa valeur spatiale pour devenir un marqueur argumentatif. Nous nous attacherons donc ici à des corrélations comme : *tantôt... tantôt* ou *d'une part... d'autre part*, dont l'évolution illustre ce type de changement de domaine sémantique.

D'un point de vue formel, il convient de prendre en compte une autre distinction, qui relève de la nature des éléments mis en corrélation. Deux grands procédés se trouvent en effet ici représentés. La corrélation peut être fondée sur la succession de termes ayant chacun leur autonomie ; c'est en quelque sorte la répétition qui crée la relation corrélative, dans la mesure où aucune des deux composantes n'appelle l'autre. Ainsi, dans l'exemple suivant, l'adverbe *maintenant* et la locution *aucune fois* (au sens de *parfois*), s'ils conservent une valeur temporelle dans la mesure où leur répétition permet de traduire une succession, sont-ils utilisés comme des marqueurs textuels destinés à signaler des relations discursives diverses :

(1) Principalement la conscience, estant pressée de la charge de ses péchez, *maintenant* se compleind et gémist en soy-mesme, *maintenant* elle s'accuse ; *aucune fois* tacitement est picquée, *aucune fois* est apertement tormentée. (Calvin, 1560)

Cet emploi est bien représenté avec des expressions temporelles, qui, renvoyant à la simultanéité ou la postériorité, se prêtent aux déplacements d'ordre métaphorique conduisant à la grammaticalisation des marqueurs discursifs. Comme nous le verrons plus loin, même si elles y sont nettement moins fréquentes, les expressions spatiales se rencontrent également dans cette configuration ; c'est le cas, par exemple, des corrélations formées sur des adverbes de lieu : *ici... ici*, *là... là*.

Le deuxième grand type de corrélation repose sur ce qui peut être considéré comme une relation d'anaphore, l'un des deux constituants de la corrélation au moins contenant un élément qui présuppose, de façon plus ou moins directe, l'existence de l'autre constituant. Cette disposition recouvre des expressions qui présentent une forme anaphorique, comme *autre* dans *d'autre part*, ou des termes sériels, comme le numéral dans *en premier lieu*.

Il est facile de remarquer une différence fonctionnelle qui distingue les deux familles d'expressions. Tout se passe comme si la présence de la forme anaphorique était assez claire pour que le deuxième élément de la corrélation ne soit pas exprimé : l'emploi de *d'une part* ne rend pas obligatoire celui de *d'autre part*, de la même façon que la présence de *d'autre part* n'implique pas celle de *d'une part*. Dans le premier type de corrélation, en revanche, la répétition apparaît comme obligatoire, l'emploi d'un terme isolé conduisant à interpréter l'expression avec sa valeur référentielle première ou avec une valeur pragmatique dérivée, comme modalisateur, par exemple, mais non avec une valeur de marqueur d'intégration linéaire.

En prenant en compte la diachronie, on constatera que le français a développé le système reposant sur une relation anaphorique, qui, s'il n'est pas absent en latin, y est cependant nettement moins représenté que la séquence de termes référentiellement autonomes. Qu'il s'agisse du domaine du temps ou de celui de l'espace, la répétition de formes adverbiales est couramment utilisée pour traduire une symétrie. On relèvera ainsi comme corrélations d'ordre temporel : *nunc* (*maintenant*)... *nunc* ; *tum* (*alors*)... *tum* ; *modo* (= *tout récemment*)... *modo* ; *aliquando* (*un jour, une fois*)... *aliquando*. Ces adverbes se prêtent d'ailleurs à des combinaisons diverses, comme : *modo... nunc* ; *modo... tum*, etc. Le même procédé met en jeu des adverbes qui font référence à la spatialité : *hinc* (*d'ici*)... *hinc* ; *qua* (*par où*)... *qua*, avec, ici encore, des variations : *hinc* (*d'ici*)... *illinc* (*de là*) ; on peut également rattacher à la spatialité le cas de l'adverbial *partim* (*en partie*)... *partim*. Par rapport à ce procédé relativement productif, des locutions comme : *ex altera parte* (*de l'autre part*) ou *in contrariam partem* (*dans la partie opposée*) apparaissent comme quelque peu isolées. Il faut sans doute voir là la conséquence de la nature « synthétique » du système latin, qui, toujours dans le domaine des marqueurs d'intégration, présente par exemple des adverbiaux (*primo*, *extremo*), là où le français développera des syntagmes prépositionnels (*en premier lieu*, *en dernier lieu*).

En ce qui concerne le mouvement de grammaticalisation qui permet à ces expressions de passer du niveau référentiel au niveau textuel et, dans certains cas, au niveau énonciatif, il faut noter que la différence que nous venons de signaler, qui conduit à distinguer deux types de corrélations, amène à faire l'hypothèse de deux évolutions différentes. En effet, dans le cas du système *tantôt... tantôt*, c'est l'ensemble du dispositif qui se grammaticalise et il n'est pas possible d'envisager un changement qui affecterait un *tantôt* isolé ; s'il y a modification du sémantisme, avec passage de la valeur temporelle à la valeur discursive, c'est dans le contexte du système corrélatif que ce changement se réalise. Il n'en va pas de même dans le cas de la corrélation anaphorique ; dans la mesure où l'emploi isolé peut être observé dès la période ancienne, on peut faire l'hypothèse qu'un syntagme comme *d'autre part* évolue de façon plus indépendante et que le changement n'est pas conditionné par l'emploi dans une corrélation explicite. On pourrait rapprocher ces formes anaphoriques d'expressions comme *en premier* (*dernier*) *lieu* ou d'adverbes comme *premièrement*, *finalement*, etc., qui peuvent entrer dans des séries – c'est même ce que l'on attend d'ordinaire – mais qui peuvent évidemment fonctionner seuls, leur sémantisme étant assez clair pour qu'ils soient interprétés comme des marqueurs textuels. Ceci peut expliquer la plus grande « souplesse » dont font preuve ces expressions au niveau syntaxique, là où le système *tantôt... tantôt* est beaucoup plus contraignant, à la fois pour la position et pour les caractéristiques grammaticales, qu'il s'agisse de la nature ou de la fonction, des éléments mis en parallèle.

Une autre dissymétrie importante, d'ordre sémantique, doit être relevée. La corrélation fondée sur la succession d'expressions temporelles ne semble pas permettre de traduire la simultanéité de deux états de choses. Tandis que cette dernière est exprimée dans le système de la subordination par conjonction (*pendant que*, *alors que*, *en même temps que*), l'emploi de séquences comme *tantôt* P_1, *tantôt* P_2, ou *maintenant* P_1, *maintenant* P_2 conduit à renvoyer à une succession ou une alternance. On remarquera au passage que l'adverbial *en même temps*, qui fonctionne comme marqueur argumentatif, n'entre pas dans une corrélation et ne peut être classé parmi les marqueurs d'intégration linéaire. Cette impossibilité à exprimer la simultanéité limite les valeurs discursives des corrélations d'ordre temporel, alors que l'organisation de l'espace n'interdit pas la juxtaposition ou la superposition d'événements contraires, qui, normalement, devraient se succéder. Un énoncé comme *tantôt X est satisfait, tantôt il est déçu* présente les contenus des propositions comme successifs et met l'accent sur le passage à un état contraire, donc sur la versatilité de X et non sur l'incompatibilité des faits, alors que *d'un côté X est satisfait, de l'autre il est déçu* sera interprété comme la mise en parallèle de deux états de choses simultanés, qui entrent ainsi dans une relation d'opposition. On comprend alors que les corrélations de type *tantôt... tantôt*, qui n'établissent pas de hiérarchisation entre des éléments, soient surtout réservées à l'expression d'une simple énumération, éventuellement à celle d'une antithèse, alors que les expressions anaphoriques sont moins caractérisées par ces effets de symétrie ; une des preuves en est qu'une combinaison comme *d'autre part pourtant*, où *pourtant* souligne une hiérarchisation au niveau argumentatif, est plus difficilement envisageable avec *tantôt* : (?) *tantôt..., tantôt pourtant, ...* Ce sont ces différences entre les deux familles d'expressions que nous allons essayer de mieux préciser en examinant plus en détail quelques-unes d'entre elles.

LES EXPRESSIONS TEMPORELLES

CARACTÉRISTIQUES SÉMANTIQUES

Le principe de la corrélation à base d'expressions temporelles, qui apparaît dès les textes d'ancien français, semble résider dans ce que l'on pourrait considérer, du point de vue sémantique, comme un déplacement du point de référence déictique. Même si des expressions diverses peuvent se combiner, variété due sans doute en partie à des raisons d'ordre stylistique lorsqu'il s'agit d'énumérations relativement longues, on constate en effet la prédominance très nette de formes renvoyant au présent d'énonciation, soit qu'elles le désignent, comme *maintenant, ore(s), adès*, soit qu'elles se définissent par rapport à lui, comme *tantôt.* On notera d'ailleurs à ce propos que d'autres expressions temporelles peuvent prendre place dans ce système de corrélation et permettent alors d'expliciter, en quelque sorte, la relation chronologique. Ceci est particulièrement observable dans le cas de *tantôt*, qui peut marquer, comme dans les exemples suivants, la succession par rapport au repère donné par le syntagme *à cette heure* :

(2) L'araignée se sert *à cette heure* de cette sorte de nœud, *tantôt* de celle-là (Montaigne)

(3) Ce que nous avons *à cette heure* proposé, nous le changeons *tantôt*, et *tantôt* encore retournons sur nos pas. (*id.*)

Il convient toutefois de se demander pourquoi la répétition, dans le texte, de ces expressions traduit une succession chronologique, alors que l'on pourrait tout aussi bien attendre un effet de simultanéité, dans la mesure où l'espace temporel auquel renvoie le déictique peut être relativement large. C'est ici le contenu des propositions qui doit être pris en considération ; on remarquera en effet que les états de choses mis ainsi en séquence sont, dès les anciens textes, en forte opposition, s'excluant même dans bon nombre de cas. Cette expression de situations antithétiques apparaît bien dans le passage suivant, où alternent *ores* et *maintenant* :

(4) Por Dieu, sire empereres, vos semblez le batel es ondes, qui *ore* besse et *ore* hauce ; einsi est vostre coraiges en diverses manieres, *maintenant* vos volez vengier, *maintenant* est chose obliée (*Le Roman de Marques de Rome*, 13e s.)
« Par Dieu, monseigneur l'empereur, vous ressemblez au bateau dans les flots, qui maintenant s'abaisse, maintenant s'élève ; ainsi vos sentiments sont divers, maintenant vous voulez vous venger, maintenant c'est une chose oubliée. »

Cet effet d'opposition, s'il est fréquent, n'a cependant rien d'obligatoire et on rencontre également ce type de corrélation dans le cas de simples énumérations, comme dans :

(5) Cette grâce de Dieu est *aucunesfois* appelée délivrance… *maintenant* une réparation… *maintenant* régénération… *maintenant* résurrection. (Montaigne)

Il faut noter que, dans un tel exemple de la période préclassique, la mise en séquence de *aucunesfois* (= *parfois, quelquefois*) et de *maintenant* témoigne d'un certain degré de démotivation des expressions, senties comme organisateurs textuels, sans que subsiste de trace de leur valeur référentielle première.

Ces deux valeurs textuelles (antithèse, énumération) se trouvent réunies dans l'exemple (1) cité plus haut, où le couple *maintenant... maintenant* traduit une simple énumération, alors que *aucune fois... aucune fois* marque une opposition nette entre *tacitement* et *apertement*.

Dans une configuration qui reste au plus près des valeurs référentielles d'origine, une explicitation de la succession chronologique peut être obtenue par l'emploi d'un adverbe comme *puis* :

(6) Fortune [...] fait ses mutations [...] *Or* prend son déduit à faire d'un chétif un puissant [...] et d'un satrape un méchant [...]. *Ores* éloigne les prochains, *ores* rapproche les éloignés. *Adès* prend la petite chevance des pauvres pour ajouter au grand monceau des plus riches, *puis* départ soudainement ce monceau [...] (A. Chartier, 1430)

ou encore par l'utilisation du système anaphorique qui permet par exemple de mettre en relation *une fois* et *autre fois* en (7) ou *à cette heure* et *une autre fois* en (8) :

(7) Fortune (...) fait ses mutations (...) *Une fois* fait repaître les yeux des fous (...); *autres fois* les fait aller seuls et dédaignés. (*id.*)

(8) Un même pas de cheval me semble *tantôt* rude, *tantôt* aisé, et même chemin *à cette heure* plus court, *une autrefois* plus long, (...) (Montaigne)

LA TEMPORALITÉ

En ce qui concerne la valeur des formes verbales, il faut souligner que, dans la plupart des cas, même lorsqu'il ne s'agit pas d'exprimer une alternance, la temporalité est celle de la « vérité générale », du présent d'habitude, comme en (6) (7), (8) ou, à la limite, celle d'un second plan non borné, comme en (4). L'emploi d'une forme à vision globale, comme le passé simple, empêche les adverbiaux de fonctionner en tant que marqueurs d'intégration. Dans un énoncé comme :

(9) Quant Lanpars l'ot, grant joie en a. Vers lui *maintenant* s'en ala, *maintenant* le va acoler ; molt bel sanblant li fait mostrer (Renaut de Beaujeu, 1214)
« Quand Lampart l'entend, il en a une grande joie. Maintenant/aussitôt il alla vers lui, maintenant/aussitôt il le serre entre ses bras ; il lui fait bonne figure »

la répétition de *maintenant*, qui conserve sa valeur temporelle, permet seulement d'insister sur le déroulement du premier plan. Il suffit toutefois que la forme verbale soit au présent pour que l'emploi de la corrélation favorise la lecture itérative, la valeur de « présent d'habitude ». Il est intéressant de noter que, même si le contenu des propositions ne permet pas une interprétation des procès comme répétitifs, cette utilisation des adverbiaux de temps n'a pas seulement pour but de souligner les diverses étapes d'une chronologie, comme le ferait par exemple *puis* ou *alors*, mais introduit un effet particulier qui, s'il ne peut correspondre à une répétition des événements, n'en caractérise pas moins un trait de caractère permanent chez le personnage. Des textes narratifs comme les *Cent Nouvelles nouvelles* ou *Les Quinze Joies de mariage* offrent de bons exemples de ce rôle de *maintenant... maintenant* lorsqu'il s'agit de mettre en relief la jalousie d'un mari (ex. 10) ou les caprices de sa femme (ex. 11) :

(10) Lors il entre en la rage de la jalousie : *maintenant* se met en aguet, *maintenant* fait semblant d'aller dehors et revient de nuit subitement pour cuider sourprendre les gens, *maintenant* se reboute en la meson (*Les Quinze Joies de mariage*, 1390)

(11) *Maintenent* elle dit qu'elle a ung estref [= étrier] trop long et l'autre trop court, *maintenent* lui fault son mantel, *maintenant* le lesse, puis dit que le cheval trote trop dur et en est malade ; *maintenant* elle descent, et puis la fault remonter pour passer ung pont ou ung mauvés chemin, *maintenent* elle ne peut menger (*id.*)

L'utilisation de ce type de marqueur pour la structuration du texte descriptif est particulièrement intéressante, en particulier à l'époque moderne. On peut ainsi citer un auteur comme Chateaubriand, qui utilise volontiers les corrélations d'ordre temporel pour signaler les différentes composantes d'une séquence de second plan. Une telle organisation textuelle se réalise de plusieurs manières. La dimension temporelle, en l'occurrence l'expression d'une chronologie, peut être maintenue si le second plan est présenté comme perçu par un regard découvrant successivement les divers aspects d'une réalité, qui peut ainsi apparaître comme changeante. C'est par exemple le cas dans le passage suivant, où la première phrase annonce une description de type évolutif :

(12) Les mobiles paysages changeaient d'aspect à toute minute : *tantôt* une multitude de tertres verdoyans représentoient les sillons des tombeaux dans un cimetière immense ; *tantôt* les lames, en faisant moutonner leurs cimes, imitoient les troupeaux blancs répandus sur des bruyères ; *souvent* l'espace sembloit borné, faute de point de comparaison. (Chateaubriand, 1797)

Lorsque, en revanche, le second plan relève davantage du commentaire, de l'exemplification, ou, plus largement, de l'argumentation, l'effet de succession est moins nettement perceptible. Ainsi, dans l'extrait suivant :

> (13) C'est lorsque nous sommes éloignés de notre pays, que nous sentons surtout l'instinct qui nous y attache. Au défaut de réalité, on cherche à se repaître de songes ; [...] *Tantôt*, c'est une cabane qu'on aura disposée comme le toit paternel, *tantôt* c'est un bois, un vallon, un coteau, à qui l'on fera porter quelques-unes de ces douces appellations de la patrie. (Chateaubriand, 1803)

la corrélation en *tantôt* a-t-elle pour but de mettre sur le même plan, en parallèle, deux réalisations particulières des « songes » évoqués dans le contexte gauche. Une simple juxtaposition, sans marquage particulier par des adverbiaux, conduirait à la même relation discursive :

> (13') [...] on cherche à se repaître de songes : c'est une cabane... c'est un bois, un vallon...

Dans un exemple comme (10), une telle ellipse des marqueurs semble évidemment beaucoup plus difficile ; elle conduirait à une interprétation qui privilégierait la simultanéité et serait alors en contradiction avec la phrase qui ouvre le passage (*les mobiles paysages changeaient d'aspect*).

Le même effet d'énumération est perceptible dans le passage suivant, où sont énoncées les qualités de l'avocat « idéal ». On notera toutefois que la dernière proposition, qui, à la différence des autres, serait difficilement déplaçable, n'est pas sur le même plan que celles qui la précèdent mais se présente comme leur conséquence, ce qui rend en quelque sorte à *alors* sa valeur temporelle :

> (14) Toujours du parti de celui qui souffre, son éloquence est une richesse gratuite, qu'il prête sans intérêt au misérable ; *alors* il remue les entrailles ; *alors* il pénètre les âmes ; *alors* une altération sensible dans les accents de l'orateur décèle tout l'homme ; *alors* l'étranger dans la tribune résiste, en vain, il se détourne et pleure. (Chateaubriand, 1797)

L'examen de ces quelques exemples, qu'il conviendrait de compléter par des corpus plus étendus, fait apparaître la relation qui demeure bien présente entre les corrélations et le domaine de la temporalité. Il y a là, nous semble-t-il, une différence notable, parmi bien d'autres, avec les expressions d'ordre spatial, que nous évoquerons plus loin. La démotivation de ces dernières est nettement plus aboutie et, sauf exception, les emplois comme organisateurs textuels témoignent d'une pragmaticalisation arrivée à son terme, alors que, dans le cas des expressions d'origine temporelle, le lien avec la dimension chronologique est toujours plus ou moins sous-jacent. Nous n'avons envisagé ici qu'un nombre limité d'expressions, mais les caractéristiques que nous venons de dégager se retrouvent également dans les autres cas et on pourrait par exemple citer les corrélations formées sur le terme *fois* (*des fois... des fois* ; *une fois... une fois* ; *parfois... parfois*), dans lesquelles la dimension temporelle demeure bien présente.

MAINTENANT, ORES, TANTÔT

En observant les expressions les mieux représentées, on constate que les trois déictiques, *maintenant*, *ores* et *tantôt* présentent un fonctionnement et des valeurs identiques. Il faut d'abord remarquer que, d'un point de vue syntaxique, les trois formes entrent dans les mêmes contextes et peuvent mettre en relation aussi bien des propositions entières, comme en (6) ou en (7), que des constituants relativement divers, comme en (2), ou en (5). Comme nous l'avons déjà noté, la répétition du déictique entraîne, par le déplacement du point de référence, un effet de succession, qui apparaît nettement, pour les trois expressions, dans des exemples comme :

(15) Et sachiez car la cité de Rome croissoit de jour en jour en fortereces, et garnissoient *maintenant* un lieu *maintenant* autre (Bersuire, 1354)
« *Et sachez que la cité de Rome s'augmentait de jour en jour de forteresses et qu'ils fortifiaient tantôt un lieu tantôt un autre* »

(16) Et plus je m'étais chargé de monnaie, plus aussi je m'étais chargé de crainte : *tantôt* de la sureté des chemins, *tantôt* de la fidélité de ceux qui conduisaient mon bagage. (Montaigne)

(17) Mut se entredunent grant colees, / *Ore* del plat, *ore* de l'agu, / *Ore* el heaume, *ore* en l'escu, / *Ore* en espalle, *ore* en quisse (Hue de Rotelande, c. 1180)
« *Ils se donnent de grands coups, tantôt du tranchant, tantôt de la pointe, tantôt sur le heaume, tantôt sur le bouclier, tantôt sur l'épaule, tantôt sur la cuisse* »

Ces corrélations d'ordre temporel n'impliquent pas, en elles-mêmes, la notion de dualité. On constate cependant que la notion de succession, inhérente à la construction, s'accompagne souvent de celle d'alternance. L'exemple précédent montre bien cette spécialisation, avec l'énumération de trois alternatives qui concernent successivement les parties de l'arme, les parties de l'armure, les parties du corps.

L'alternance qu'exprime cette corrélation peut, assez naturellement, déboucher sur la notion de binarité et, par conséquence, sur celle d'incompatibilité, les états de choses qui s'excluent réciproquement ne pouvant que se succéder ou alterner ; d'où des effets de contraste, d'opposition :

(18) Et pour ce que mutacions de courage est en nous [...], et que *maintenant* nous esjoïssons des beneurtez et *maintenant* nous couroușons des tristesces, nous ne poons reposer se petit non (Jean de Vignay, 1330)
« *Et parce que nous avons en nous des changements de nos sentiments* [...] *et que tantôt nous nous réjouissons des événements heureux et tantôt nous nous irritons des événements malheureux, nous ne pouvons rester en repos* »

(19) *Maintenant* je suis à tout faire, *maintenant* à rien faire ; ce qui m'est plaisir à cette heure me sera quelquefois peine. (Montaigne)

(20) selon que les occasions se présentoient, *ores* ils prioient, et *ores* estoient priez, *ores* donnoient, et *ores* leur estoit donné, *ores* cherchoient, et *ores* estoient cherchez (Yver, 1572)

Cet emploi de la corrélation comme marqueur de binarité, s'il est bien représenté, n'empêche cependant pas le développement d'une autre valeur textuelle, lorsque la répétition de l'adverbial sert à signaler une énumération, à établir une liste dont le nombre d'éléments n'est pas limité à deux :

(21) [...] graces par lesqueles il nous previent et nous secourt. Et *maintenant* emplist par soy nos ames de clartés, *maintenant* nous visite par ses angeles, *maintenant* instruit par hommes, *maintenant* aussi nous console et enseigne par Escriptures. (Daudin, 1360)
« [...] *grâces par lesquelles il nous avertit et vient à notre secours. Et tantôt il remplit lui-même nos âmes de clarté, tantôt il nous rend visite par ses anges, tantôt il nous instruit par des hommes, tantôt également il nous console et nous instruit par les Écritures* »

(22) Recueillant de cet orateur et de ce poète *ores* un nom, *ores* un verbe, *ores* un vers, et *ores* une sentence. (Du Bellay, 1549)

Dans cette utilisation de la corrélation, on ne constate pas la présence d'une hiérarchisation, d'un marquage de ce qui correspondrait à une mise en valeur exprimée par exemple par « maintenant surtout » ou « maintenant même ». L'ordre des éléments ne paraît d'ailleurs pas permettre, à lui seul, ce type d'information, ni la position initiale ni la position finale ne semblant avoir de statut particulier.

En conclusion de cette partie sur les marqueurs à base temporelle, il est possible de constater que, dans la majorité des cas, ces corrélations sont fortement associées à la symétrie, ce qui permet de façon assez naturelle l'expression de l'opposition. En revanche, le parallélisme qu'elles impliquent se prête plus difficilement au marquage d'une hiérarchisation des éléments mis en relation, hiérarchisation qui irait de pair avec des relations de discours comme la concession, le renforcement d'un argument, ou encore la justification. Comme nous allons le voir, les expressions d'ordre spatial, moins étroitement liées à la symétrie, présentent un fonctionnement plus riche, qui fait que leur rôle ne se limite pas au marquage de l'intégration textuelle, mais s'étend fréquemment au domaine argumentatif.

EXPRESSIONS SPATIALES

RÉPÉTITION DE L'EXPRESSION

On rappellera que les expressions spatiales ne sont pas tout à fait absentes du système par répétition illustré par *tantôt… tantôt*. Le moyen français et le français préclassique offrent par exemple bon nombre d'occurrences de la corrélation *partie… partie*, et de sa variante prépositionnelle *en partie… en partie*, qui a été la seule à se maintenir par la suite. La valeur concrète du terme, qui apparaît bien dans des exemples « descriptifs » comme :

(23) […] plusieurs terres assises ou terroir de Morsanc dessus dit, *partie* au dessouz du chemin de Morsanc a Loncpont, et *partie* au dessus dudit chemin jusques au bois (*Charte*, 1330)

(24) Ce pays est *partie* plat pays, *partie* montaigneux (Jean Alfonse, 1544)

alterne très tôt, dès les débuts de l'expression, avec l'emploi métaphorique, où la corrélation remplit entièrement son rôle de marqueur d'intégration en signalant les deux aspects complémentaires d'une situation :

(25) il la [= la ville] prist, *partie* par force, *partie* par traïson (Raoul de Presles, 1371)

Sans que ce soit une règle absolue, cette corrélation est fortement liée à la binarité ; sans avoir le degré de précision de *moitié... moitié*, elle s'en rapproche toutefois, renvoyant à deux aspects d'un état de choses, présentés dans une situation d'équilibre. Dans bon nombre de cas, la substitution par *d'une part... d'autre part* semble fournir un bon équivalent, ce qui n'a rien de surprenant, étant donné la notion de « partage » commune aux deux termes. Cette égalité entre deux éléments qu'exprime la corrélation ne permet pas – c'était déjà le cas pour les expressions temporelles – de hiérarchiser les unités mises en relation, qui sont dotées d'un même poids argumentatif. Cet effet de symétrie peut être illustré par des exemples comme :

(26) Notre vie est *partie* en folie, *partie* en prudence. (Montaigne)
(27) Je m'en dépars ; *partie* par conscience, *partie* par poltronnerie. (*id.*)

Ces deux exemples montrent par ailleurs que cette corrélation, par la notion de binarité qu'elle présuppose, se prête facilement à l'expression de l'opposition (*folie / prudence* ; *conscience / poltronnerie*). C'est ce qu'on peut constater également dans cet exemple de Calvin où se succèdent trois occurrences de la corrélation *en partie... en partie*, dont chacune exprime une opposition entre une attitude positive et une attitude négative, antithèses qui pourraient être rendues, comme en (19) ou (20), par *maintenant... maintenant* ou *ores... ores* :

(28) Pourtant donc le cœur du fidèle sent en soy ceste division, qu'*en partie* il est rempli de liesse pour la cognoissance qu'il a de la bonté de Dieu, *en partie* il est piqué d'amertume pour le sentiment de sa calamité ; *en partie* il se repose sur la promesse de l'évangile, *en partie* il tremble du sentiment de son iniquité ; *en partie* il appréhende la vie avec joye, *en partie* il a horreur de la mort (Calvin, 1550)

Ce système dans lequel la corrélation repose sur la répétition de la même expression – on pourrait également citer le cas de *moitié... moitié* – demeure relativement marginal dans le domaine spatial, qui a privilégié les relations anaphoriques, avec, en particulier, les termes *part* et *côté*, dont nous allons à présent examiner le fonctionnement.

PART ET *CÔTÉ*

Dans le domaine spatial, les deux termes *part* et *côté* ont connu un développement particulier et servent de base aux corrélations le plus fréquemment utilisées. Leur comparaison permet de mettre en lumière la façon dont sont exploitées certaines des caractéristiques propres à la spatialité et, par là-même, de souligner ce qui distingue ces expressions des locutions d'ordre temporel que nous venons d'examiner plus haut. Avant d'observer quelques aspects du fonctionnement de ces marqueurs, il n'est pas inutile de partir des différences qui opposent, au plan sémantique, les deux lexèmes. Même s'il est difficile de séparer nettement, dans l'emploi en corrélation qui nous intéresse ici, les deux valeurs que le terme *part* a hérité du latin *pars* : le sens premier de « partie d'un ensemble » et le sens dérivé de « direction », un point commun demeure : *part* ne présuppose pas la binarité, trait qui, en revanche, caractérise *côté.* Comme le souligne fort justement Péroz (1999), alors que les « parts » ne s'opposent pas les unes aux autres, ont en quelque sorte une existence indépendantes, les « côtés », entités préconstruites, se définissent qualitativement les uns par rapport aux autres. « Avec l'indéfini *d'autre part*, on compare une part à une autre qui n'a comme propriété distinctive que d'exister indépendamment de la première et sans que cela exclue que d'autres parts soient envisageables » (1999 : 69).

Les deux significations de *part* – partie, direction – se retrouvent lorsque le lexème est employé comme circonstant dans un emploi référentiel, l'utilisation de la préposition *de* entraînant plus fréquemment le sens spatial, comme dans les exemples suivants où apparaît bien la valeur concrète de l'expression :

(29) il resgarde entor lui et voit *d'une part* la mer et *d'autre part* la roche. (*Queste del Saint Graal*, 1220)

(30) La mère et les sœurs, qui ne voulaient point voir cette occision, se tirèrent *d'une part.* (*Cent Nouvelles*, 1456)

Le maintien d'une valeur concrète n'interdit cependant pas une certaine ambiguïté et on peut parfois voir se superposer l'indication spatiale et le marquage d'intégration textuelle. Ainsi, dans cet extrait d'un texte de type injonctif, est-on en droit de se demander si la corrélation donne une précision d'ordre locatif ou si elle est destinée à souligner la binarité de l'activité conseillée :

(31) Puis lui [= au cheval] emplissez son râtelier de très bon foin *d'une part*, et de feurre [=paille] d'avoine *d'autre part*. (*Le Ménagier de Paris*, 1390)

Une même ambiguïté survient dans les cas où seul est exprimé l'un des deux éléments de la corrélation, comme dans :

(32) Dépecez par pièces et faites bouillir. Et *d'autre part* ayez en un pot oignons menus… (*id.*)

Lorsque, ce qui est moins fréquent, le lexème *costé* se trouve couplé avec *part*, la valeur référentielle semble nettement favorisée, comme si l'emploi comme marqueur d'intégration exigeait, en quelque sorte, la répétition du même terme :

(33) Aussi que *d'un costé* depart mon clerc, je m'en vois *d'autre part* (*Miracle* 1378)
(34) ilz virent l'ost des Bahaignons *d'un costé*, et, *d'autre part*, les gens du duc Anthoine (Jean d'Arras, 1392)

Emplois « isolés »

À la différence des marqueurs d'origine temporelle, les locutions formées sur *part* et *côté* ne sont pas obligatoirement intégrées dans une structure corrélative, et les exemples sont nombreux, dès l'origine, d'emplois isolés de *d'autre part* et *d'autre côté*. Tout se passe comme si ces expressions avaient pour point de repère, dans une relation anaphorique, la situation décrite dans le contexte gauche. On peut ainsi penser que la mise en corrélation n'ajoute pas de valeur particulière à celle que possédait déjà l'expression isolée ; la différence est nette avec les constructions du type *tantôt… tantôt*, la corrélation étant indispensable pour que ces dernières soient l'objet des changements sémantiques propres à la pragmaticalisation.

Nous remarquerons au passage qu'il est évidemment beaucoup plus rare que soient utilisées les expressions *d'une part* ou *d'un côté* sans l'expression du deuxième terme de la corrélation. Cette possibilité est toutefois attestée à date ancienne, comme dans l'exemple suivant, où l'on attendrait un *d'autre part* en tête de la deuxième proposition (*d'autre part ce petit…*) pour marquer une sorte de progression : « *non seulement vous les tondez, mais de plus…* » :

(35) Helas, povre peuple que feras tu ? *D'une part* vous et vos officiers les non mye seulement tondez mais escorchez, en leur ostant layne, peau, char et sanc jusques aux os, et ce petit qui demeure pour ronger, les pasteurs ecclesiastiques le suschent et emportent la mouelle (Juvénal des Ursins, 1410)
« Hélas, pauvre peuple, que feras-tu ? D'une part, vous et vos officiers non seulement les tondez, mais les écorchez, en leur ôtant laine, peau, chair et sang jusqu'aux os, et le peu qui reste à ronger, les pasteurs ecclésiastiques le sucent et en emportent la moelle »

– *Part* et *côté* comme marqueurs de changement de topique

L'emploi de *part* comme marqueur discursif se laisse bien percevoir dans les passages narratifs, où la locution *d'autre part*, utilisée seule, sans corrélation explicite, a pour rôle d'établir une distinction entre des référents et se rapproche ainsi des topicalisateurs du type de *quant à* :

(36) Le mari estoit homme de grand diligence [...] Et elle d'autre part mettoit peine d'entretenir le mesnage selon le désir de son mari (*Cent Nouvelles*, 1456)

(37) Car alors il estoit bien degois (= joyeux), et sa femme aussi d'autre part (*id.*)

Il convient de souligner que, dans de telles configurations, *d'autre part* n'entre pas, du moins pas obligatoirement, dans des contextes qui renverraient à une idée d'opposition, de contraste, le contenu des propositions ayant une même orientation, qui interdit par exemple une connexion par *mais*. Si, comme nous le verrons plus loin, *part* peut être analysé comme non marqué par rapport à *côté*, ce n'est pas le cas dans cette utilisation particulière comme marqueur de changement de topique. Considérons par exemple les énoncés suivants, dans lesquels *d'autre côté* remplit également cette fonction de marqueur de topique :

(38) Plus de vingt femmes [...) commencèrent à crier : « J'ai payé. Je ne dois rien ». *D'autre côté* dirent un cent d'autres, et généralement toutes qu'elles ne devaient rien. (*Cent Nouvelles*, 1456)

(39) Et ces bonnes femmes ne se découchèrent pas trop matin, car sur le jour sommeil les prit. *D'autre côté* leurs maris, qui avaient assez bien bu le soir, dormirent au plus fort. (*id.*)

Le contenu des propositions indique clairement que les groupes de personnages mis en quelque sorte en parallèle par la locution ne sont pas présentés comme en opposition mais, au contraire, comme dans une relation d'addition, de « surenchère », que l'on pourrait expliciter par *et de plus, et plus encore*. Dans un tel contexte, identique à celui de (36) ou de (37), *d'autre part* semble tout à fait acceptable. Il n'en va pas de même dans des exemples comme :

(40) Et vouloit tousjours le conte de Sainct Paul, connestable de France, estre mediateur de ce marché ; *d'autre costé*, le duc de Bretaigne vouloit que ce fust par le sien. (Commynes, 1490)

(41) Quant Esmerez oï sa mere la roÿne, qui d'Elïenor va recordant l'amour fine, amour *d'autre costé* si le destruist et mine que mais joie n'ara s'avera le mesquine. (*Beaudoin de Sebourc*, 1350)

On retrouve dans ces exemples un des traits fondamentaux de *côté*, la binarité qui met en relation les deux éléments constitutifs d'une situation donnée, d'où l'effet d'opposition : le comte de Saint Paul et le duc de Bretagne sont les seuls concernés par la médiation dont il est question, les paroles de la mère et celles de l'amour sont les deux seules causes du trouble du personnage. L'opération de réactivation d'un référent dépasse ainsi l'aspect énumératif des extraits contenant *d'autre part*. Si, sur ce point précis de la topicalisation, c'est *côté* qui apparaît ainsi comme non marqué, nous allons voir que la situation est différente lorsque les locutions ont d'autres valeurs discursives.

– De l'addition à la rectification

Dans bon nombre de cas, la locution *d'autre part*, en particulier lorsqu'elle porte sur une unité propositionnelle, a pour fonction d'exprimer l'introduction d'un élément de même orientation, qu'il s'agisse des causes ou des effets, qu'une ou plusieurs unités déjà évoquées dans le contexte gauche, ce qui conduit à un effet d'ajout, d'addition. Dans un exemple comme :

(42) La bataille fu emprise, mes ne l'une partie ne l'autre ne s'en ala aleigre, car l'ost dez Rutiliens fu vaincus et chassiés, et *de l'autre part* li roys Latins fu mors en la bataille. (Bersuire, 1354)

le terme de *part* peut encore avoir une valeur référentielle concrète en renvoyant à chacun des deux camps en présence, mais il n'y a pas opposition entre les deux adversaires, dans la mesure où les deux parties sont rapprochées par les pertes qu'elles ont subies.

Ainsi, dès l'ancien français, peut-on relever des attestations de *d'autre part* qui ont pour fonction de marquer l'addition d'un deuxième argument, d'une deuxième raison, venant renforcer l'information déjà donnée dans le contexte gauche. Il y a là une relation discursive qui sera rendue plus tard par des expressions comme *par ailleurs* ou *de plus*. Il en est ainsi dans l'exemple suivant, où *d'autre part* permet en quelque sorte de signaler que la deuxième raison invoquée n'est pas du même ordre que la première, qu'elle vient renforcer :

(43) Si vous ay esveillés pour ce que vous ne dormissiés trop, et *d'autre part* je vouloie savoir qui vous estiés et de quel lieu et se vous estes chevaliers (*Suite du Roman de Merlin*, 1240)
« *Je vous ai réveillé pour que vous ne dormiez pas trop, et d'autre part je voulais savoir qui et de quel lieu vous étiez et si vous êtes chevalier* »

La valeur de surenchère que peut marquer *d'autre part* apparaît bien dans l'extrait suivant :

(44) « En non Dieu », fist li marchis, « ne sires ne rois ne n'estes vous, ne vous n'i enterrés, car vous avés tot houni et le terre toute perdue, et *d'autre part* le kiertés est si grands chaiens, que si vous et vo gent i entriés, que le vile seroit tote perdue de fain » (Robert de Clari, 1205)
« [...] *vous n'y entrerez pas, car vous avez tout dévasté et saccagé toute la terre, et d'autre part la disette est si grande que si vous y entriez la ville serait morte de faim* »

La locution est utilisée pour introduire un argument opposé à la proposition que l'on pourrait concéder (*même si vous y entriez*), dans un mouvement que le français moderne pourrait rendre par une expression comme *de toutes façons*.

Dans des textes moins argumentatifs, où il ne s'agit pas de démontrer, d'apporter des explications, mais d'adopter une démarche plus « informative », plus descriptive, *d'autre part* conserve cette valeur de marqueur d'ajout. Dans le passage suivant, les deux aspects « négatifs » de l'état d'esprit des personnages, qui, pour des raisons différentes, sont non seulement en colère mais très troublés, ne s'opposent pas mais se complètent :

(45) si furent moult dolens et courrouciez pour la doubte de l'empereur et pour la mauvaise garde qu'ilz en avoient faicte. Et *d'autre part* ilz

estoient en grant esmay que cellui pouoit estre, qui le corps leur avoit tollu. (*Bérinus*, 1350)
« ils étaient très inquiets et en colère en raison de la crainte de l'empereur et de la mauvaise garde qu'ils avaient faite. Et d'autre part ils étaient en grand souci de savoir qui pouvait être celui qui leur avait dérobé le corps »

De même, dans cet extrait de Montaigne, les « mollesses » ne sont pas mises en opposition, mais s'additionnent, les unes provenant de l'habitude, les autres étant naturelles :

(46) Je dois plusieurs telles mollesses à l'usage. Nature m'a aussi, *d'autre part*, apporté les siennes (Montaigne)

Ou encore, chez le même auteur, dans ce passage où il s'agit de décrire deux aspects complémentaires du caractère :

(47) J'ai une façon rêveuse qui me retire à moi, et *d'autre part* une lourde ignorance et puérile de plusieurs choses communes (*id.*)

Toutefois, dès les premiers textes, apparaissent également des contextes dans lesquels la locution se trouve utilisée pour relier des propositions dont les contenus sont nettement en opposition, ce qui va doter *d'autre part* d'un statut de forme non marquée. Dans les deux exemples suivants, les indications contextuelles (*elle a envie / elle craint ; triste / heureux*) indiquent clairement qu'il s'agit de souligner des antithèses entre des sentiments contraires :

(48) Et Morgue pensa moult au roi Artu ; car ele bee a fere li savoir trestout l'afere de Lancelot et de la reïne, et *d'autre part* ele se doute que, s'ele li descuevre la verité et Lancelos en ot parler que li rois l'ait seü par li, touz li monz ne la garantiroit que il ne l'oceïst (*La mort Artu*, 1230)
« Et Morgain pensa fortement au roi Arthur, car elle à envie de lui faire savoir toute l'affaire de Lancelot et de la reine, et d'autre part, elle craint que, si elle lui découvre la vérité et que Lancelot entende dire que le roi l'a su grâce à elle, personne ne puisse empêcher qu'il ne la tue »

(49) Et quant Mirame entendi la nouvelle, si en fu dolent et liez, dolent pour ce que voulentiers le voulsist avoir pour faire heritier de son regne, et *d'autre part* il estoit liez pour ce qu'il seroit plus hault homs que d'estre roy de Blandie (*Bérinus*, 1350)
« Et quand Mirame entendit la nouvelle, il en fut triste et heureux, triste parce qu'il aurait voulu l'avoir comme héritier de son royaume, et d'autre part il était heureux parce qu'il serait plus noble homme que s'il était roi de Blandie. »

Ainsi que nous allons le voir, c'est la locution *d'autre côté* qui va se spécialiser dans cet emploi, surtout dans des contextes renvoyant, comme dans les exemples qui précèdent, à des états psychologiques, à des situations de délibération, de décision à prendre. Il est intéressant de noter qu'un auteur comme Montaigne, s'il continue à utiliser *part* avec cette valeur d'opposition, le fait avec la locution *de l'autre part*, la présence du déterminant défini conduisant à une réduction à deux parts et, par là, à l'expression d'une relation d'opposition, ce qui rapproche *part* de *côté* :

(50) Car au coupable, il semble qu'elle (la conscience) aide à la torture pour lui faire confesser sa faute [...] ; et, *de l'autre part*, qu'elle fortifie l'innocent contre la torture (Montaigne)

Cette valeur d'opposition peut d'ailleurs être soulignée par l'utilisation d'un connecteur comme *mais*, qui signale la démarche de rectification :

(51) qui aurait à choisir [...] ou de tenir [...] ou [...], il se présenterait en faveur du premier parti que [...]. Mais il s'offrirait aussi, *de l'autre part*, que [...] (*id.*)

(52) Ce n'est pas à l'aventure sans raison que nous attribuons à simplesse et ignorance la facilité de croire [...] Mais aussi, *de l'autre part*, c'est une sotte présomption d'aller dédaignant et condamnant pour faux ce qui ne nous semble pas vraisemblable [...] (*id.*)

On remarquera que, dans des exemples de ce type, la locution se rapproche nettement d'un emploi énonciatif (*mais on pourrait dire de l'autre part...*), pour lequel le français moderne a généralisé l'expression *d'un autre côté*.

En ce qui concerne l'expression *d'autre côté*, on notera d'abord qu'elle apparaît moins fréquemment que *d'autre part* en emploi isolé, sans terme corrélatif, ce qui est sans doute dû à la binarité inhérente au sémantisme du lexème. Lorsqu'elle est utilisée seule, elle souligne une opposition, comme dans les deux exemples suivants :

(53) Biau filz, bonne aventure aiez. / Moult suis lie de vo santé ;
Et s'ay courroz *d'autre costé* / De ce que pris vous avez loy
Par laquelle vous tenez foy / D'un home mort. (*Miracle*, 1362)
« Beau fils, ayez bonne aventure. Je suis très heureux de votre santé. Et pourtant je suis en courroux d'un autre côté de ce que vous respectiez une loi selon laquelle vous croyez en un homme mort. »

(54) Il se douta beaucoup de point parvenir à son intention [...]. Il se confortait *d'autre côté* des gracieuses paroles que [...] (*Cent Nouvelles*, 1456)

Dans le premier de ces deux extraits, la locution vient en quelque sorte renforcer le marqueur *si* (*s'*), qui, avec la valeur de « pourtant », « cependant », exprime la relation de concession qui s'établit entre les deux propositions. Il ne semble pas que les locutions formées sur *côté* puissent marquer, comme c'est le cas avec *part*, la co-orientation de deux arguments, qu'elles puissent rendre l'effet de surenchérissement qui était par exemple perceptible en (45) ou en (46).

Le passage à l'expression d'une relation d'ordre argumentatif est relativement naturel, la portée s'exerçant sur l'énonciation, dans un mouvement que l'on pourrait paraphraser par : *on dit* P_1, *d'un autre côté, on pourrait dire / il serait mieux de dire* P_2. Cette valeur discursive, qui concurrencera de plus en plus la valeur d'organisation textuelle, du moins lorsque la locution est en tête d'énoncé, commence à se développer en français classique. Un exemple comme :

(55) Je sais bien qu'il est difficile de sortir des lieux où l'on se divertit fort, mais il faut songer *d'un autre côté* qu'un peu d'absence fait grand bien (Bussy-Rabutin, 1672)

fournit un cadre favorable à l'opération de réanalyse, la portée de la locution, qui s'exerce ici sur le verbe *songer*, pouvant être déplacée sur l'ensemble de la proposition, d'où la possibilité de l'ellipse du verbe de pensée, qui conduirait à l'emploi moderne : *d'un autre côté, un peu d'absence fait grand bien*. Cette portée sur l'énonciation apparaît clairement dans :

(56) Il ne m'importe où qu'il aille, pourvu qu'il soit bien. [...]. *D'un autre côté*, il est haï en Hollande par les amis de [...], joint que sa femme n'y voudrait point retourner. (G. Patin, 1643)

L'articulation des deux propositions peut être paraphrasée par : (*on peut affirmer que*) P_1, *d'un autre côté* (*il faut reconnaître que*) P_2. Les deux extraits suivants illustrent ce même mouvement argumentatif que l'on peut rapprocher de la rectification, et qui se trouve souligné par *mais* dans le premier exemple :

(57) Je n'ose les lire, mais, *d'un autre côté*, l'impatience me les fait dévorer (Mme de Sévigné, 1671)

(58) La pensée d'aller passer l'hiver à Aix donne plus de peine que le séjour à Grignan. *D'un autre côté*, l'air de Grignan est terrible pour elle (*id.*)

L'emploi de *d'autre part* semble tout à fait exclu dans un tel contexte, la valeur d'addition étant incompatible avec celle d'opposition inhérente à cet emploi.

Emploi en corrélation

Lorsque les termes *côté* et *part* entrent dans les structures où se trouve explicitée la corrélation, leur rôle discursif ne s'écarte pas de celui qui est le leur dans les emplois isolés, que nous venons de décrire.

– *D'une part… d'autre part*

Dans le cas de *d'une part… d'autre part*, on retrouve la fonction de mise en parallèle, sur le même plan, de deux éléments présentés comme ayant la même importance et n'entrant pas dans une relation d'exclusion :

(59) de peur que *d'une part* il ne nous condamne de trop grande curiosité ou, *de l'autre*, d'ingratitude (Montaigne)

(60) Je voudrois à ce mestier un homme content de sa fortune, et nay de moyenne fortune ; d'autant que, *d'une part*, il n'auroit point de craincte de toucher vifvement et profondement le cœur du maistre pour ne perdre par là le cours de son advancement, et *d'autre part*, pour estre d'une condition moyenne, il auroit plus aysée communication à toute sorte de gens. (*id.*)

Cette mise à égalité des constituants concernés explique que la corrélation ne se limite pas à des contextes caractérisés par la binarité, mais puisse participer à des énumérations, comme dans l'exemple suivant, où une troisième raison (*être méprisable*) vient s'ajouter aux deux premières, qui sont réunies par *d'une part… d'autre part* :

(61) Il y a tant de fautes *d'une part* en la vieillesse, et tant d'impuissance *de l'autre*, et est si propre au mépris que […] (Charron, 1601)

Comme c'était le cas avec l'expression isolée, un effet de gradation peut venir s'ajouter à la simple mise en parallèle, l'identité d'orientation l'emportant, en quelque sorte, sur l'expression de l'égalité. Ainsi, dans l'exemple suivant, l'adjectif *pires* signale-t-il une progression dans l'importance du danger :

(62) J'avais *d'une part* les ennemis à ma porte, *d'autre part* les picoreurs, pires ennemis (Montaigne)

Même si la relation n'est pas formellement explicitée, on peut sans doute percevoir un effet identique dans le passage suivant, où il semble que l'ignorance soit présentée comme un défaut moins grave que celui de ne pas respecter des principes dont on se réclame :

(63) Cette allégation sert à les faire paraître ignorants *d'une part*, et *de l'autre* fort indignes disciples d'un maître dont ils se vantent (P. de Deimier, 1610)

Comme nous l'avons vu plus haut, *part* peut entrer dans une locution qui souligne également l'opposition entre deux éléments. Cette relation apparaît aussi dans le contexte de la corrélation explicite à deux termes. Ainsi, dans le passage suivant, retrouve-t-on le même type d'opposition qu'en (49) entre les termes *liesse, joie* et *douleur, détresse* :

(64) Ce premier jour de May, plain de liesse,
Car *d'une part* puis dire sans faillir
Que, Dieu mercy, j'ay loyalle maistresse, [...]
Ne doy je bien donques joye mener [...]
Mais *d'autre part*, il me couvient souffrir
Tant de douleur et de dure destresse (Machaut, 1350)

Dans l'extrait suivant, c'est le contexte de droite (*sans nom, sans dignité / exemplaire, glorieuse*) qui explicite la relation d'opposition :

(65) Qui me donneroit à conferer la vie de L. Balbus, gallant homme, [...], *d'une part* ; et *d'autre part* la vie de M. Regulus, [...] ; l'une sans nom, sans dignité, l'autre exemplaire et glorieuse à merveilles : j'en diroy certes ce qu'en dict Cicero [...] (Montaigne)

On remarquera toutefois qu'il n'y a pas vraiment, dans ces exemples traduisant une opposition, l'expression d'une situation de débat, de délibération, dans laquelle le personnage est supposé devoir prendre une décision, alors que deux directions opposées s'offrent à lui. Ce type de contexte, comme nous allons le voir, est de loin beaucoup plus favorable à l'emploi de *côté*.

– *D'un côté... de l'autre*

Lorsqu'il y a corrélation, le contexte général dans lequel sont utilisées les expressions avec *côté* est sensiblement différent de celui de *part*. L'emploi de *d'un côté... de l'autre* semble fortement lié à l'idée de « débat », de délibération, de choix à opérer entre deux solutions possibles. Ce trait contextuel, s'il semble également attesté dans certains exemples avec *part*, surtout en emploi isolé, n'a rien de systématique. En ce sens, les tours en *côté* peuvent être analysés comme marqués, du moins pour la période du moyen français et du français préclassique, qui nous intéresse plus particulièrement. Il faut ici dépasser le trait « binarité » qui semble inhérent au sémantisme de *côté* et le compléter par une caractéristique supplémentaire. Tout se passe comme si *côté* impliquait surtout une orientation par rapport au sujet, orientation qui a pour conséquence que la réalité évoquée s'organise relativement au côté, gauche ou droit, du locuteur. Ceci apparaît par exemple très nettement dans le passage suivant, où, dans une sorte de métaphorisation, les raisons d'un choix « viennent au-devant » du personnage qui doit trancher :

(66) *D'un côté* lui venait au devant l'obligation qu'il devait à son maître, *de l'autre côté* l'honneur de sa maison. Si prit conclusion de *ce différent* (Marguerite de Navarre, 1550)

On pourrait également citer l'extrait suivant, du même texte, dans lequel, même si le deuxième élément de la corrélation est remplacé par *aussi*, on retrouve bien, avec l'expression *pressé des deux côtés*, qui rend le latin *undique* (*de toutes parts*), l'image d'un personnage assailli d'un côté et de l'autre, sans possibilité de se tirer d'embarras :

(67) [...] ce pauvre gentil homme, lequel povoit bien dire : Angustiae sunt mihi undique, car *d'un costé* il voyoit que en disant verité il perdroit s'amye, [...] ; *aussy*, en ne la confessant, il estoit banny du pays où elle demoroit [...]. Ainsy, *pressé des deux costez*, luy vint une sueur froide comme celle qui par tristesse approchoit de la mort (*id.*)

Il faut signaler que la différence avec *part* n'est pas assez importante pour empêcher une combinaison des deux termes ; ainsi, dans l'exemple suivant, qui reprend l'image du combat, c'est l'expression *d'autre part* qui répond à *d'un costé* pour introduire le deuxième « ennemi » :

(68) Lequel fut tout à un coup combatu de plusieurs ennemis. Car *d'un costé* le regret de sa gratieuse Carite luy noyoit le cœur en amertume : *d'autre part* l'ignominie indignement receuë par sa Fleurie le mollissoit d'une tendre pitié (J. Yver, 1572)

Il est ainsi assez naturel que cette corrélation en *côté* soit utilisée, dès le moyen français, dans les contextes où il y a discussion, décision à prendre, comme dans :

(69) L'argu de ces trois nomméz avec ledit conte fut grant et long sur ce different. *De l'ung costé*, il veoit ses grans et anciens ennemys desfaictz et les veoit sans nulle resistance. *D'autre costé*, on l'arguoit de sa promesse. (Commynes, 1490)

ou que son emploi s'étende, plus généralement, aux situations de polémique, de débat, de discussion entre deux opinions opposées :

(70) C'est de la dissension qui a esté touchant la saincte Cene de nostre Seigneur Jesus Christ, entre Luther *d'un costé*, et Oecolampade et Zvingle *de l'autre*. (Calvin, 1550)

C'est toutefois dans les séquences décrivant un débat intérieur, une évaluation par le sujet de raisons devant entraîner une décision, que la corrélation voit son emploi pleinement justifié.

L'opposition qui s'établit entre deux éléments, d'ordinaire d'ordre propositionnel, pourrait, dans bon nombre de cas, être rendue par des tours concessifs, ce qui conduirait par exemple à paraphraser l'extrait suivant :

(71) car j'estois si fort combatu de l'amour, du desir, de la honte et de la crainte que je ne sçavois où me ranger. D'un costé l'amour et mon devoir m'incitoient à l'espouser : de l'autre sa honte m'en retiroit, à cause de la vie desbordee de celle que j'estimoy (veufve d'Amboise, 1584)

par : « *bien que l'amour m'incite à l'épouser, sa honte m'en retire* ». Ces exemples impliquent une alternative, un choix, entre deux aspects opposés d'une même réalité, le premier de ces aspects devant normalement empêcher le second, d'où la relation de concession, qu'il serait difficile de rendre par la corrélation *d'une part… d'autre part*. Ici encore, les textes de moyen français offrent déjà des occurrences de cette organisation discursive, comme dans cet exemple du *Jehan de Saintré*, où le désir vient contrarier la pleine réalisation de la joie :

(72) Tant estoit sa joye grande *d'un costé* que a peine tenoit sa contenence, et *de l'autre costé* le desir de le veoir si grande que jour et nuyt reposer ne pouoit et tel que a peu n'effaçoit le plaisir que de son bien y avoit. (La Sale, 1456)

Nous avons constaté plus haut que l'emploi de *d'un autre côté* isolé n'entraînait pas obligatoirement une relation d'opposition ; il en est de même lorsque la corrélation est explicite : les éléments mis en parallèle peuvent être orientés dans une même direction. Ce qui l'emporte alors, ce qui est mis en relief, ce n'est pas tant ce qui différencie les deux côtés que le fait que diverses solutions, diverses facettes d'une situation, se présentent au sujet. Comme nous l'avons déjà relevé, le trait pertinent attaché ici à *côté* n'est pas celui de la binarité, qui se trouve repoussé au second plan, mais celui du « mouvement vers », de la direction vers le sujet. L'important n'est pas tellement qu'il y ait deux solutions, ni, à plus forte raison, qu'elles soient en opposition, mais que ces solutions viennent au-devant du personnage ou du narrateur. Il en est ainsi, par exemple, dans :

(73) nous fusmes six qui sur cela, considerans le naufrage d'un costé, et la famine qui se preparoit de l'autre, deliberasmes de retourner en la terre des sauvages (Jean de Léry, 1570)

Le deuxième élément de la corrélation peut ainsi renchérir sur le premier, dans une relation qui pourrait être rendue par *de plus, mais encore* :

(74) Cardonne incessamment le visitoit, luy allegant les raisons des philosophes, pour luy faire porter ceste mort patiemment. Mais riens ne servoit ; car, si la mort, *d'un costé*, le tourmentoit, l'amour, *de l'autre costé*, augmentoit le martire. (Marguerite de Navarre, 1550)

Il est intéressant de relever, dans ce texte de *l'Heptaméron*, la fréquence d'une organisation discursive qui consiste, comme dans cet exemple que nous venons de citer, à introduire à l'aide de *car* la cause d'un état psychologique, cause elle-même constituée de deux éléments co-orientés et reliés par *d'un côté... de l'autre*. Dans les exemples suivants, qui illustrent cette disposition, on relèvera la présence, dans le contexte gauche, d'un prédicat (*prendre mal en gré, fâcher, faire un deuil*) qui renvoie à l'état psychologique justifié par *car* P :

(75) Mais encores le print plus mal en gré Amadour ; car, *d'un costé*, il perdoit l'une des femmes de bien qui oncques fut, et *de l'autre*, le moyen de povoir jamais reveoir Floride (Marguerite de Navarre, 1550)

(76) mais, à la longue, cette vie luy fascha, car, *d'un costé*, il trouvoit mauvais qu'elle entretenoit longuement ceulx qu'il ne tenoit pour ses parens et amys, et, *d'aultre costé*, luy faschoit fort la despence qu'il estoit contrainct de faire pour entretenir sa gorgiaseté (*id.*)

(77) elle feit ung deuil qui ne se peut racompter ; car, *d'un costé*, l'amour où elle avoit failly luy donna une tristesse mortelle ; *d'autre costé*, le despit, [...] la mectoit en une telle furie, que [...] (*id.*)

Enchâssements

Les exemples que nous avons examinés jusqu'à présent sont représentatifs d'une configuration qui, du point de vue syntaxique, peut être qualifiée de « symétrique », dans la mesure où les constituants mis en parallèle sont de même ordre, qu'il s'agisse des natures ou des fonctions. Il est intéressant d'examiner le fonctionnement de ces mêmes corrélations dans des structures non parallèles, en particulier dans le cadre de la phrase complexe, lorsque l'un des deux éléments se trouve placé dans la principale et l'autre dans la subordonnée. Ce n'est pas tant la syntaxe qui doit retenir ici l'attention que la répartition des deux termes, *part* et *côté*, dans un tel schéma de dépendance, qui, nous semble-t-il, éclaire bien la différence qui sépare les deux expressions. On notera par ailleurs que cette exploitation de la corrélation se développe essentiellement à la période préclassique et classique avec la structuration syntaxique qui accompagne la stabilisation de la période comme unité discursive.

Avant d'observer quelques exemples de cet aspect particulier du fonctionnement de la corrélation, il convient de noter qu'une telle disposition ne peut survenir dans le cas des expressions à base temporelle ; tout se passe en effet comme si la symétrie qu'elles impliquent interdisait le changement de niveau syntaxique qu'illustreraient des exemples comme : **Quand tantôt* P_1, *tantôt* P_2 ou : **Si maintenant* P_1, *maintenant* P_2. Comme nous allons le voir, les locutions en *part* et *côté* ne comportent pas une telle contrainte et peuvent ainsi être utilisées pour souligner certaines relations de discours. Dans une telle optique, le cas de *d'un côté... de l'autre* apparaît comme plus clair et homogène que celui de *d'une part... de l'autre*, en particulier dans le cadre d'une subordination par la conjonction *si*. Observons par exemple l'énoncé suivant :

(79) S'il est avantageux *d'un côté* de laisser vivre les hérétiques sous l'apparence de bons catholiques (...), cela est *de l'autre* bien pernicieux (Bayle, 1686)

La démarche argumentative que traduit ce couplage de la structuration syntaxique et de la corrélation est celle d'une concession, qu'exprimeraient également des adverbes comme *pourtant* ou *cependant*, ou encore une subordination en *quoique* :

(79') Quoiqu'il soit avantageux de laisser vivre [...], cela est cependant bien pernicieux.

Comme on peut le constater, la notion de « côté » n'entraîne pas, du moins pas obligatoirement, la notion d'exclusion, d'incompatibilité. Il s'agit d'évoquer deux aspects en quelque sorte complémentaires d'une même réalité, le deuxième constituant un contre-argument au contenu qui avait été concédé dans la subordonnée. On retrouve, dans le même texte, un mouvement identique avec le passage suivant :

(80) Il faut croire que si d'un côté il (= Dieu) a permis que son église se partageât, il n'a pas pu vouloir de l'autre qu'elle fût sans aucune règle (*id.*)

Dans ce type d'exemple, la conjonction *si* ne marque pas une relation entre les contenus des deux propositions qu'elle réunit, mais fonctionne comme un connecteur à portée énonciative, établissant un rapport que l'on pourrait paraphraser par : *si* (*on peut dire que*) P_1, (*on peut dire néanmoins que*) P_2. Les marques d'énonciation ne sont pas absentes de ce type de contexte, comme dans l'extrait suivant, où la relation est explicitée par les prédicats *s'il est vrai... on peut dire*, dont la symétrie double en quelque sorte celle de *d'un côté... de l'autre* :

(81) Mlle Catherine Descartes, qui n'a point jugé à propos de s'engager dans les liens du mariage [...], et s'il est vrai *d'un côté* qu'elle soutient dignement la mémoire de son oncle par son esprit et son savoir, on peut dire *de l'autre* qu'elle sert de modèle aux personnes de son sexe par sa vertu (A. Baillet, 1691)

S'il ne s'agit pas ici, à proprement parler, d'une relation de concession, le contenu de P_2 n'est cependant pas sur le même plan que celui de P_1 ; il apporte un rectificatif qui pourrait être exprimé par : *non seulement elle soutient nettement…, mais de plus elle sert de modèle…* ou encore : *on pourrait se contenter de dire que…, mais il y a plus…* Ici encore, on perçoit nettement que les marqueurs d'intégration ont une fonction qui dépasse l'expression d'une symétrie, la simple addition d'un élément, pour contribuer à la hiérarchisation des arguments dans une démarche argumentative. On rencontre également cet emploi de *si* dans des textes de fiction narrative, qui ne comportent pas la dimension argumentative que nous venons d'observer. Toutefois, même dans ce cas, la corrélation combinée à la subordination semble conduire à un effet de rectification, de réorientation du récit, qui dépasse, ici encore, la simple addition d'une information parallèle. Ainsi, dans l'exemple suivant :

(82) Si le prince languissait dans cette amoureuse attente *d'un côté*, la belle Orazie vivait dans une douce inquiétude *de l'autre* (de Boirobert, 1629)

alors que la première proposition rappelle le contenu du contexte antérieur et renvoie à un événement qui devrait suffire à la conduite du récit (il est « normal » que l'on déplore la mort du prince), la seconde proposition décrit un état de choses présenté comme moins attendu, qui, tout en ne s'opposant pas au contenu de P_1, oriente cependant le récit dans une direction que le contexte ne laissait pas prévoir. La même utilisation narrative peut être observée dans :

(83) Si *d'un côté* ils pleuraient Anaxandre mort, ils craignaient *de l'autre* que deux ou trois pêcheurs qui avaient été témoins de ce duel ne le révélassent. (*id.*)

Nous retrouvons en fait, transposé dans le récit, le même mouvement qui a pu être relevé dans le texte argumentatif : *on pourrait se contenter de dire que* P_1, *mais il faut ajouter que* P_2. Une telle configuration textuelle ne semble pas favorable à l'emploi de la corrélation en *part*, qui, nous l'avons déjà souligné, est plus liée à la notion de symétrie, d'égalité entre deux éléments, que ne peut l'être la locution formée sur *côté*.

L'emploi de *d'autre part* semble se limiter à des subordonnées en *puisque*, dont le rôle est d'introduire une justification du dire. Il faut toutefois remarquer que la corrélation ne s'établit plus entre une proposition dépendante et une principale, mais entre deux subordonnées coordonnées ou juxtaposées. Ainsi, dans l'exemple suivant, peut-on constater que *puisque* sert à introduire deux arguments de même orientation, empruntés à deux domaines différents mais sans que l'un, en l'occurrence le deuxième, apparaisse plus important que l'autre.

(84) Vous vous fussiez bien passé de rapporter cet endroit de Saint Jérôme, puisque *d'une part* il touche un point qui ne se doit jamais traiter qu'avec une extrême discrétion, et que *de l'autre* il ne contient rien qui ne vous soit tout à fait contraire (Arnauld, 1643)

Ce marquage par la corrélation ne paraît pas correspondre à une paraphrase en *non seulement... mais encore / surtout*, qui serait sans doute une interprétation trop « forte » de l'énoncé ; une permutation des deux propositions semble d'ailleurs tout à fait acceptable :

(84') Vous vous fussiez bien passé de rapporter cet endroit de Saint Jérôme, puisque *d'une part* il ne contient rien qui ne vous soit tout à fait contraire et que *de l'autre* il touche un point qui ne se doit jamais traiter qu'avec une extrême discrétion.

Il faut remarquer sur ce point que l'utilisation de la corrélation en *côté* dans des subordonnées coordonnées, structuration qui est également possible, ne se prête pas à un tel déplacement des propositions. Ainsi, dans un énoncé comme :

(85) C'est Dieu qui est le principe de la tendresse paternelle, parce que *d'un côté* il nous donne des enfants, et que *de l'autre* il a tellement formé notre cœur que nous ne pouvons nous empêcher de les aimer (Abbadie, 1684)

la présence de la corrélation en *côté* rend très difficile l'inversion de l'ordre des propositions :

(85') (?) C'est Dieu qui est le principe de la tendresse paternelle, parce que *d'un côté* il a tellement formé notre cœur que nous ne pouvons nous empêcher d'aimer nos enfants, et que de l'autre il nous les donne.

On doit cependant souligner que le statut non marqué de *part* par rapport à *côté* fait que la corrélation en *part* peut apparaître là où serait attendu l'emploi de *côté*. Les deux exemples suivants présentent la séquence *d'une part... de l'autre*, alors qu'une opposition nette est établie entre la principale et la subordonnée et que la progression du raisonnement, la hiérarchisation des arguments va clairement dans le sens d'un « *non seulement... mais encore / mais surtout* », comme c'était le cas en (82) ou en (83) :

(87) On peut même dire qu'il faut qu'il y ait quelque chose de Dieu dans la grandeur, puisque l'Ecriture nous assurant *d'une part* qu'on doit honorer les grands, nous enseigne *de l'autre* que l'honneur n'est dû qu'à Dieu (Nicole, 1671)

(88) J'entends bien, lui dis-je, mais si *d'une part* vous êtes les juges des confesseurs, n'êtes-vous pas, *de l'autre*, les confesseurs des juges ? (Pascal, 1657)

Dans ce type d'enchaînement, la substitution par *d'un côté... de l'autre* paraît tout à fait envisageable.

CONCLUSION

Au terme de cette étude où nous avons insisté sur certaines propriétés des marqueurs d'intégration, il paraît possible de tirer quelques conclusions, sans doute provisoires, dans la mesure où il conviendrait d'élargir le corpus et de prendre en compte d'autres aspects du fonctionnement des expressions.

En ce qui concerne le mouvement de pragmaticalisation, on notera que le sémantisme de départ persiste mieux lorsqu'il s'agit d'une expression temporelle, les locutions d'ordre spatial étant plus rapidement démotivées. Ceci est à mettre en relation avec le fait que le transfert de la valeur chronologique dans le domaine de l'énonciation se réalise de façon assez naturelle, alors que les expressions d'ordre spatial, lorsqu'elles renvoient à l'espace du texte – par exemple, avec des expressions comme *ci-dessus* ou *supra* – ne traduisent pas des relations de même type que les intégrateurs.

Une deuxième différence réside dans le type de construction, construction par répétition dans le cas de *tantôt... tantôt*, construction par relation anaphorique dans *d'une part... d'autre part*. Au plan discursif, une conséquence de cette dissymétrie est la difficulté, avec le système par répétition, de hiérarchiser les informations, de marquer le statut d'un argument. Le système par anaphore, en revanche, se prête sans difficulté aux effets de contraste, d'antithèse, et joue pleinement son rôle dans la démarche argumentative. Il faut aussi rappeler que la répétition est obligatoire pour qu'il y ait corrélation et que, par conséquence, la notion de symétrie, de parité, est indissociable de la construction ; ce n'est pas le cas pour les expressions anaphoriques, *d'autre part* ou *d'un autre côté* pouvant fonctionner hors de la corrélation explicite. Cette caractéristique explique que ces dernières évoluent comme « mots du discours », ce qui est moins souvent le cas pour les expressions comme *tantôt*. Font certes exception des formes comme *maintenant* ou *or*, mais il faut toutefois remarquer que leur valeur de connecteur ne semble pas avoir pour origine les tours corrélatifs, rien n'indiquant que *maintenant... maintenant* ou *ores... ores* ont évolué vers des valeurs énonciatives qui correspondraient à *maintenant (on peut dire que)* P_1, *maintenant (on peut dire que)* P_2, alors que l'origine de l'emploi de *d'un autre côté* comme marqueur argumentatif peut être recherchée dans la corrélation à deux termes.

Comme nous avons essayé de le montrer, les expressions spatiales formées sur *part* et sur *côté* sont loin d'avoir un fonctionnement identique. Leurs rôles respectifs, dans le champ argumentatif en particulier, ont évolué de façon différente. Ici encore, il nous semble que c'est l'appartenance au domaine spatial qui permet de jouer sur la binarité, sur l'opposition, et, dans le cas de *côté*, sur l'orientation vers le sujet ; autant de relations qui sont plus difficilement exprimables dans le domaine de la temporalité.

Rappelons enfin que la distinction qui nous a intéressé ici, l'opposition entre des expressions temporelles et des expressions spatiales, ne se superpose pas exactement aux deux types formels de corrélation. Dans chacun des deux domaines sémantiques sont attestés des représentants des deux constructions : les séquences *d'abord... ensuite*, pour la temporalité, et *ici... ici*, pour la spatialité, en seraient des exemples. On pourrait ainsi se demander si le fait de relever de l'une des deux familles sémantiques l'emporte sur la forme de la corrélation ou si, au contraire, le type de structuration de la séquence neutralise le facteur constitué par le sens de départ.

Bernard COMBETTES
Université de Lorraine, ATILF

GRAMMATICALISATION DU TOUR CORRÉLATIF *D'AUTANT QUE* COMME « MOT DU DISCOURS »

INTRODUCTION
De la comparaison à l'explication

Nous proposons une étude de la forme *d'autant que* en français, en faisant l'hypothèse de la grammaticalisation-pragmaticalisation d'un tour d'abord corrélatif à interprétation comparative, aujourd'hui saisissable comme « mot du discours ». Mais avant de mettre en évidence des carrefours interprétatifs, nous allons préciser d'où l'on part et où l'on aboutit.

AU DÉPART : CONSTRUCTIONS COMPARATIVES PARALLÈLES EN *DE TANT*

La construction *d'autant que* semble prendre son origine dans le tour corrélatif latin *quanto tanto*, comme le montre (1), daté du XIVe siècle. À cette époque, les auteurs utilisent *tant* plutôt que *autant.*

(1) *quorum spes quanto in Deo melior et certior, tanto maior debet esse libertas cum…*
« de tant que nostre esperance est meilleure et plus certaine en Dieu, de tant doit estre nostre franchise plus grande quand… » (Traduction de *La Cité de Dieu* par Raoul de Presles, 1375)

Le sens est comparatif et la construction est alors une corrélation où chaque proposition présente un marqueur scalaire intégré à sa structure. La co-variation entre les propositions ou entre des éléments des propositions est marquée (*d'autant que… d'autant*). Cette forme binaire perdure jusqu'au XVIe siècle. Voir (2) et (3) pour une illustration.

(2) D'autant que la mer avoit esté terrible et merveilleuse d'autant fust paisible et petit vent (Barbatre, *Le Voyage à Jérusalem*, 1480)

(3) Ainsi d'autant qu'un Dieu doit faire et dire, mieux qu'un mortel, chose où n'ait que redire, d'autant il faut estimer ta merveille plus profitable. (Marot, 1538)

Le corpus recueilli, principalement à l'aide de *Frantext*, permet d'avancer que le XVIe siècle a été une période pivot. *D'autant que* s'y est autonomisé et a acquis un sens causal, l'interprétation comparative s'estompant (voir (4) et (5)). Ce point est abordé de manière plus détaillée dans la section suivante.

(4) D'autant que le contemnement de l'Evangile est un sacrilege plus meschant, ne soyons esbaïs si Dieu le punit plus grievement. (Calvin, *Des Scandales*, 1550)

(5) Et d'autant que ceste opinion a esté quasi receue en tous ages, encores aujourd'hui est en vogue et tient tous les esprits preoccupez (Calvin, *Institution de la religion chrestienne*, livre I, chap. 16, 1560).

À L'ARRIVÉE : *D'AUTANT QUE* CONNECTEUR (CAUSAL) ARGUMENTATIF

Les usuels et des études plus spécifiques répertoriant les usages actuels de *d'autant que* ne présentent plus que la forme « solitaire » (plus de parallélisme comme dans (1), (2), (3)). L'interprétation principale est causale, et peut également s'adjoindre une valeur emphatique ou une valeur argumentative (voir l'exemple de Giraudoux repris dans (6)). Dans ces emplois, *d'autant que* est présenté comme une locution conjonctive en concurrence avec *d'autant plus/moins/mieux que*, qui possèdent la possibilité d'être discontinus et de s'attacher à un terme pivot, souvent un adjectif. Le *Trésor de la Langue Française informatisé*, sous l'entrée *autant* (6), explicite très clairement ce sens causal « accentué » de *d'autant que*, qui peut ainsi entrer dans un schème argumentatif.

(6) En composition dans les locutions adverbiales ou conjonctives. À valeur causale ou adversative. *D'autant plus, d'autant moins, d'autant mieux que* au *d'autant que* : Ex. Mademoiselle, le conseil me réclame. Mais me feriez-vous le plaisir de venir demain poursuivre cet intéressant entretien ? D'autant que la dactylographe qui travaille dans mon bureau entasse les fautes de frappe, et que je songe à l'écarter. (Giraudoux, *L'Apollon de Bellac*, 1942, p. 59.) [...]

> *Rem.* Cette loc. utilisée pour marquer la mesure, la proportion entre deux faits (*cf. supra*) sert à relever une cause partic., l'importance d'un motif de penser ou d'agir lorsque l'idée de mesure ou de proportion s'efface selon le sens du cont., ou l'absence du compar. dans le membre de phrase qui suit (*cf.* Ac. 1835). Elle équivaut à « surtout parce-que », partic. après une princ. négative. (*TLFi*, entrée « Autant », III, A, 1).

Nous n'étudions pas ici l'ensemble du paradigme actuel, nous avons laissé de côté les formes en *plus/moins/mieux*, mais il est notable que *d'autant que* et *d'autant plus que* sont souvent interchangeables avec les mêmes valeurs, alors que cela est beaucoup plus difficile avec *d'autant moins*.

VALEUR CAUSALE : LE PIVOT DU XVIe SIÈCLE

DE LA COMPARAISON À LA CAUSE

L'origine du tour semble résider dans des constructions corrélatives établissant un rapport de variation concomitante entre deux propositions (*cf.* Fuchs 2014 : 104), qui, du point de vue formel, sont parfois identifiées comme des « comparatives isomorphes » (Hadermann *& al.* 2013), dans la mesure où elles présentent un parallélisme de construction. Il s'agit en effet d'énoncés du type : *plus* P_1, *plus* P_2 dans lesquels est exprimée une concomitance entre deux variations d'ordre quantitatif, la variation dans P_1 entraînant celle de son correspondant dans P_2. Un effet identique peut être produit par une subordination non corrélative, comme ce serait le cas avec le sens premier de la locution *dans la mesure où*. L'emploi des adverbes *tant* et *autant* dans cette organisation se développe en moyen français, sans doute sous l'influence des traductions du latin, le texte de type argumentatif constituant, plus généralement, un cadre discursif particulièrement favorable à ce genre d'expression. L'exemple (1) montre bien comment le français marque le rapport de subordination en établissant une dissymétrie entre la locution conjonctive de *tant que*, qui fait de P_1 la proposition dépendante, et l'adverbial de *tant*, qui indique que P_2 remplit la fonction de principale, alors que le latin maintient une égalité de statut syntaxique entre les deux propositions par le parallélisme de deux adverbes, *quanto… tanto*.

On notera que la présence d'une conjonction n'a toutefois rien d'obligatoire et que la corrélation d'*(au)tant meilleure... d'(au)tant plus grande...* était envisageable, sur le modèle de *plus... plus....*

Une variation est observable, au moins durant la période du moyen français, en ce qui concerne le choix de la préposition, *de* pouvant apparemment alterner librement avec *pour*, favorisé sans doute dans cette construction par sa valeur causale :

(7) Mais pour autant que ceste maison de Bourgogne estoit plus grande et plus puissante [...], de tant luy fut plaisir plus grand et plus profitable (Commynes, 1490)

Cette forme *pour autant que* subira également un processus de grammaticalisation qui la dotera d'un sémantisme proche de celui de la locution *dans la mesure où* ou de *puisque.*

La corrélation en *d'autant que* apparaît encore au début du XVIe siècle, comme le montre (3) et on peut penser que c'est en français préclassique qu'elle sera peu à peu remplacée par le tour en *d'autant plus ... que* (= *il faut estimer ta merveille d'autant plus profitable qu'un Dieu doit...*), comme c'est le cas dans ces exemples de Calvin, sous (8, 9) :

(8) Il est vray que, d'autant plus que les idolatres se tourmentent, ilz ne font que provoquer l'ire de Dieu contre eux (Calvin, 1558)

(9) il n'y a nulle doute que, d'autant plus que la conscience est touchée de près de l'appréhension de son péché, l'iniquité croist quant et quant [= en même temps] (Calvin, 1560)

Le changement important, qui s'accompagne d'un changement de statut au plan sémantique et au plan syntaxique, est la possibilité, pour l'expression *d'autant que*, d'apparaître seule, sans que soit exprimé le deuxième terme (*de tant / d'autant*) de la corrélation. On constate ainsi un déplacement de saillance, phénomène bien attesté dans le processus de grammaticalisation. La relation causale, qui était sous-jacente dans le tour corrélatif, passe au premier plan et prend le pas sur la valeur scalaire ; ce qui est exprimé à présent, ce n'est plus la variation d'intensité que marquait *tant / d'autant* dans chacune des propositions, mais le lien de cause à conséquence qui unit P_1 et P_2. La double lecture, superposition de l'interprétation première et de la valeur nouvelle se laisse percevoir dans un énoncé comme :

(10) Et d'autant que ceste opinion a esté quasi receue en tous ages, encores aujourd'hui est en vogue et tient tous les esprits preoccupez (Calvin, 1560)

On peut en effet voir dans cet exemple une comparaison entre deux prédicats renvoyant à un haut degré (*être reçue / être en vogue*) : de la même façon que cette opinion a été autrefois bien reçue, elle est aujourd'hui très en vogue, relation qui serait explicitée par le rétablissement d'un d'autant dans P_2. On peut également y voir l'expression d'un lien de causalité : comme cette opinion a été pendant très longtemps bien reçue, elle continue à l'être aujourd'hui, l'absence de corrélation formelle favorisant sans doute cette interprétation. Il nous semble que ce type de contexte fournit un cadre favorable à l'opération de réanalyse, définitoire du processus de grammaticalisation. Ce dernier apparaît comme achevé lorsque les propositions ne renvoient plus au domaine de l'intensité et que, en conséquence, *d'autant* ne peut plus être doté d'une valeur quantitative. Cette étape se réalise relativement tôt, quasiment en même temps qu'est attestée l'ellipse du deuxième terme de la corrélation. Dans un exemple comme :

(11) En outre, d'autant que ceux du pays vivent au jour la journée, ne se soucians de labourer la terre, nous ne trouvions point de vivres assemblez en un certain lieu, mais il nous les falloit aller recueillir et querir bien loin çà et là (Jean de Léry, 1578)

les contenus de P_1 et de P_2 font référence à des états de choses présentés comme non gradables (*ils vivent au jour la journée / nous ne trouvions point de vivres*), ce qui rend impossible une interprétation de la relation comme « variation concomitante » et impose une lecture causale : *comme ils vivent... nous ne trouvions point.*

Cette mise en avant de la relation de causalité ne supplante pas immédiatement le contexte scalaire caractéristique de la valeur première de la locution. On peut ainsi relever la présence d'expressions comparatives, comme dans l'exemple suivant, où il faut remarquer qu'il ne s'agit plus en fait de variation concomitante, mais de deux hauts degrés concomitants, le premier (l'importance de la faute) entraînant le second (la sévérité de la punition) :

(12) D'autant que le contemnement de l'Evangile est un sacrilege plus meschant, ne soyons esbaïs si Dieu le punit plus grievement. (Calvin, 1550)

Divers indices d'ordre syntaxique et sémantique font bien percevoir le fonctionnement intraprédicatif de cette subordination par *d'autant que*, la corrélation sous-jacente à cette construction expliquant que, dans un premier temps du moins, la relation de causalité s'établit entre les contenus des deux propositions concernées. On relèvera par exemple la coordination de *d'autant que* P avec une subordonnée en *parce que*, comme dans (13), où les deux locutions semblent interchangeables dans une symétrie qui est soulignée par l'expression *non seulement... mais aussi* :

(13) Dequoy je fais ici mention, d'autant que non seulement ce furent les premieres nopces et mariages faits et solennisez à la façon des Chrestiens en la terre de l'Amerique : mais aussi parce que beaucoup de sauvages, qui nous estoyent venus voir, furent plus estonnez de... (Jean de Léry, 1578)

Le même phénomène peut être observé dans (14) et (15) avec les variantes de *que* que sont *pour ce que* et, dans une proposition négative, *non pas que* :

(14) Quant au scandale qui provient de la croix, pource qu'elle est dure et fascheuse ou d'autant que la doctrine de l'Evangile nous semble trop austere, [...] (Calvin, 1550)

(15) Parquoy Jesus Christ est dict pierre de scandale, non pas qu'il soit cause qu'on s'achoppe à luy, mais d'autant que les hommes en prennent occasion (Calvin, 1550)

Les propositions en *d'autant que* peuvent également être en relation avec une question en *pourquoi* :

(16) Et pourquoy diroit-il en un autre passage qu'il en desadvouëra beaucoup [...], sinon, d'autant que cela a esté de tous temps et sera, que [...] ? (Calvin, 1550)

Il en va de même dans l'exemple (17), où la proposition en *pourquoi* fonctionne comme une subordonnée interrogative indirecte sous la dépendance de *voilà*, l'expression à savoir explicitant l'introduction de la cause (*voilà pourquoi... à savoir parce que...*) :

(17) Et de faict, voila pourquoy nous ne sommes point assez vertueux à vaincre ou repoulser les scandales, asçavoir d'autant que nous n'oyons pas les admonitions que Jesus Christ nous fait. (Calvin, 1550)

Un autre indice de la portée intraprédicative est fourni par la possibilité d'utiliser une proposition en *d'autant que* dans des structures enchâssées, en particulier dans des subordonnées complétives. Dans l'exemple (18), la dépendance entre P_1 (*nous sommes temples...*) et P_2 (*d'autant que... habite...*) est en quelque sorte rendue obligatoire par la subordination à la matrice *sainct Paul conclud* ; il faut par ailleurs souligner que cet énoncé peut être considéré comme ambigu, la lecture scalaire demeurant possible (*nous sommes temples dans la mesure où son Esprit habite....* vs *parce que son esprit habite...*), mais, quelle que soit l'interprétation, le degré de dépendance entre P_1 et P_2 reste du même ordre :

(18) Car sainct Paul conclud que nous sommes temples de Dieu d'autant que son Esprit habite en nous (Calvin, 1550)

La même structuration est utilisée dans l'exemple (19), qui, à la différence du précédent, n'apparaît pas comme ambigu, la valeur causale s'imposant plus nettement (*ils se moquent de nous parce que nous cherchons...*) :

(19) je sçay aussi de quelles mocqueries ils usent d'autant que nous cherchons nostre vie en la mort de Jesus Christ (Calvin, 1550)

Si, dans un premier temps, conformément à la disposition première de la corrélation, l'ordre « normal » des propositions est d'autant que P_1, P_2, le passage à la valeur causale s'accompagne, dès le milieu du XVIe siècle, de la possibilité de placer *d'autant que* P en fin d'énoncé, le fonctionnement de la subordonnée se calquant sur celui des autres causales, comme dans les deux exemples précédents (18, 19).

CHANGEMENT DE PORTÉE

À la même période, à côté d'une valeur causale « objective », apparaît une valeur causale que l'on pourrait dire plus subjective. L'échelle d'implication du locuteur proposée par Pander Maat & Degand (2001 : 122-123) est d'une grande utilité pour mettre en évidence ce phénomène. Les auteurs distinguent cinq niveaux en fonction de l'implication du locuteur (IDL). À côté des (i) relations causales non volitives et (ii) volitive assez traditionnelles, on trouve : (iii) une relation causale mentale « qui donne une raison jugée valide par le protagoniste pour un état d'esprit plutôt que pour action concrète (ex. *Je suis contente parce qu'il y a congé demain*) » ; (iv) une relation causale épistémique, « qui fait intervenir une causalité argumentative. Le protagoniste (par défaut le locuteur) tire une conclusion à partir d'un état des choses, ce dernier fonctionnant comme une prémisse pour une argumentation. Elle doit dès lors être connue et acceptée. En d'autres termes, la conclusion est présentée comme la conséquence d'un raisonnement argumentatif, il s'agit donc d'un état mental du protagoniste. Contrairement à la causalité mentale, la causalité épistémique est « immédiate », elle se situe dans le *hic et nunc* de la situation causale. Pour être valide, la ou les prémisse(s) doi(ven)t être partagée(s) par l'interlocuteur (ex. : *Il doit avoir près de 90 ans, parce qu'il faisait déjà partie de l'unité en 1932*) ». Et enfin, (v) une relation causale interactionnelle, « où le locuteur n'est pas impliqué en tant que personne pensante, mais uniquement dans son rôle de locuteur, la relation causale étant établie avec l'acte de langage proprement dit (justification d'une assertion, d'une question), plutôt que son contenu propositionnel. (ex. *Tu peux me donner ton âge, parce qu'il me le faut pour l'enquête*) ».

Les valeurs causales de *d'autant que* sont *a priori* d'abord non volitives : deux états de choses sont mis en relation. *D'autant que* équivaut alors à *parce que*, et peut même être coordonné avec lui (*cf. supra* (13)). Dans ce sens, il n'est pas rare de trouver la proposition introduite par *d'autant que* en première position. Cette interprétation et cette syntaxe ne sont plus possibles aujourd'hui.

Dès le XVIe siècle, s'observent déjà des valeurs causales « mentales », des valeurs « interactionnelles » – que nous appellerons plus largement métalinguistiques – et des valeurs dites « épistémiques » – qui permettent les valeurs argumentatives. Ce glissement semble correspondre à deux autres phénomènes : d'une part, à la possibilité de remplacer *d'autant que* par *comme* ou *puisque*, qui impliquent ou imposent la connaissance partagée de la cause introduite et la mettent à l'abri d'une remise en cause discursive ; d'autre part, au figement de l'ordre, la proposition comportant *d'autant que* apparaissant de plus en plus en deuxième position, au point parfois de se détacher complètement de la première proposition voire de devenir un commentaire parenthétique (*cf. infra*, section « Sur la voie du détachement : dés-intégration syntaxique » pour des exemples).

En relation avec l'évolution sémantique notée (cause objective → cause préférée avec visée argumentative), l'analyse de corpus a montré certaines régularités dans le contexte d'apparition de *d'autant que*. La conjonction est fréquente dans l'environnement de verbes d'opinion (20, 21) et de verbes de parole, qui le plus souvent explicitent l'acte déclaratif (22, 23).

(20) Mais d'autant que l'orge y grena et vint à juste maturité, voire multiplia grandement, il est vraisemblable que ceste terre estant trop grasse pressoit et avançoit tellement le froment et le seigle qu'estans trop tost montez, ils n'eurent pas le temps pour fleurir (Jean de Léry, *Histoire d'un voyage faict en la terre du Brésil*, 1578)

(21) Mais d'autant que je m'estudie à édifier l'église, il m'a semblé meilleur de ne point toucher à beaucoup de questions, lesquelles n'eussent guères profité, et eussent chargé et ennuyé le lecteur sans raison. (Calvin, *Institution de la religion chrestienne*, livre 1, chap. 13, 1560)

(22) Parquoy, d'autant que bien au long ci-dessus au chapitre dixiesme des Animaux, en parlant du Tapiroussou, j'ay mesme declaré la façon du Boucan, à fin d'obvier aux redites, je prie les lecteurs que, pour se le mieux representer, ils y ayent recours. (Jean de Léry, *Histoire d'un voyage faict en la terre du Brésil*, 1580)

(23) D'autant que j'ay à faire à gens qui se disent chrestiens et veulent estre tenuz pour tels, je ne demeneray point ce propos plus au long. (Calvin, *Des scandales*, 1550)

La cause se fait de plus en plus métatextuelle en portant sur l'énonciation elle-même (24, 25).

(24) et autres regions de par deçà, lesquelles, d'autant que la mer les separe de Judée, sont appelées Isles par Moyse (Jean de Léry, *Histoire d'un voyage faict en la terre du Brésil*, 1580)

(25) [...] Latine, et Grecque, qui n'entende faire la prononciation telle, qu'a esté celle des Autheurs qu'il list : et s'il la fait autre, je puis dire que c'est ung jargon : d'autant que sa lecture ne fut onques anciennement cognue. (Meigret, *Traité touchant le commun usage de l'escriture françoise*, chap. IIII, 1545)

Ceci ouvre la voie à des interprétations argumentatives, où la cause est présentée comme renforcée, préférée sur une échelle, partie prenante d'une démonstration (26, 27). Avec ce déplacement de portée, *d'autant que*, bien qu'apparaissant encore en première position comme dans (24), tend à être placé en seconde position. Ainsi, il introduit facilement et fréquemment la justification de l'acte de langage de la proposition précédente, avec une interprétation sous-jacente « *je peux dire cela, d'autant plus que…* ».

(26) Du trop manger, procède le trop travailler : dont quelques-fois les avetes se meurent, et tous-jours par tel excès, la race en défaut. D'autant que ne pouvans les abeilles travailler, à la fois, à faire du miel et des nouvelles mousches, cessent de besongner en l'un, pour s'occuper en l'autre : et préfèrent le miel à leur génération (Olivier de Serres, *Le Théâtre d'agriculture et mesnage des champs*, t. 1, 1603)

(27) Ne peut néantmoins telle distinction les desunir aucunement, l'un faisant valoir l'autre, estant nécessaire au blot du jardinage, d'estre accommodés des deux ensemble. D'autant que plusieurs plantes se nourrissent au jardin d'hyver, qui meurissent en celui d'esté : d'autres en cestui-ci, qui se cueillent en celui-là, ainsi se communiquans parensemble leurs particulières facultés. (*id.*)

La valeur argumentative s'observe tôt, c'est-à-dire dès la fin du XVIe siècle, comme le montrent les exemples précédents. Le contexte est celui d'une démonstration, le locuteur cherche à convaincre son interlocuteur en introduisant un argument pour renchérir une affirmation. D'autant que introduit donc un argument et plus seulement une cause et c'est bien là sa valeur centrale actuelle – dite « causale épistémique » chez Pander Maat & Degand (2001), « cause emphatique/préférée » chez Hadermann (2015), ou encore « argumentation emphatique » chez Névéol (2002).

Il ne serait bien sûr pas inutile ni inintéressant d'examiner dans le détail les siècles suivants, mais les remarques précédentes permettent de dire que tout ou presque tout était déjà en place au XVIe siècle pour expliquer les emplois actuels, tels qu'ils sont développés dans la section ci-dessous. Ce « tout » comporte notamment : l'abandon de la construction corrélative binaire (la co-variation des propositions) ayant comme effet l'effacement de la valeur comparative ; le déplacement de la portée causale, qui s'(inter)subjectivise ; le fait que la proposition introduite par *d'autant que* apparaissent en seconde position.

Ces différentes propriétés sont notamment relevées par Hadermann qui étudie spécifiquement *d'autant (plus) (que)* (2015). Le trait [+ ou – co-variation], déjà évoqué dans la section « Valeur causale : le pivot du XVIe siècle » ci-dessus, lui permet de mettre en évidence les différents emplois et de les associer à la problématique de l'(inter) subjectivisation, qui est une des voies de la grammaticalisation/ pragmaticalisation (28). Ce qui est dit de *d'autant plus que* vaut pour *d'autant que*.

(28) Avec la perte de la co-variation, l'effet comparatif s'estompe. Le locuteur se limite à souligner le haut degré du procès de la phrase matrice et à en citer la cause dans la sous-phrase sans quantifier celle-ci. [...] La sous-phrase en *d'autant plus que* a uniquement pour but de mieux convaincre l'interlocuteur de la vérité du procès de la phrase matrice ; *d'autant plus que* sert de marquer d'une relation que nous appellerons « causalité intersubjective emphatique » [...] Il n'est plus question de co-variation mais bien d'une cause située sur une échelle à un point supérieur par rapport à une autre cause. [...] *D'autant plus que* sert ici à cadrer une cause que le locuteur privilégie et qu'il présente à l'interlocuteur comme se rapprochant beaucoup de la cause archétypale : le procès *il était là* [je l'admirais, d'autant plus qu'il était là] se trouve projeté sur une échelle de causes possibles, d'où un effet de « causalité scalaire » reflétant l'évaluation subjective du locuteur avec une intention d'intersubjectivisation. (Hadermann 2015 : 135-136)

EMPLOIS ACTUELS DE *D'AUTANT QUE*

QUELLE(S) RELATION(S) DE DISCOURS EN JEU ?

D'un point de vue sémantique, il n'est plus possible d'utiliser *d'autant que* ni *d'autant plus que*, catégorisés comme conjonctions de subordination, pour introduire une cause « objective », paraphrasable en *parce que*. Aujourd'hui, *d'autant (plus) que* est associée majoritairement à la relation de discours d'Explication (*cf.* Roze 2009). Différents systèmes définitoires des relations de discours existent, et il est utile de les comparer. Bien que non conçus avec cet objectif, les cadres théoriques évoqués permettent de circonscrire la pragmaticalisation des usages de *d'autant que*. La *Segmented Discourse Representation Theory* (SDRT, Asher & Lascarides 2003), la *Rhetorical Structure Theory* (RST), et son développement par Renkema (2009), divergent sur certains points, mais mettent néanmoins tous en avant une double composante de la relation d'Explication :

une composante causale et une composante que l'on dira simplement intentionnelle.

Dans le système de définitions de la SDRT, la relation d'Explication (*Explanation*) apparaît à deux endroits : à la fois comme relation causale au niveau de contenu propositionnel (*Content-level relation*) et comme relation métatextuelle (*Metatalk relation*) (Asher & Lascarides 2003 : 462, 470).

En tant que relation au niveau du contenu (29), elle permet d'articuler deux segments (α et β).

En suivant la notation de la définition, on dira que l'interprétation de β comme explication de α implique (a) que le *procès* (état ou événement) associé à α ne s'est pas produit avant le procès associé à β (autrement dit que l'effet ne précède pas la cause). Dans le cas de (b), les auteurs ciblent les cas où β est un événement, pas un état. Dire que β est une explication de α a comme conséquence temporelle que l'événement associé à β doit être antérieur au procès (événement ou état) associé à α.

(29)

[Content-Level Relations]
Explanation : This is a subordinating relation, and it's the dual to Result:
It's veridical, and so satisfies the Satisfaction Schema.
Temporal Consequence of Explanation : (a) φ Explanation (α,β) ß $(\neg e_\alpha < e_\beta)$
(b) φ Explanation (α,β) ß (event (e_β) => $e_\beta < e_\alpha$)

[Relations au niveau du contenu]
Explication : il s'agit d'une relation de subordination, qui est la symétrique de la relation Résultat :
Ses constituants sont présentés comme vrais et satisfont ainsi le schéma Satisfaction
Conséquence temporelle de Explication : (a) φ Explication (α,β) ß $(\neg e_\alpha < e_\beta)$
(b) φ Explication (α,β) ß (event (e_β) => $e_\beta < e_\alpha$)

En tant que relation métatextuelle (30), l'Explication met également en jeu le but de l'acte de langage (SARG = *Speech Act Related Goal*), autrement dit l'intention du locuteur.

Dans la notation, K désigne la DRS (*Discourse Representation Structure*), c'est-à-dire pour faire simple le contenu propositionnel de β. Pour nous, il s'agit du segment introduit par *d'autant que*. La définition (30) montre que le contenu propositionnel de β explique (justifie) l'acte de langage illocutoire correspondant à α. Dans l'exemple proposé, le contenu « j'ai froid » explique la demande (impératif) associé à « ferme la fenêtre ».

(30)
[Metatalk Relations]
Explanation (α,β)
Semantics : it's a subordinating veridical relation; $K_β$ explains why S(α) has α's SARG.
Example : Close the window. I'm cold.

[Relations métatextuelles]
Explication (α,β)
Sémantique : c'est une relation subordonnante dont les constituants sont présentés comme vrais ; $K_β$ explique pourquoi S(α) a SARG de α.
Exemple : Ferme la fenêtre. J'ai froid.

Ces deux dimensions sont celles que nous avons mises en évidence quand nous avons parlé du changement de portée de *d'autant que* (causalité objective à portée énonciative, *cf.* section « Changement de portée » *supra*). Même si elle n'est pas systématiquement prise en compte dans la description spécifique de la relation, l'intentionnalité et la visée argumentative sont tout de même mentionnées ailleurs (31). Le locuteur projette que son interlocuteur pourrait ne pas croire la première proposition s'il ne lui présente par un argument sous la forme de l'explication contenue dans la deuxième proposition.

(31) *These are relations whose semantics are defined entirely in terms of the events and individuals that are introduced in the constituents. The speech act Explanation (α, β) may well have been uttered for a particular purpose (e.g. the speaker believes that the hearer will not believe $K_α$ unless he provides support for it in the form of the explanation $K_β$). Hence cognitive states determine why the agent performed a particular speech act.* (Asher & Lascarides 2003 : 459)
« Il s'agit de relations dont les sens sont définis entièrement en fonction des événements et des entités introduits dans les constituants. L'acte de langage Explication (α, β) peut avoir été énoncé dans un but précis (par exemple, le locuteur croit que l'auditeur ne croira pas $K_α$ s'il ne s'appuie pas sur une explication de forme $K_β$). Par conséquent, les états cognitifs déterminent les raisons pour lesquelles le locuteur a produit un acte de langage particulier. »

Dans le cadre de la RST, les définitions des relations discours reposent en grande partie sur sur les intentions et la projection des intentions du locuteur et de son allocutaire, c'est-à-dire sur la dimension intersubjective. La liste ne propose cependant pas d'entrée spécifique pour cette relation. Pour qui veut expliquer la valeur de *d'autant que*, il faut chercher dans la classe des relations de Présentation – *Evidence* et *Justify*, (32) – et dans celle des relations de Contenu – *Volitional Cause*, (33). Les propositions sont exprimées en termes de satellite (S) et de noyau (N). Rapporté à nos exemples, il faut comprendre que la proposition introduite par *d'autant que* constitue le satellite. A renvoie à l'auteur des propos, le locuteur, et L renvoie au lecteur, autrement dit l'allocutaire. Nous proposons un exemple pour illustrer chaque définition, en italiques.

(32) **Evidence** (= Démonstration)
Contraintes sur N et sur S séparément. Sur N : L pourrait ne pas croire en N avec suffisamment de force aux yeux de A. Sur S : L croit en S ou le trouvera crédible.
Contraintes sur N et S : Le fait que L comprenne S augmente sa croyance en N. But : La croyance de L en N est accrue.
Ex. *Ce livre est (doit être) difficile, les étudiants ne l'utilisent jamais.* (ex. construit)

Justify (= Justification)
Contraintes sur N et sur S séparément : Aucune.
Contraintes sur N et S : Le fait que L comprenne S le rend plus disposé à accepter le droit de A à présenter N. But : La disposition de L à accepter le droit de E à présenter N est accrue.
Ex. *Ce serait bien de fermer la fenêtre, j'ai froid.* (ex. construit)

(33) **Volitional Cause** (= Cause délibérée)
Contraintes sur N et sur S séparément. Sur N : N est une action délibérée, ou bien une situation qui aurait pu résulter d'une action délibérée.
Contraintes sur N et S : S peut avoir induit l'exécutant de l'action délibérée décrite dans N à accomplir celle-ci. Sans l'introduction de S, L pourrait ne pas considérer l'action comme motivée ou en connaître le fondement. N est plus important pour les intentions présidant à la création de la combinaison N+S que ne l'est S. But : L reconnaît en S la cause de l'action délibérée décrite dans N. Ex. *Paul est tombé, John l'a poussé.* (ex. construit)

Dans tous les cas, l'utilisation de *d'autant que* est possible, mais la conjonction s'interprète de manière complexe, à la fois causale et argumentative. Elle introduit une cause en la présentant comme le meilleur argument pour justifier N, le plus à même de conforter la croyance de l'allocutaire dans N, ou de le convaincre du contenu de N. Renkema (2009), dont l'arrière-plan théorique est explicitement celui de la RST, propose avec son modèle de la connectivité (*Connectivity Model*) une classification riche et organisée des phénomènes à l'œuvre dans la construction du texte et du discours[1]. On y retrouve les relations de discours habituelles, parfois renommées. Il les envisage à deux niveaux, *Adjunction* et *Interjunction*, qu'il définit ainsi, en les opposant au niveau dit de la *Conjunction* :

(34) *The levels of* Adjunction *and* Interjunction *are of different nature than the level of* Conjunction. *They refer to discourse relations, while Conjunction refers to the formal aspects of linking constituents beyond the segment boundaries. Moreover, Adjunction and Interjunction also differ from each other on an important aspect. One might say that between discourse segments, Adjunction relations are always present, whereas Interjunction relations are optional in the sense that an addresser not always feels the need or uses the opportunity to join with the addressee after every segment boundary. The relation between two segments in a discourse can thus always be formed by a relation on the level of Adjunction, and often on the level of Interjunction.* (Renkema 2009 : 9)
« Les niveaux *Adjonction* et *Interjonction* diffèrent du niveau *Conjonction.* Ils renvoient aux relations de discours, alors que Conjonction renvoie, pour la connexion des constituants, aux aspects formels qui dépassent les frontières des segments. De plus, les niveaux Adjonction et Interjonction diffèrent aussi l'un de l'autre sur un point important. On pourrait dire qu'entre des segments de discours, les relations d'Adjonction sont toujours présentes, alors que les relations d'Interjonction sont optionnelles, au sens où un locuteur ne ressent pas toujours le besoin ou ne profite pas toujours de l'opportunité de créer un lien à son interlocuteur après chaque frontière de constituant. Ainsi, la relation entre deux segments dans un discours peut toujours être construite au niveau de l'Adjonction et souvent au niveau de l'Interjonction. »

Chez lui, la relation d'*Explication* relève du niveau de l'*Interjunction*, niveau que l'on pourrait dire intersubjectif, auquel le locuteur projette les états de croyance de son interlocuteur et produit un discours qui cherche à l'atteindre, le convaincre. L'usage de *d'autant que* s'inscrit tout à fait dans cette double perspective, en marquant à la fois une relation

1 Par *texte*, il entend une communication "offline", "a transcript or a conversation or a written document outside its communication situation" (« une transcription ou une conversation ou un document écrit en dehors de sa situation de communication ») et par *discours* une communication "online", un "language about a topic in a situation in which an addresser and an addressee are acting" (« un discours à propos d'un thème dans une situation dans laquelle un locuteur et un auditeur agissent ») (2009 : 9-10). De plus, il distingue le principe discursif (*Discourse Principle*) (= organisation interne du texte) et le principe dialogal (*Dialogal Principle*) (= nature interactionnelle/communicationnelle de la construction du texte) (2009 : 12 et suiv.).

causale (*Adjunction*) et une relation d'Explication (*Interjunction*). On peut même dire que dans ses emplois actuels, la conjonction *oblige* à prendre en compte les deux niveaux, et qu'il n'est plus possible pour elle de fonctionner simplement au niveau de la causalité, comme cela a été le cas (*cf.* section « Valeur causale : le pivot du XVIe siècle »).

LA DIMENSION (INTER-)SUBJECTIVE

Des études plus spécifiques, comme celle de Hadermann (2015), vont également dans ce sens, en exploitant la notion d'*intersubjectivisation*[2]. Le tableau ci-dessous (35), que nous lui reprenons, synthétise l'évolution sémantique et syntaxique du marqueur *d'autant + marqueur scalaire (=plus/moins/mieux) que*. Les remarques valent aussi pour *d'autant que*.

(35) Emplois de *d'autant Mscal que*

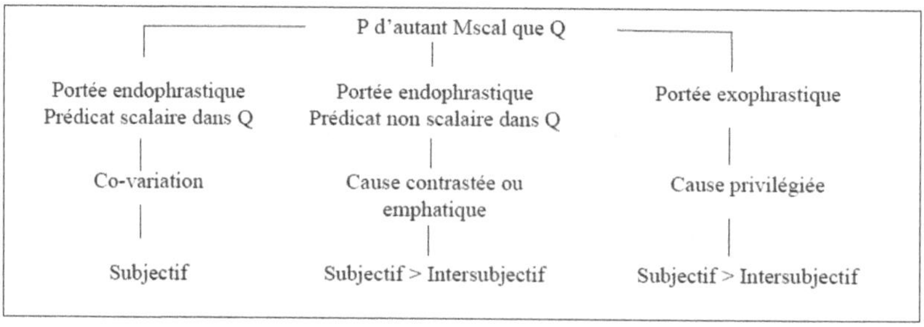

FIG. 1 – Emplois de *d'autant Mscal que* (Hadermann 2015 : 141).

Comme nous l'avons déjà remarqué, la colonne de gauche n'est plus productive aujourd'hui, et la plupart des exemples actuels présentent uniquement les propriétés et l'interprétation de la colonne de droite. Ceci permet d'insister sur la concomitance du déplacement de la scalarité (c'est désormais une échelle de causes possibles qui est ciblée), le détachement syntaxique (*d'autant que* Q n'est pas intégré à P), et la composante intersubjective (il s'agit de démontrer le contenu de P et de convaincre l'interlocuteur au moyen de la cause contenue dans Q). Cette cause étant ici aussi présentée comme la cause privilégiée du locuteur, l'argument le plus efficace.

2 Pour d'autres études s'appuyant sur l'idée d'une (inter)subjectivisation, voir Pander Maat & Sanders (2001), Pander Maat & Degand (2001), Traugott (2003), Pit (2003) et Degand & Fagard (2008).

L'analyse proposée par Névéol (2002) n'envisage que le point de vue synchronique et vise une application dans le domaine du Traitement Automatique du Langage. La locution étudiée est en priorité *d'autant plus que*, mais on trouve quelques exemples et quelques propriétés qui valent pour *d'autant que*. Elle propose un certain nombre de distinctions quant à l'interprétation de la relation de discours, sur la base d'un corpus d'exemples contemporains assez diversifiés. Ainsi retrouve-t-on l'idée d'une « argumentation emphatique » à propos de l'exemple (36).

(36) [Les conditions sont favorables pour l'opposition]P, d'autant plus que [des victoires ont été remportées.]Q

Sans trop détailler, nous remarquerons qu'un « maillon » argumentatif supplémentaire est envisagé, qui vaut aussi pour *d'autant que*. Névéol tout comme Hadermann parlent pour certains cas d'argumentation (37) ou de cause *contrastée* (38). L'empan textuel est alors élargi, si l'on peut dire, car le contraste s'appuie sur une proposition antérieure, le plus souvent explicite (notée R chez Névéol). Ainsi, l'exemple (37a) est reformulable en (37a').

(37) (a) [Les filles titulaires d'un second cycle se voient proposer des rémunérations plus élevées que celles de leurs homologues masculins.] R [Cette « disparité » favorable aux jeunes informaticiennes surprend] P d'autant plus que, [dans les autres métiers, le différentiel de salaire entre les sexes varie entre 20 et 25 % au profit des hommes.]Q

(a') [Les filles titulaires d'un second cycle se voient proposer des rémunérations plus élevées que celles de leurs homologues masculins.] R bien que [dans les autres métiers, le différentiel de salaire entre les sexes varie entre 20 et 25 % au profit des hommes.]Q [Cette « disparité » favorable aux jeunes informaticiennes est donc surprenante]P (Névéol 2002 : 32-33)

Hadermann relève que dans certains emplois – (38a), reformulable en (38a') –, *d'autant (plus) que* marque « une cause inattendue ou contrastée », emplois dans lesquels « l'attention de l'interlocuteur est portée sur le danger dont le locuteur souligne le haut degré ». Il est question ici de « causalité intersubjective contrastée » (2015 : 135) (*cf.* également la deuxième colonne du tableau repris sous (35) ici-même).

(38) (a) enfin, coquette, ambitieuse, envieuse, fausse et vindicative, elle est d'autant plus dangereuse que son ton, sa vivacité, ses manières si

naturelles, son air ouvert, étourdi, et jusqu'à sa gaîté, ne permettent pas de la soupçonner d'artifices. (de Genlis, 1795)

(a') Même si elle est coquette, ambitieuse, envieuse, fausse et vindicative, elle est dangereuse, surtout dans la mesure où son ton, sa vivacité, ses manières si naturelles, son air ouvert, étourdi, et jusqu'à sa gaîté, ne permettent pas de la soupçonner d'artifices. (Hadermann 2015 : 135, note 11)

Pour conclure sur les valeurs sémantiques actuelles du marqueur étudié ici, nous reprendrons la définition que propose Névéol de l'argumentation emphatique, car il nous semble qu'elle synthétise bien l'idée de causalité et la poussée argumentative allant jusqu'aux nuances concessives.

(39) Argumentation emphatique : *P d'autant (plus) que Q*
La proposition P est d'abord affirmée sans justification. Ici, l'énonciation emphatique de l'argument Q (qui n'est pas forcément le seul argument en faveur de P, ni le plus important) étaye l'affirmation P. L'essence du message est : « une raison de P est Q » mais l'argument avancé est souvent insolite ou inattendu, ce qui vient renforcer l'effet d'emphase. On peut paraphraser cet emploi par un intensifieur tel que *particulièrement* ou *surtout* associé à une des locutions : *attendu que, parce que.* [...] *d'autant plus que* joue un rôle de connecteur et sert à appuyer l'argumentation en introduisant un nouvel élément important dans le discours. Cet élément, toujours en rapport avec l'argument précédent [R] s'il y en a un, peut ou non être en opposition avec celui-ci. Une opposition de ce type renforce l'emphase apportée par l'emploi de *d'autant plus que.* (Névéol 2002 : 34).

La nuance contrastive apporte un élément nouveau, par rapport à ce que nous avons dit plus haut, à savoir que tout était en place au XVIe siècle. Une étude diachronique plus systématique reste à faire pour voir quand cette nuance a émergé, notamment une étude qui prendrait en compte les siècles intermédiaires.

SUR LA VOIE DU DÉTACHEMENT : DÉS-INTÉGRATION SYNTAXIQUE

Du point de vue syntaxique, nous avons déjà mentionné que le changement de portée sémantique semblait aller de paire (en le permettant, ou l'inverse) avec un détachement progressif de la proposition introduite par *d'autant que*, qui n'apparaît aujourd'hui qu'en deuxième position. Ce pourquoi nous parlons d'une certaine « dés-intégration » syntaxique par autonomisation progressive.

Actuellement, *d'autant que* ne peut plus fonctionner en intégration, et nous pensons que c'est pour cette raison que les constructions adverbiales en *d'autant plus* et *d'autant moins* persistent, comme dans (40, 41, 42), extraits de corpus très différents.

(40) La question n'est pas anodine dans une entreprise où la vente de livres représente 20 % du chiffre d'affaires global. Elle l'est d'autant moins que la FNAC est concurrencée, sur ce terrain, par certains hypermarchés (*Le Monde*)

(41) Car la splendeur, là-haut, est signe d'allégresse
Comme le rire ici, mais l'ombre tout en bas
S'assombrit d'autant plus que l'âme est torturée (P. Sollers, *Le Cœur absolu*, 1987, p. 283)

(42) Un énoncé est d'autant plus pertinent que son coût cognitif est faible. (corpus oral repris à Névéol 2002)

D'autant que apparaît aujourd'hui essentiellement en construction détachée, comme s'il était attiré par la droite. Prosodiquement, cela se manifeste souvent par une pause et parfois par un décrochage qui peut faire penser à un parenthétique. Graphiquement, le constituant introduit par *d'autant que* est séparé de la première proposition par une virgule. Une recherche dans *Frantext* ou *Le Monde* offre pléthore d'exemples de cet acabit. En voici quelques-uns :

(43) Les enfants peuvent clairement s'identifier aux Power Rangers, d'autant que ce sont des humains qui leur ressemblent. (*Le Monde* 1995)

(44) La soirée promet d'être étonnante, d'autant que Balanchine et Jiri Kylian sont également au programme. (*id.*)

(45) Je devais encore avoir mon accent du Loiret, d'autant que je venais d'y passer deux mois de vacances l'été précédent. (A. Boudard, *Mourir d'enfance*, 1995, p. 77)

Mais cela peut parfois être ambigu, comme le souligne Hadermann à propos des exemples sous (46) : (46b) et (46c) sont présentés comme non intégrés.

(46) Dans cette réalisation [*d'autant que*], la locution semble préférer le fonctionnement détaché et les attestations d'un éventuel fonctionnement

intégré sont pour le moins ambiguës, du moins à l'écrit où nous n'avons pas les appuis désambiguïsants de l'intonation par exemple. [...]
(b) Le mot me perce d'autant que, dans mes séquences, le « gravat » désigne la couche d'essai de mes figures asservies et joyeuses.
(c) Inutile de tergiverser d'autant que l'éléphant en stand-by peut à tout moment barrir. (Hadermann 2015 : 129)

Enfin, nous remarquerons qu'il existe une étape supplémentaire dans le détachement, puisque, à l'écrit, *d'autant que* peut introduire une proposition « ajout après le point » (Combettes 2007). Dans ces cas-là, la proposition est présentée comme une causale (avec une trace scalaire (47) ou non (48)) ou comme un commentaire (parenthétique) (49, 50)[3].

(47) Le risque politique était là très faible, les impôts sur la consommation étant réputés indolores. D'autant que, dans le climat de déprime actuel et de concurrence acharnée sur les prix, les commerçants n'eussent peut-être pas complètement répercuté la hausse de la TVA, préférant comprimer leurs marges bénéficiaires plutôt que de perdre des ventes. (*Le Monde*)

(48) Il est assez fait reproche aux ministres de consentir à tout afin de conserver leur poste et les petits agréments qui y sont attachés pour que l'on puisse remarquer celui qui s'est résolu à une autre voie. Ce n'était pas si simple. D'autant que, ce faisant, il y a plus de coups à recevoir que d'éloges à entendre. (*id.*)

(49) Le ministère de la justice, pourtant servi par un directeur de l'administration pénitentiaire hors pair, se demande s'il n'est pas allé au bout de ce qu'il pouvait proposer. D'autant que sur le terrain, après une relative phase d'accalmie, le climat est de plus en plus tendu. (*id.*)

(50) Et dans chaque organisme, il existe de ces logements bien situés, bien desservis, payés 600 ou 800 F par mois, où une hausse de 60 à 80 F pourrait être acceptée sans effort et sans grogne par les locataires. D'autant que tous les gouvernements, depuis vingt ans, font la leçon aux HLM sur la nécessité d'équilibrer leurs comptes. (*id.*)

3 Dans notre corpus, nous avons trouvé quelques exemples problématiques, en ce sens qu'ils manifestent un état d'autonomie sémantique et syntaxique plus avancé encore. En voici un : « Le pont vert – une passerelle de verre qui fait office de serre – semble plus attirant. C'est un élément fort du secteur II, "L'aventure de la vie". Son accrochage thématique est nettement plus homogène. D'autant que le visiteur se sent plus concerné par cette approche du vivant. » (*Le Monde*). On peut se demander si *d'autant que* ne devient pas une sorte de connecteur adverbial, sur le même plan que *notamment*, *même*, etc. pour d'autres relations de discours.

Ces derniers exemples sont loin des premières contraintes qui pesaient sur l'emploi de *d'autant que*. Le chemin parcouru met évidence la perte de la corrélation, avec toutefois une sorte de « souvenir » scalaire. L'évaluation quantitative s'est déplacée. La causalité proportionnelle est devenue une justification de l'énonciation. Dans *P, d'autant que Q, D'autant que Q* n'est pas tant là pour présenter la cause de P, que pour justifier son énonciation (le locuteur a d'autant plus le droit de *dire* P, que Q).

CONCLUSION : « XXX »LICALISATION

Pour conclure, nous reviendrons simplement sur notre titre – grammaticalisation en mot du discours – en interrogeant les processus à l'œuvre dans l'évolution des emplois de *d'autant que*. *D'autant que* entre d'abord dans une corrélation comparative, puis se retrouve dans des subordinations causales et enfin il permet de produire un détachement justificatif à visée argumentative. Nous avons choisi de parler de grammaticalisation, mais *lexicalisation* et *pragmaticalisation* auraient pu convenir dans une certaine mesure (voir notamment Traugott 1994). D'où les « xxx » ci-dessus.

Si grammaticalisation il y a, c'est dans son sens large, qui, selon Prévost & Fagard, renvoie à l'« évolution du discursif au morphosyntaxique, avec fixation des stratégies discursives dans les structures morpho-syntaxiques » (2007 : 5). Ainsi, le changement de portée, la dés-intégration syntaxique et la poussée argumentative correspondent-ils à la fixation d'une stratégie discursive – intersubjective – dans la locution conjonctive *d'autant que*.

Une visée aussi large et accueillante de la grammaticalisation n'est en contradiction ni avec l'idée d'une certaine lexicalisation ni avec celle d'une pragmaticalisation de la forme *d'autant que*. Ces trois processus d'évolution ont pu être opposés, mais leurs frontières sont finalement assez floues. Ainsi peut-on lire que « la grammaticalisation implique à la fois le caractère (plus) grammatical de la forme cible, comparée à celle de départ, et la présence de certains mécanismes » alors que « la lexicalisation tend à mettre l'accent sur la forme d'arrivée, lexicale, et accorde

[...] une importance moindre aux mécanismes à l'œuvre même si, parmi eux, la coalescence est souvent considérée comme décisive » (Prévost & Fagard 2007 : 5). Pour notre étude, on peut tout à fait considérer qu'il y a grammaticalisation du tour *d'autant que*, car on observe que dans certains contextes linguistiques, les locuteurs ont utilisé une partie de la construction comparative initiale en lui accordant de nouvelles propriétés sémantiques et syntaxiques.

On peut aussi se focaliser sur la conjonction et considérer qu'elle résulte d'une lexicalisation, en suivant la définition qu'en donnent Brinton & Traugott :

(51) *Lexicalization is the change whereby in certain linguistic contexts speakers use a syntactic construction or word formation as a new contentful form with formal and semantic properties that are not completely derivable or predictable from the constituents of the construction or the word formation pattern. Over time there may be further loss of internal constituency and the item may become more lexical. Lexicalization is understood as a historical change that results in the production of new lexical/contentful forms.* (2005 : 6)
« La lexicalisation est le changement au terme duquel, dans certains contextes linguistiques, les locuteurs utilisent une construction syntaxique ou une formation lexicale comme une nouvelle forme pleine, ayant des propriétés d'organisation de surface ou de sens qui ne se laissent pas complètement dériver ou prédire à partir des constituants de la construction ou de la formation. Avec le temps, il peut y avoir une perte supplémentaire de constituance interne et l'item peut devenir plus lexical. La lexicalisation est comprise comme un changement historique qui entraîne la production de nouvelles formes lexicales et/ou pleines. »

La question de fond, dans ce cas-là, est de savoir si l'on arrive à dériver/prédire les propriétés actuelles de *d'autant que* des propriétés des éléments qui le composent.

Enfin, « xxx »calisation veut aussi dire pragmaticalisation. C'est ce que nous avons voulu montrer en pointant la composante intersubjective, la portée énonciative et la visée argumentative de *d'autant que*, présentes dès le XVIe siècle. Le terme *pragmaticalisation* est souvent utilisé pour décrire les marqueurs de discours et il s'articule alors avec celui de *grammaticalisation*. Les deux sont différenciés sur la base du niveau de fonctionnement de l'item présenté comme le produit du processus en jeu. Pour Erman & Kostina (1993), la grammaticalisation produit des marqueurs grammaticaux opérant principalement dans les limites d'un constituant phrastique (« *sentence internally* »), alors que la pragmaticalisation produit des marqueurs de discours servant à la structuration textuelle (« *textstruturing devices* »). Pour eux, « *the difference between the two paths lies in the way the affected word comes to be used, that is the referential or conversational level*[4] » (1993 : 79-80, voir également Dostie 2004, 28). Une des conséquences de la différence de niveau est la contribution ou non de l'item employé au contenu propositionnel, comme le note Frank-Job, pour qui « *in the case of pragmaticalization, the routinization and functional specialization affects the discourse organizing function of words : instead of contributing to the propositional content of the interaction, the pragmaticalized linguistic item operates on the level of discourse organization*[5] » (2006 : 397).

Plutôt que d'en faire deux processus distincts, opposables, d'autres font de la pragmaticalisation une sous-catégorie de la grammaticalisation (Brinton 2010 : 64). Degand & Evers-Vermeul (2015 : 75-77) optent également pour une vision large de la grammaire, puisqu'on passe d'une grammaire-noyau (« *core grammar* ») à une grammaire du discours (« *discourse grammar* »). Ceci permet d'intégrer des considérations pragmatiques qu'une conception trop restreinte de la grammaticalisation laisserait de côté, et qui sont primordiales pour la description des marqueurs de discours dont semble désormais faire partie *d'autant que*.

Bernard COMBETTES
et Mathilde DARGNAT
Université de Lorraine
& ATILF-CNRS

4 « La différence entre les deux chemins d'évolution repose sur la manière dont le mot en jeu est utilisé, au niveau référentiel ou au niveau conversationnel. »

5 « Dans le cas de la pragmaticalisation, l'usage routinier et la spécialisation fonctionnelle ont des conséquences sur le rôle que les mots jouent dans l'organisation du discours : plutôt que de contribuer au contenu propositionnel de l'échange, l'item linguistique pragmaticalisé opère au niveau de l'organisation du discours. »

MAGIS, DE LA CORRÉLATION À L'ADVERSATIVE

Nous traiterons ici d'un phénomène d'évolution historique : l'histoire d'un marqueur initialement corrélatif et qui a évolué vers des emplois non corrélatifs. C'est le parcours de l'adverbe latin *magis.* Nous enquêterons sur le parcours sémantique de la coordination adversative, qui touche au domaine de la rectification (*magis correctivum*, qui est une structure corrélative), mais nous traiterons aussi de l'expression de la quantité (*magis quantitativum*), la valeur contrastive, celle limitativo-adversative, la concession directe et indirecte, la condition restrictive. Il ne s'agit pas d'un parcours strictement diachronique ; certaines étapes se manifestent seulement dans les langues romanes et elles ne sont parfois qu'ébauchées en latin. Ce parcours n'est pas non plus syntaxique et il n'aboutit pas toujours à des formes grammaticalisées. En outre, il n'est pas complètement réalisé par toutes les particules engendrant une coordination adversative. Notre approche sera typologique ; sur le modèle des « *semantic's maps* » de Haspelmath (2004) et de Malchukov (2004), nous essayerons de reconstruire des fonctions contiguës, partageant un élément commun, que l'on peut reconnaître par une analyse sémantico-pragmatique. Sur cette base, nous essayerons aussi de fixer des universaux linguistiques de type implicatif (à partir d'une fonction, l'on peut prévoir l'existence des fonctions proches).

Nous analyserons d'abord les faits latins, ensuite l'ancien français, l'ancien italien et le roumain, afin de proposer deux parcours sémantiques : l'un corrélatif (le correctif) et l'autre non corrélatif (le quantitatif). En ce qui concerne ce dernier, nous reprendrons et vérifierons, à partir des données latines, les hypothèses de Bat-Zeev Shyldkrot (1995) et (2010), rassemblées dans le schéma suivant :

A. Quantité supérieure → renchérissement (« plus »)
B. Quantité égale → concession (« tout », « tant »)
C. Petite quantité → condition (« moins », « peu »).

FIG. 1 – Schéma de Bat-Zeev Shyldkrot (1995) et (2010).

Nous verrons qu'au *magis* élatif correspond l'effet de renchérissement (point A de la figure 1), qu'aux *non magis quam, ne mais que, numai* – exprimant l'égalité – correspondent les valeurs concessive et limitativo-adversative (fig. 1, point B), et que la possibilité d'exprimer une condition renversée est rencontrée avec l'expression exceptive *à moins que* (fig. 1, point C).

L'HISTOIRE DE *MAGIS* EN DIACHRONIE

Dans les langues romanes, *magis* latin a connu une double évolution, aboutissant à deux particules distinctes : d'une part, une particule de coordination adversative, par ex., *mas* (esp., cat., prov.), *mais* (fr.), *ma* (it.), *mai* (roum.), et d'autre part, un adverbe, par ex., *mais* (port.), *más* (esp.), *mes* (gasc.), *maĭ* « plus » (roum.), *jamais* (fr.), *mai* « jamais » (it.), et aussi un adverbe temporel : *ormai* (it.), *deshormais* (fr.). Le parcours de *magis* est le résultat d'évolutions différentes selon les zones géographiques : dans les langues d'Occident et d'Orient de la Romania, les continuateurs des fonctions de *magis* gardent la valeur de « plus », (port. *mais* ; esp. *más* ; cat. *mes* ; gasc. *més* ; roum. *maĭ*) ; alors que, dans l'aire centrale, la zone gallo-romane et italo-romane, cette fonction est exprimée par les continuateurs de *plus* (ex. fr. *plus*, it. *più*). Les langues qui utilisent les continuateurs de *plus* latin ont développé, à partir de *magis* accentué, les adverbes *jamais* (fr.), *mai* (it.), ainsi que *ormai* (it.), *deshormais* (fr.).

Toutefois, dans leurs phases les plus anciennes, toutes les langues romanes, d'Occident comme d'Orient, ont possédé les deux résultats de *magis* dans les deux fonctions, notamment la particule adversative[1] et l'adverbe avec la valeur quantitative d'origine (« plus »).

1 Cela représente l'exemple le plus clair d'un parcours complètement accompli, d'adverbe à connecteur, *cf.* Rosén (2005 : 234).

Les développements successifs sont bien reconnaissables dans leurs aspects formels : la particule adversative est plus brève et sans accent, alors que l'adverbe est plus long et pourvu d'accent. On comparera le port. *mas* « mais » et *mais* « plus » ; l'esp. *mas* « mais » et *más* « plus » ; l'it. *ma* « mais » et *mai* « jamais ». Il se peut que cette distinction se réalise seulement au niveau des langues romanes[2], mais l'on pourrait aussi bien penser que deux variantes de *magis* existaient déjà en latin, l'une avec un accent propre, qui serait à la base de l'adverbe des langues romanes, l'autre faiblement accentuée, qui aurait produit la particule adversative s'appuyant sur le mot suivant[3]. Les variations phoniques relèveraient, dans ce cas, des fonctions grammaticales distinctes dans les langues romanes.

En ce qui concerne plus généralement les marqueurs de la coordination adversative, certaines langues ont développé d'autres particules, qui ont obscurci, dans l'usage courant, les continuateurs de l'ancien *magis.* Ce sont, en particulier, les langues qui ont introduit une distinction formelle entre la fonction comparativo-quantitative (où un sens concessif est parfois impliqué) et la fonction qualitativo-corrective, grâce à des connecteurs différents, tels que *pero* et *sino* en espagnol ; *ĭar(ă)*, *însă*, *dar* et *ci* en roumain ; en allemand *aber* et *sondern.*

LE QUANTITATIF

DU QUANTITATIF DANS DES STRUCTURES CORRÉLATIVES À L'ADVERSATIF

Le latin présente, comme héritage d'une structure syntaxique de base de l'indo-européen, deux expressions marquant la corrélation, *quam… tam* et *cum…tum.* Ces expressions sont toutes les deux issues des mêmes bases pronominales *$*k^w o$-…*to*, différenciées autrefois par la flexion de l'accusatif d'après les thèmes en *–ā* ou en *–ō.* De formes communes à l'origine, les deux couples corrélatifs ont cependant développé des valeurs bien différentes dans le domaine adversatif.

2 *Cf.* Meyer-Lübke (1900 : I, 553).

3 *Cf.* Bec (1971 : 226, 330).

Tam et *quam*, qui sont les deux principales expressions de quantité, possèdent en latin archaïque une valeur adversative. Elle est attestée pour *tam*, par ex., dans :

(1a) CH. *quae nihil attingunt ad rem nec sunt usui, /* ***tam*** *amator profert saepe aduorso tempore* (Plaut. *Merc.* 32 *sq.*)
« En effet **que** de discours impertinents, inutiles, les amants tiennent mal à propos ! »

Suivant Benveniste (1948 : 140), la particule *quam* exprimerait elle aussi un sens adversatif, qui ressort de l'emploi ancien *quam…tam* où les deux termes s'opposaient :

(1b) ***quamquam*** *estis nihili,* ***tam*** *ecastor simul uobis consului* (Titin. 157 Ribbeck[2])
« **Quoique** vous ne valiez rien, **néanmoins**, par Castor, j'ai pris soin de vous ensemble »

Il apparaît que la relation entre *tam* et *tamen*, entre *quam* et *quamquam*, ne concerne pas seulement leurs rapports de dérivation, mais aussi leurs fonctions. Or, *quam…tam* représente la structure prototypique d'une corrélation coordonnante, héritage latin de la structure syntaxique du diptyque indo-européen *yo…to.*

Le lien entre *tamen* et *tam* est soudé par la valeur adversative qu'on reconnaît anciennement aux deux particules, comme le montre le passage suivant :

(1c) *Cyri uitam legunt praeclaram illam quidem, sed* ***neque tam*** *nostris rebus aptam* ***nec tamen*** *Scauri laudibus anteponendam* (Cic. *Brut.* 112)
« On lit la vie de Cyrus, très belle sans doute, **mais moins** appropriée à nos mœurs **et ne** méritant **point** le pas sur le panégyrique de Scaurus »

Tamen se rattache ainsi, comme le signale Létoublon (1985 : 541), au groupe des termes indo-européens quantitatifs, en particulier à *tantum*, avec lequel *tamen* partage l'emploi restrictif (« au moins », « seulement »). Le latin possède des adjectifs corrélatifs correspondants *quantus…tantus*, partagés par les langues sabelliques, qu'on explique à partir de *quam… tam*, ainsi que d'autres unités corrélatives formées à partir des mêmes bases (*quotiens…totiens ; quot…tot*).

L'autre couple *cum…tum*, issu de la même base pronominale que *quam…tam*, développe quant à lui une fonction additive, partagée à ce niveau par une large série de connecteurs.

Dès le latin archaïque, par exemple, dans la langue des Comiques aussi, des emplois quantitatifs de *magis* sont également attestés, notamment à travers des structures corrélatives de type : *quo magis...eo magis ; quam magis...tam magis* :

(1d) MI. ***Quam magis*** *aspecto,* ***tam magis*** *est nimbata* (Plaut. *Poen.* 348)
« **Plus** je la regarde, **plus** elle me semble surfaite »

Il s'agit de structures asymétriques, dont la nature relève de la subordination. En effet, d'un point de vue sémantique, les deux propositions ne sont pas indépendantes, mais l'une est présupposée par l'autre. Dans les deux propositions corrélées, la quantité varie en rapport direct sur les deux échelles appelées, et l'une de deux propositions (celle introduite par le relatif *quam* ou *quo*) détermine la mesure de l'autre. Dans les langues romanes (par ex., en français, en italien, en espagnol), à la tournure latine correspond la construction *Plus...(et) plus...* ; *Più...(e) più...*, *Màs...(y) màs.* Dans ces structures, selon Jespersen (1924 [1992] : 356), la tendance à considérer les deux éléments comme identiques se traduit souvent par l'insertion de *et* entre les deux éléments comme s'il s'agissait de deux phrases indépendantes ; c'est ainsi qu'on a : *Plus il en a, et plus il en veut.* Et en italien : *Ma più ti guardo e più mi sento commuovere* (M. Serao). Toutefois, « et » se présente ici comme un marqueur d'implication.

MAGIS QUANTITATIVUM VS *MAGIS CORRECTIVUM*

Une structure corrélative de type différent est révélée par la construction dite du *magis correctivum* : NON X, MAGIS Y. En guise d'exemples de *magis*[4] comme adverbe en fonction corrective, nous proposons les passages suivants :

(2) ***Non*** *equidem inuideo ; miror* ***magis*** (Verg. *Ecl.* 1,11)
« Je n'ai pas d'envie, **mais plutôt** d'étonnement »

(3) ***Neque*** *quisquam parens liberis uti aeterni forent optauit,* ***magis*** *uti boni honestique uitam exigerent* (Sall. *Iug.* 85,49)
« Et **jamais** père **n'a souhaité** que ses enfants fussent immortels, **mais (il a souhaité)** qu'ils vécussent dans la vertu et dans l'honneur »

4 Les passages suivants ont été signalés par Ducrot & Vogt (1979 : 318) et repris par Marconi & Bertinetto (1984 : 476). Ce type de coordination adversative que les deux auteurs appellent *mais/SN*, parce qu'il est traduit en espagnol par *sino* et en allemand par *sondern*, est comparé au *mais/PA* de la concession argumentative, rendu en espagnol par *pero* et en allemand par *aber.*

Dans ces énoncés, le locuteur compare deux propositions et il rectifie une première proposition qu'on imagine prononcée par un énonciateur différent. Cette structure corrélative demande (1) la négation de la première proposition et (2) une pause significative entre les deux actes de parole conjonctifs, signalée graphiquement par une virgule ou un point-virgule. La seconde proposition, introduite par *magis*, corrige ou restreint le sens de la première.

Le *magis correctivum* est largement répandu dans toutes les régions latinisées, alors que les témoignages de *magis quantitativum* avec une valeur adversative sont beaucoup plus rares[5].

Des exemples de *magis quantitativum* sont donnés dans les passages suivants[6] dont l'interprétation demeure à mi-chemin entre la valeur d'accroissement « plus » et une nuance adversativo-concessive (*tamen*[7] « mais/toutefois ») :

(4) *Ad hos qui additi, prior a principe deo Ianuarius appellatus ; posterior, ut idem dicunt scriptores, ab diis inferis Februarius appellatus, quod tum his parentetur ; ego* ***magis*** *arbitror Februarius a die februato, quod tum februatur populus* (Varro *Ling.* 6, 34)
« De deux mois qui leur ont été ajoutés, le premier a été appelé *Ianuarius* (janvier) d'après le dieu des commencements ; le second, selon les mêmes auteurs, a été nommé *Februarius* (février) d'après les dieux infernaux, parce qu'on leur fait alors des sacrifices funéraires ; en ce qui me concerne, je pense **toutefois** que *Februarius* vient du jour des purifications (*februatus*), parce que le peuple est alors purifié (*februatur*) »

(5) *Nam Dido Tyria fuit, Hannibal Poenus a genere Didonis longe remotissimus.* ***Magis*** *est melius sic intelligere, ut perturbatae persona nesciret se impossibilia postulare* (Donat. *Interpr. Vergil.* 4, 410)
« En réalité, Didon était tyrienne, Hannibal le Carthaginois était bien loin de la lignée de Didon. **Mais/Toutefois** il vaudrait bien mieux comprendre de cette façon : le personnage d'une femme bouleversée ne savait pas qu'elle demandait des choses impossibles »

Dans ces passages, *magis* peut encore être considéré comme un adverbe de sens élatif (*magis = valde*)[8] focalisant un seul élément, le prédicat, ou

5 Pour les données, *cf.* Melander (1916).

6 Ces passages sont cités par Melander (1916) et repris par Marconi & Bertinetto (1984 : 484 et suiv.).

7 Pour une analyse pragmatique de *tamen*, et notamment de l'emploi limitatif, *cf.* Orlandini (1999 : 203 et suiv.).

8 *Cf.* Richter (1908 : 656).

bien il peut fonctionner comme un connecteur phrastique. Ainsi, en (4), *magis* focalise le prédicat *arbitror*, et de même que *magis puto*, signifie : « je pense sérieusement que » ; mais un glissement est aussi possible vers l'interprétation concessivo-adversative : *magis arbitror* « je pense toutefois ». En (5), le *magis* élatif, parce qu'il focalise la tournure *magis melius est* (= *valde melius est* : « il est beaucoup mieux… »), garde aussi une nuance d'accroissement, ce qui peut aussi favoriser l'interprétation concessive[9]. Nous reproduisons ces exemples, choisis parmi d'autres semblables, seulement comme témoignages d'une structure dotée d'une polysémie très riche et parfois discutable, mais qui semble toujours exclure le *correctivum*.

UNE « *SEMANTICS MAP* » : PREMIER PARCOURS

Par rapport aux deux grandes opérations de la coordination : la conjonction et la disjonction, notre hypothèse est que *magis quantitativum* se rapproche du fonctionnement de *et* exprimant la coordination connective (dont la fonction primaire est additive, ou, souvent, d'intégrateur dans une catégorie plus vaste)[10]. En revanche, *magis correctivum* (de substitution) se rapproche de la valeur de la disjonction exclusive, exprimée en latin par *aut*.

La fonction centrale, le véritable pivot, entre l'emploi quantitativo-additif et l'emploi correctif, est représentée, selon nous, par l'emploi contrastif.

De cette manière, on pourra réaliser le schéma suivant :

Coordination additive	Emploi contrastif	Coordination disjonctive exclusive
Magis quantitativum		*Magis correctivum*

FIG. 2 – Les parcours de *magis*.

On pourrait penser à un universel linguistique de type implicationnel : « Si une langue connaît un emploi correctif pour certains connecteurs, elle présente aussi un emploi contrastif ». Seulement dans les langues

9 Il existe, en effet, un parcours sémantique qui va du quantitatif à la concession, *cf.* Bat-Zeev Shyldkrot (1995) et en particulier, pour le latin, Letoublon (1985).

10 *Cf.* Lambert (2008 : 138).

romanes (en français et en italien), *magis* est devenu une conjonction coordonnante adversative (fr. « mais », it. « ma »), réalisant ainsi une « transitivation » complète[11].

Parmi les exemples de Melander (1916), repris par Marconi & Bertinetto (1984 : 486), deux passages de latin tardif présentent une opposition lexicale qui permettrait de déceler la nature contrastive, à l'origine de la valeur oppositive, sans toutefois empêcher une lecture d'accroissement :

(6) *solus autem mel non coquatur, dulcido ipsa bene* ***educit*** *uentrem,* ***constringit magis*** *eum* (Orib. *Synop.* 4, 28)
« que le miel ne soit pas cuit, la douceur **libère bien** le ventre, **mais** (s'il est cuit, il) **le constipe** »

(7) ***et cito*** *nascuntur* ***crispi, magis calui*** *fiunt* ***cito*** (Orib. *Synop.* 5, 46)
« **et tôt** ils naissent les **frisés** [= les cheveux], **mais tôt ils tombent** »

Le contraste *uentrem educere / constringere* rend compte d'une opposition en (6), de même que le fait d'avoir tôt des cheveux et de les perdre aussitôt, en (7), traduit la valeur contrastive de la structure.

MAGIS ÉLATIF

Nous analyserons maintenant des emplois de *magis* quantitativo-élatif qui seront considérés comme responsables des développements futurs.

Magis *intensifieur*

La répétition de *magis* élatif (*magis magis*, *magis et magis*, *magis magisque*) ou l'union de *magis plus*, tout comme *magis amplius*, a la fonction d'intensifier. Ce sont des outils de renforcement :

(8a) *Edepol ne istuc* ***magis magisque*** *metuo, quom uerba audio* (Plaut. *Pseud.* 1214)
« Par Pollux, j'ai **de plus en plus** peur, quand je l'entends parler »

(8b) *itaque de Graecia cotidie* ***magis et magis*** *cogito* (Cic. *Att.* 14, 18, 4)
« ainsi chaque jour je pense **de plus en plus** à la Grèce »

(8c) *post uento crescente* ***magis magis*** *increbescunt* (Catull. 64, 274)
« ensuite, par l'accroissement du vent, ils deviennent **de plus en plus** forts »

(8d) *Et de* ***plus magis*** *intra se stupebant* (Vulg. *Marc.* 6, 51)
« Et **de plus en plus** ils s'étonnaient »

11 *Cf.* Frei (1929).

Parfois, *magis plus* présente un emploi pléonastique ou redondant en latin tardif :

(9a) *tanto* ***magis plus*** *praedicabant* (Vulg. *Marc.* 7, 36)
« plus ceux-ci le proclamaient »
(9b) *Quod* ***magis plus*** *agitatus fuerit spiritus* (Mul. Chir. 3, 215)[12]
« parce que la respiration sera plus fréquente »

Toutefois, l'emploi de *magis amplius*, après une négation, est connu aussi du latin post-classique et peut véhiculer une implication temporelle positive (« auparavant *p* ») :

(10) *de ea* ***non magis amplius*** *actionem habet, quam si ipse egerit* (Gaius *Inst.* 4, 98)
« on n'a plus, sur la même affaire, le droit d'intenter une nouvelle action soi-même que si on l'avait intentée personnellement » (traduction de la CUF)

Magis *exclusif*

La tournure latine *non magis quam* introduisait à l'origine des expressions d'égalité quantitative (« pas plus que », « de même que », « non autrement que », « également à ») :

(11a) *Valde te expecto, valde desidero* ***neque ego magis quam ipsa res et tempus poscit*** (Cic. *Att.* 2, 25, 2)
« Je t'attends impatiemment, j'ai grand désir de ta présence, et, non moins que moi-même, c'est la situation, ce sont les circonstances qui te réclament »
(11b) *quapropter in dicendo irasci, dolere, misereri, timere, confidere, contemnere non sunt figurae,* ***non magis quam*** *suadere, minari, rogare, excusare* (Quint. *Inst.* 9, 1, 23)
« Aussi, exprimer en parlant la colère, la douleur, la pitié, la crainte, la confiance, le mépris n'est pas plus une figure que conseiller, menacer, demander, excuser »
(11c) *Ne gaudium quidem quod ex virtute oritur, quamvis bonum sit, absoluti tamen boni pars est ;* ***non magis quam*** *laetitia et tranquillitas, quamvis ex pulcherrimis causis nascantur* (Sen. *Dial.* 7, 15, 2)
« Même la joie qui naît de la vertu, quoiqu'elle soit un bien, ne fait pas parti du bien absolu, pas plus que l'allégresse et la tranquillité, si belles que soient les causes qui les produisent »

12 Löfstedt (1942 : 207).

Lorsqu'on focalise un pôle extrême (par exemple, avec *nihil*), le tour *nihil magis quam* peut engendrer un effet de renchérissement :

(12a) *sed tamen, in eius <modi> perturbatione rerum quamquam omnia sunt metuenda,* ***nihil magis quam*** *perfidiam timemus* (Cic. *Fam.* 1, 5a, 2)
« mais pourtant, dans une telle perturbation des choses, bien que tout soit à craindre, nous ne craignons rien plus que la perfidie (= nous craignons sur toute autre chose la perfidie) »

En latin tardif, cet emploi devient plus fréquent avec le sens restrictif (« rien plus que », « seulement ») signalant une limite au-delà de laquelle l'on ne peut pas aller ; autrement dit, en termes pragmatiques, assertant une implicature conversationnelle supérieurement liée :

(12b) *nos… qui* ***nihil magis quam*** *iustum Dei iudicium praedicamus* (Hier. 30, 659B Migne)
« nous…ne proclamons rien plus que le juste jugement de Dieu »
(12c) *qui* ***nihil amplius quam*** *praeceptum est, operatur* (Hier. 30, 663B Migne)
« celui qui fait seulement ce qui est ordonné »

Parfois l'adverbe *praeter*, redondant, s'ajoute à *magis* pour spécifier l'emploi exceptif en latin :

(13) ***nec*** *sibi cura* ***magis praeter*** *amare* (Ermoldus Nigellus 2, 74)
« et il ne se souciât de rien sauf que d'aimer »

Il est bien connu que la valeur d'exclusion ou d'exception (*praeter… nihil aliud nisi, nihil aliud quam, non magis quam*) est souvent à la base du développement des particules employées dans plusieurs langues en fonction adversative (par exemple, l'angl. *but*, l'all. *sondern*, le grec ancien ἀλλά). Mais, comme on l'a remarqué depuis longtemps[13], la transformation de la valeur d'exception ou d'exclusion en une fonction adversative devient possible uniquement si elle sert à introduire un élément nouveau dans l'argumentation[14].

---

13 *Cf.* Richter (1908).
14 *Cf.* Basset (1997).

L'ÉVOLUTION DANS LES LANGUES ROMANES

L'emploi correctif et l'emploi quantitatif en italien ancien

Dans les phases les plus anciennes des langues romanes, l'emploi le plus fréquent des continuateurs de *magis* est corrélatif et correctif, signalé par une phrase négative corrélée qui précède : c'est l'emploi statistiquement le plus fréquent chez Dante, par exemple :

(14a) ***non** donna di provincie, **ma** bordello* (Dante, *Purg.* 6, 77)
« non maîtresse de provinces, mais bougre, infâme »
(14b) *Questi **non** ciberà terra né peltro, / **ma** sapienza, amore e virtute* (Dante, *Inf.* 1, 103-104)
« celui-ci ne se nourrira ni de terre ni d'argent, mais de sagesse, d'amour et de vertu »
(14c) ***Non** fronda verde, **ma** di color fosco* (Dante, *Inf.* 13, 4)
« Point de feuillage vert, mais de couleur sombre »
(14d) ***non** dica Ascesi..., / **ma** Orïente* (Dante, *Par.* 11, 53-54)
« (Qui parle de ce lieu) ne le nomme point Ascesi ..., mais Orient »

Cependant, toujours chez Dante, l'on peut constater un basculement qui fait émerger la valeur de *quantitativum* même après une phrase négative, véhiculant un effet de renchérissement et une nuance concessive (« toutefois »), un ajout explicatif pragmatiquement important, comme dans les passages suivants :

(15a) *questi **non** vide mai l'ultima sera ; / **ma** per la sua follia le fu sì presso, / che molto poco tempo a volger era* (Dante, *Purg.* 1, 58-60)
« Celui-ci ne vit jamais le dernier soir ; mais/toutefois par sa folie il en fut si près, que bien peu de temps il lui restait pour échapper »
(15b) *Da me **non** venni : donna scese dal ciel, per li cui prieghi / de la mia compagnia costui sovvenni. / **Ma** da ch'è tuo voler che più si spieghi / di nostra condizion com'ell'è vera, / esser non puote il mio che a te si nieghi* (Dante, *Purg.* 1, 52-57)
« Je ne suis pas venu de moi-même. Du ciel descendit une Dame, dont les prières obtinrent à celui-ci le secours de ma compagnie. Mais, toutefois, puisque ton vouloir est que plus amplement te soit expliqué ce que vraiment nous sommes, le mien ne peut être de te le refuser »

Régularités

Nous pensons qu'on peut reconnaître une série d'éléments structuraux différenciant les deux emplois : *magis correctivum* et *magis quantitativum* :

1. **La négation** : elle est « polémique » (« il n'est pas vrai que *p* ») dans l'emploi correctif (ex. 14 a-b-c-d), alors qu'elle est « descriptive » (« non *p* ») dans l'emploi quantitatif (ex. 15 a-b).
2. **Dans l'emploi correctif, le prédicat est, le plus souvent, le même dans les deux propositions corrélées** ; dans ce cas, il y a simplement reprise du prédicat non nié dans la deuxième proposition.
3. **Il existe, dans les langues modernes, un test permettant de distinguer les deux emplois.** En italien, les connecteurs « però », « tuttavia », « nondimeno », ainsi qu'en français les connecteurs « toutefois », « pourtant », « néanmoins », sont exclus de l'emploi correctif. On ne dira jamais :

(16) *Non sono tre, *però (*tuttavia, *nondimeno) due* / Ils ne sont pas trois, *toutefois, (*néanmoins) deux.

4. **Seul l'emploi quantitatif admet le cumul de « ma »/« mais » et d'autres connecteurs.** En effet, les réalisations de *magis quantitativum* dans les langues romanes sont souvent accompagnées d'autres éléments exprimant l'opposition, tels qu'en italien *tuttavia*, *però*, *nondimeno*, *pure*. Ce phénomène est fréquent chez Dante :

(17a) *Lo caldo sghermitor subito fue; / **ma però** di levarsi era neente* (Dante, *Inf.* 22, 142-143)
« Le feu soudain les fit se lâcher ; mais ils ne pouvaient se relever »
(17b) ***Ma nondimen**... / tutta tua visïon fa manifesta* (Dante, *Par.* 17, 127-128)
« Néanmoins... rends publique toute ta vision »
(17c) *poco valea, **ma pur** non facea male* (Dante, *Purg.* 20, 63)
« il valait peu, mais au moins il ne faisait pas de mal »
(17d) ***Ma tuttavia** chi non è di tanto ingegno...* (Dante, *Vita Nova* 19, 22)
« Mais pourtant qui n'a pas un esprit si noble... »

Cet emploi, apparemment redondant, subsiste aujourd'hui dans la langue parlée. La tendance de *magis* à s'unir à *per hoc* se retrouve aussi en italien et en espagnol.

Les emplois de renforcement en italien ancien et, pour l'oral, en italien et en français moderne (par exemple, en it. : *ma però*, *ma tuttavia*, *ma nondimeno*, *ma pur tuttavia*, en fr. : *mais toutefois, mais pourtant, mais néanmoins*) ne sont acceptables que dans la fonction de *quantitativum* ; par exemple :

(18a) *Mi hai fatto male,* ***ma (tuttavia, però, nondimeno)*** *ti perdono* / Tu m'as fait du mal, **mais (pourtant, toutefois, néanmoins)** je te pardonne

Il est significatif, à notre avis, que ces connecteurs, qui dans les langues romanes peuvent développer un sens concessif, se placent du côté du quantitatif : en effet, le sens concessif trouve son origine dans le quantitatif comme nous le verrons ensuite.

Dans ce cas, ces particules peuvent aussi remplacer *ma* :

(18b) *Mi hai fatto male,* ***tuttavia (però, nondimeno)*** *ti perdono,* / Tu m'as fait du mal, **pourtant (toutefois, néanmoins)** je te pardonne

Le *magis quantitativum* est moins marqué par rapport au *magis correctivum.* Il est pour cela le candidat idéal pour le développement, en diachronie, des emplois non oppositifs des particules romanes. En effet, le *magis quantitativum* est susceptible d'être renforcé ou substitué par d'autres particules exprimant la coordination adversative, ce qui n'est pas le cas du *magis correctivum.*

Le parcours en espagnol et en italien

L'espagnol garde les continuateurs de *magis* en fonction de connecteurs, avec d'autres valeurs qui s'ajoutent à la valeur originelle de « plus », mais en les distinguant dans l'écriture par l'accent : *más* « plus » (ex. *más pequeño* « plus petit ») et *mas* « mais ». En espagnol ancien, *mas* présente trois fonctions : *a*) *mas* élatif « plus » ; *b*) *mas* connecteur avec une valeur *quantitativo-concessive* et *c*) *mas* correctif dans des contextes de sens oppositif :

(19) *Lo más alto* « le plus haut » (élatif)
(20) *Dan le grandes colpes, mas nol pueden falssar* (*Cantar del Cid* 713)
« Ils donnent de grands coups, mais ils n'arrivent pas à le tuer » (concessif)
(21) *la moça no es muerta, mas duerme* (Mt 9,24)
« La fille n'est pas morte, elle dort » (correctif)

Comme en italien ancien, l'espagnol ancien présente *magis* (devenu *mas*) renforcé par d'autres particules, telles que *pero, empero* (< *per hoc*), proches du *però* italien. Dans le *Cantar del Cid*, *pero* n'est pas attesté, et à sa place figure *mas* :

(22) ***Mas*** *del Cid Campeador yo non uos digo nada* (*Cantar del Cid* 889)
« Mais du Cid Campeador je ne vous dis rien »

De même, dans la version espagnole du *Pater Noster* :

(23) *No nos dejes caer en la tentación,* ***mas*** *libra nos de mal*[15]
« Et ne nous soumets pas à la tentation, mais délivre-nous du mal »

Comme en italien ancien, *mas*, en espagnol, peut ainsi fonctionner comme « *topic shifter* », c'est-à-dire comme introducteur d'un nouveau sujet.

De même, placés en *incipit*, l'italien « ma » et le français « mais », lorsqu'ils sont suivis d'un impératif, peuvent réaliser une exhortation, par exemple :

(24a) ***Ma*** *dimmi : al tempo d'i dolci sospiri, / a che e come concedette amore / che conosceste i dubbiosi disiri ? /* (Dante, *Inf.* 5, 118)[16]
« Mais dis-moi : au temps des doux soupirs, à quoi et comment amour te fît connaître les douteux désirs ? »
(24b) **Mais** occupe-toi d'Amélie !
(24c) ***Ma*** *guarda,* ***ma*** *vedi,* ***ma*** *seguimi,* ***ma*** *leggi,* ***ma*** *va !*

L'exemple (24c) *Ma va' !* peut toutefois exprimer des valeurs différentes en italien s'il s'agit d'une imprécation :

(25) ***Ma va'*** *al diavolo !* **Mais va** au diable !

ou bien d'une réponse ironique, avec, dans ce cas, une intonation montante :

(26) *Ma va ! Ma no ? !*

C'est l'équivalent en français des réponses tout aussi ironiques : *Pas possible ! Tu m'étonnes.*

En espagnol moderne, l'emploi de *mas* comme connecteur est restreint à la langue écrite, et il est à notre avis significatif que cet emploi se réalise uniquement comme variante de *pero*, non de *sino*.

15 *Cf. Esbozo de Nueva Gramática de la Lengua Española*, Real Academia Española, p. 511.

16 La place de *ma* est très souvent au début de vers chez Dante, *cf.* aussi *Inf.* 2, 82 ; 6, 46, 60 ; 11, 70, 112 ; 13, 52 ; *Purg.* 10, 118 ; 21, 34 ; 22, 19 ; 23, 52 ; 24, 10 ; 29, 100 ; *Par.* 31, 115 ; etc.

La fonction de « *topic shifter* » en début de phrase est aussi conservée ; par exemple :

(27) ***Mas*** *¿donde hallarle ?*
« Mais où le trouver ? »

Magis *à l'origine des adverbes temporels de l'italien et du français*

Magis élatif est aussi à l'origine des adverbes temporels – par exemple, l'italien *mai* – et intervient dans une série de formes dérivées : le fr. *jamais, deshormais*, et l'it. *giammai* (< *iam magis*), *ormai*. En espagnol, *más* renforce *nunca* « jamais » : *nunca más*, tout comme *più* en italien (*mai più*) dans le sens de « plus jamais ». Paradoxalement, l'italien *mai più*, qui exprime une négation totale, relève de l'union de deux particules positives, *magis* et *plus*, qui exprimaient à l'origine le comparatif de supériorité. En revanche, dans *nunca más*, en espagnol, *más* renforce une négation qui est à l'origine de *nunca* (*numquam* > *nunca*). Signalons une particularité commune à l'emploi de l'expression adverbiale italienne *mai più*, au *nunca más* de l'espagnol et au *plus jamais* du français : ces tournures ne renvoient jamais vers la gauche de l'axe temporel, qu'il s'agisse du moment de l'énonciation ou d'un point de référence antérieur au moment de l'énonciation. Le plus souvent, l'expression concerne l'avenir, par rapport au moment de l'énonciation. C'est le cas, par exemple, du cri des manifestants : « *Plus jamais ça !* ». De même, il est possible de distinguer « mai » et « mai più » / « jamais » et « plus jamais » d'après le temps de référence antérieur ou contemporain au moment de l'énonciation. Si, par exemple, l'on dit :

(28a) De toute ma vie, **je n'ai jamais** vu un éléphant aussi énorme / *In vita mia,* ***non*** *ho* ***mai*** *visto un elefante così enorme*

on ne réfère pas à une prédication réalisée dans le passé et ledit éléphant peut être sous les yeux du locuteur au moment de l'énonciation. En revanche, l'énoncé :

(28b) Je **n'ai plus jamais** vu un éléphant aussi énorme / ***Non*** *ho* ***mai più*** *visto un elefante così enorme* renvoie à une prédication réalisée dans le passé, mais qui ne s'est plus reproduite depuis lors ; en outre, ledit éléphant n'est pas sous les yeux du locuteur au moment de l'énonciation. On dira que *plus jamais* implique ainsi conventionnellement que la prédication s'est véritablement réalisée auparavant mais qu'elle ne s'est plus reproduite ensuite.

L'italien actuel *mai più* (< *magis plus*) a développé un sens négatif renforcé et temporel, qui était pourtant absent en latin. La tournure *non magis* est l'origine de l'italien ancien *non...mai*, remplacée désormais par l'italien moderne *non...più* :

(29a) *e a lor sì comanda / che stean con lui e qua* ***non*** *tornin* ***mai*** *(= più)* (Dante, *Rime* 63, 13-14)
« et on leur ordonna de rester avec lui et de ne plus revenir ici »
(29b) *ché* ***non*** *credetti ritornarci* ***mai*** (Dante, *Inf.* 8, 96)
« croyant ne m'en retourner jamais »
(29c) ***nulla*** *sarebbe di tornar* ***mai*** *suso* (Dante, *Inf.* 9, 57)
« jamais d'ici tu ne remonterais »

En italien ancien, la valeur positive de *mai* (< *magis* élatif) se manifeste, par exemple, en renforcement de *sempre* dans la tournure (disparue en italien moderne) *sempre mai* (fr. « toujours toujours ») ; par exemple :

(30a) *e* ***sempre mai*** *con lei starà ricolto* (Dante, *Rime* 68, 26)
« et elle (la douleur) restera à tout jamais jointe à elle (l'âme) »
(30b) *e* ***sempre mai*** */ l'ovra di voi e li onorati nomi / con affezion ritrassi e ascoltai* (Dante, *Inf.* 16, 58-60)
« et toujours vos œuvres et vos noms honorés j'écoutai et me rappelai avec amour »

et aussi dans la tournure du français moderne : *à tout jamais* (« pour toujours »).

Le parcours de *mai* vers la négation n'est pas encore complètement accompli même en italien moderne. La particule garde la valeur positive dans les questions, par exemple dans (31a et b) :

(31a) *Hai visto* ***mai*** *?*
« Avez-vous déjà vu ? »
(31b) *Sei* ***mai*** *stato in America ?*
« As-tu déjà été en Amérique ? »

Dans cet emploi, l'italien *mai* ou le français *jamais* ne correspondent pas à l'espagnol *nunca*, mais à *alguna vez* « quelques fois » :

(32) *¿Estuviste* ***alguna vez*** *en las Américas ?*
« Avez-vous déjà été dans les Amériques ? »

Mai est aussi sémantiquement positif dans la tournure *caso mai*, qui peut être hypothétique (« si par hasard ») :

(33a) ***Caso mai*** *te ne venisse voglia, puoi scrivermi*
« Si par hasard tu en a envie, tu peux m'écrire »

ou corrective (« plutôt ») :

(33b) *Io non lo cerco certo,* ***caso mai*** *è lui che mi cerca !*
« C'est pas du tout moi qui le cherche, c'est lui plutôt »

À la différence de *magis*, *plus* n'a pas développé la fonction de connecteur dans les langues romanes.

PARCOURS VERS LA FONCTION ADVERSATIVE

En ancien français et en ancien italien

La vitalité de l'expression française *ne mais que*, inscrite dans la continuité de la tournure exclusive latine exprimant une égalité quantitative *non magis quam*, concurrente du tour *non plus que*, est remarquable en français et en provençal anciens[17]. En ancien français, la tournure *ne…mais que* (souvent soudée *nemais que*), qui n'existe plus en français moderne, présente le sens restrictif de « seulement[18] », « uniquement ». Elle exprime la restriction et la focalisation, comme, par exemple, dans :

(34) **Ne** li faut chose **mais que** santez (*Am. et Am.* 2501)
« il lui faut seulement la santé » / « il ne lui faut rien d'autre que la santé »

(35) Et **ne** verra l'en **mes que** bestes sauvages (*Livre au filz Agap* (God.)
« et il ne verra que des bêtes sauvages »

---

17 *Cf.* Meyer-Lübke (1900 : III, 639).

18 Deux approches sont possibles pour l'interprétation de l'adverbe *seulement* (it. *soltanto*) : une approche quantificationnelle et une approche scalaire (*cf.* Rigamonti & Manzotti 1991).

De même, en italien ancien, l'expression *non mai che*, issue elle aussi de *non magis quam*, prend une valeur restrictive : « non plus que » (« non più che » en italien moderne), comme en témoignent les emplois suivants chez Dante :

(36a) *e* ***non*** *avea* ***mai ch'****una orecchia sola* (Dante, *Inf.* 28, 66)
« Un autre qui avait une seule oreille »
(36b) ***né*** *si dimostra* ***mai che*** *per effetto* (Dante, *Purg.* 18, 53)
« elle ne se manifeste que par son effet »
(36c) ***Non*** *aveva pianto* ***mai che*** *di sospiri* (Dante, *Inf.* 4, 26)
« Là, … point de gémissements, mais des soupirs »

Les vers de Dante qui suivent mettent en lumière, d'une part, une occurrence de *ma* (*quantitativum*) avec un sens concessif (it. « tuttavia », fr. « pourtant ») et, d'autre part, la tournure *mai* (*che*) qui a un sens restrictif :

(37) *I' vedea lei,* ***ma non*** *vedea in essa, /* ***mai che*** *le bolle che 'l bollor levava* (Dante, *Inf.* 21, 19-20)
« Je la voyais, mais je ne voyais dans elle que les bulles soulevées par le bouillonnement »

En italien moderne, les tournures *mai…*(*non*) ou *non…mai*, sans *che*, n'ont pas un sens restrictif ; *mai* vient seulement renforcer la négation, comme dans le passage suivant :

(38) ***Mai non*** *l'avrei riconosciuto al viso* (Dante, *Purg.* 23, 43)
« je ne l'aurais jamais reconnu en le regardant »

En ancien français, la tournure *ne mai*, sans *que*, connaît un fonctionnement analogue. L'adverbe *mais*, issu du *magis* élatif, pouvait également être employé comme renforcement de la négation. Par exemple, *ne pouvoir mais* signifie « ne pouvoir rien du tout ». Littéralement, *J'en puis mais* garde une nuance quantitative : « Je ne peux faire *rien de plus* ». Ce fonctionnement de renforcement est à l'origine aussi de l'adverbe *jamais*, issu de l'union de *iam* et de *magis*, qui diffère de l'italien *mai*, dans la mesure où celui-ci peut apparaître aussi bien seul qu'avec le renforcement *giammai.*

Le parallélisme entre les valeurs des formes dérivées de *magis* qui, en italien et en français anciens, s'accompagnent de la négation fait ressortir la différence entre l'emploi absolu (fr. *ne mais* ; it. *non…mai*) et l'emploi avec *que* (fr. *ne mais que*, it. *non mai che*).

Du coté quantitatif, l'emploi *ne mais que*, en français ancien, est le plus productif. Son évolution la plus intéressante se réalise dans des contextes positifs. Signalons d'abord les interro-négatives à orientation positive[19] :

(39) Et qui est Dieu **maisque** notre Seigneur ? (*Ps.* 17 (maz. 798))
« Et qui est dieu s'il n'est pas notre Seigneur ? »

En contextes nettement positifs, *nemaisque* focalisant un SN peut développer une valeur exceptive et signifier « sauf » :

(40a) Franceis se taisent **nemaisque** Guenelon (*Rol.* 217)
« Les Français se taisent, sauf Guénelon »
(40b) tote estoit noire **mes** un bras qu'ele ot blanc (*Mort. Aym.* 449)
« Elle était toute noire, sauf un bras qu'elle avait blanc »

En italien et en français anciens, *mai che* et *maisque* en contextes positifs expriment aussi la valeur de condition : it. « purché », « a patto che », fr. « pourvu que », « à condition que ». Cette valeur est sémantiquement proche de l'expression de la condition exclusive « seulement que » :

(41) **Maisque** il plaise a V.S. vous garder en bonne santé, je ne crains riens (Marg. d'Angoul. *Brief* 63)

ou de la limitativo-adversative (fr. « mais » = all. « aber ») :

(42) Si maudist l'eure qu'il le vit, **mais que** ce fut entre ses dens (*Rich.* 4597)
« Il maudit l'heure qu'il l'avait vu, mais cela ne fût qu'entre ses dents »

Cette valeur de l'italien *mai che* et du français *maisque* est partagée par le provençal *mas que*[20]. En général, l'emploi exclusivo-restrictif,

---

19 Basset (1989 : 63) a observé le même phénomène en grec, en ce qui concerne εἰ μὴ dans une question rhétorique négative du type : τίς γάρ τοι Ἀχαιῶν ἄλλος ὁμοῖος ἵππων ἀθανάτων ἐχέμεν δμῆσίν τε μένος τε, εἰ μὴ Πάτροκλος (*Il.* 17, 475-7). « Qui est donc ton égal parmi les Achéens, sinon Patrocle ? ». Comme il le dit : « εἰ μὴ introduit [...] une exception affirmative à une négation générale. Une telle exception est le *minimum* nécessaire pour que la négation générale soit valide, ce qui signifie que c'est la seule exception ». C'est par cette valeur de *condition minimale* que l'auteur explique aussi le choix de μὴ dans des protases postposées de type I (εἰ + indicatif temporel), à la place de εἰ οὐ.

20 L'emploi poétique de *mai che* a donné lieu à l'hypothèse d'une influence du provençal dans la poésie italienne du XIIIe siècle, *cf.* Segre (1963 : 136). Toutefois les valeurs de *magis* à la base de *mai* suggèrent de ne pas exclure un développement indépendant ou parallèle dans les deux langues romanes.

qui est commun aussi à d'autres connecteurs latins (en particulier *nisi*) n'aboutit pas à un emploi adversatif, puisqu'il s'agit d'un emploi non conjonctif, non coordonnant. Toutefois, dans quelques contextes positifs, exceptionnellement *nemais* sans *que*, en français ancien, a parfois développé une valeur adversative faible avec une nuance concessive (« cependant », « et pourtant »), comme, par exemple, dans le passage suivant :

(43) C'est cose trop desmesuree, **nemais** ce que avenir doit ne puet nus tolir « c'est une chose vraiment énorme, mais ce que le temps à venir doit (nous apporter), il ne peut pas nous l'enlever »

En roumain

Un parcours de grammaticalisation analogue à celui de l'ancien français et de l'ancien italien nous est révélé aussi par une autre langue romane, le roumain, où le dérivé de *non magis*, c'est-à-dire *numai*, garde une certaine vitalité. La particule a été assujettie à un procédé de grammaticalisation, au cours duquel se sont développées des fonctions différentes qui relèvent essentiellement des valeurs de limitation et d'exception[21]. En roumain actuel, *numai* est l'expression courante pour « seulement » liée à la valeur originaire de « non plus que », « rien plus que », comme le donnent à voir les exemples suivants :

(44a) *E* ***numai*** *o glumă* « c'est seulement une plaisanterie »
(44b) *Are* ***numai*** *20 de ani* « il n'a que 20 ans »
(44c) ***Numai*** *un minut* « seulement une minute »

Par cette valeur, la tournure du roumain *numai* est à mettre en parallèle avec le tour *ne mais que* de l'ancien français et avec celui *non... mai che* de l'italien ancien. Ces tournures possèdent une valeur scalaire : elles assertent l'implicature conversationnelle qui nie d'autres valeurs possibles au-delà de celle indiquée explicitement.

Le sens positif de « seulement » obscurcit la particule négative qui compose *numai*, comme le montre l'union à la négation *nu* dans l'expression corrélative *nu numai...dar şi* « non seulement... mais aussi » :

21 *Cf.* Tuteşcu (2006).

(45) *Era* ***nu numai*** *foarte frig,* ***dar şi*** *ploua mărunt*
« Non seulement il faisait très froid, mais il pluvait aussi »

Dans cette tournure, l'implicature conversationnelle liée au sens de « seulement » est annulée et on peut envisager d'autres prédications à des degrés plus élevés dans une échelle sémantique (*faire froid, pleuvoir, neiger, etc.*)

La fonction contrastivo-adversative se développe dans l'emploi de *numai* roumain spécialement en union avec *cât*, comme nous le montre l'exemple suivant :

(46) *E tare frumoasă,* ***numai cât*** *nu-i adevărată*
« elle est très belle, mais elle n'est pas véridique » (« é molto bella, ma non è vera »)

Par ailleurs, l'adverbe « mai » du roumain a lui aussi tendance à changer et à ne plus être employé comme quantitatif strict. Ainsi, la tournure *mai puțin* exprime plutôt une valeur exceptive :

(47) *Am pus totul în valiză,* ***mai puțin*** *trusa de baie.*
« J'ai tout mis dans la valise, sauf la trousse de bain »

de même que l'adverbe roumain *minus* :

(48) *Am plătit toate taxele,* ***minus*** *taxele de drumuri.*
« Nous avons payé tous les impôts, sauf la taxe de voyage »

À l'image de l'adverbe quantitatif latin *minus*, le roumain *mai* peut fonctionner comme un approximateur. Il fonctionne notamment comme un *arrondisseur* dans la tournure *mai mult sau mai puțin* (« plus ou moins ») :

(49) *Atunci când ne-am întâlnit, el a fost* ***mai mult sau mai puțin amabil*** *cu mine.*
« Lorsqu'on s'est rencontré, il a été plus ou moins gentil avec moi »

comme un atténuateur dans :

(50a) *Bolnavul* ***s-a mai liniştit*** *şi a adormit.*
« Le malade s'est un peu calmé et il s'est endormi. »

(50b) *Ploaia* ***a mai încetat,*** *dar nu s-a oprit complet.*
« La pluie s'est un peu atténuée, mais elle ne s'est pas complètement arrêtée. »

ou comme un approximateur scalaire dans l'expression *mai-mai* (it. *quasi-quasi*[22]) :

(51) *Te-ai schimbat foarte mult,* ***mai-mai*** *să nu te recunosc.*
« Tu as tellement changé, que je ne te reconnaissais presque plus. »

On peut enfin envisager un parcours qui s'achemine vers l'expression de l'adversative, si l'on considère que l'adverbe roumain *mai* apparaît aussi dans des contextes de sens alternativo-contrastif du type :

(52) *Febra scăzuse, dar bolnavul se simțea obosit,* ***mai dormea, se mai trezea.***
« La fièvre était tombe, mais le malade se sentait fatigué, tantôt il dormait, (mais) tantôt il se réveillait. »

Panorama résomptif des parcours sémantiques

Si l'on veut décrire un tracé sémantique qui, à partir du *magis quantitativum*, évolue vers l'adversatif non oppositif, il pourra ressembler à la figure 3 qui doit être lue de droite à gauche :

adversatif non oppositif / contrastif / limitatif – concessif / quantitatif – renchérissant

FIG. 3 – Le parcours du *magis quantitativum*.

Plusieurs linguistes sont d'avis que l'emploi concessif se développe à partir du pôle exprimant l'égalité quantitative (le point B de la figure 1). Il est par ailleurs notoire que les emplois limitatifs et concessifs sont souvent très proches[23]. Quand le contexte présente une opposition lexicale (ce que nous avons vu à propos des exemples (6) et (7) de *magis quantitativum*), on est en présence d'un emploi contrastif. Le passage par le contrastif est obligatoire dans les deux parcours pour réaliser la fonction adversative.

---

22 Pour l'emploi de *quasi* en italien, *cf.* Bertocchi, Maraldi & Orlandini (2016).

23 *Cf.*, par exemple, l'emploi polysémique du connecteur *per quanto* en it. : *una lettura impegnativa, per quanto interessante* (adversativo-limitatif, le locuteur revient sur son premier jugement pour limiter les effts argumentatifs), *Non ci riuscirai, per quanto tu faccia* (concessif, le locuteur signale la cause inefficace). Dans l'emploi limitativo-adversatif, on peut retrouver en italien et en français l'adverbe *seulement* dans l'interprétation faible et évaluative (*une lecture intéressante, seulement/mais elle est un peu difficile*).

L'autre parcours concerne la valeur exclusivo-restrictive et la valeur exceptive (*à moins que, sauf si*) exprimant la condition renversée et qui peuvent évoluer vers l'expression de la condition unique (*pourvu que*) (le point C de la figure 1).

En ce qui concerne l'emploi adversatif fort, il résulte du parcours suivant, à partir de *magis correctivum* :

adversatif fort / contrastif / exceptif – séparatif / correctif

FIG. 4 – Le parcours du *magis correctivum*.

Analysons maintenant ce tracé dans le but d'identifier les caractéristiques des fonctions contiguës qui se doivent de partager au moins un trait commun. L'emploi correctif partage avec l'emploi exceptif le fait d'être réalisé en deux actes de parole séparés par une pause. La négation est exprimée ouvertement dans l'emploi correctif, elle est à la fois sémantique et grammaticale dans la première proposition, alors que dans l'emploi exceptif, la négation n'est qu'implicite[24].

L'emploi exclusif se réalise quant à lui par un seul acte de parole et ne peut pas être pris en compte dans le parcours qui développe l'adversatif. Cet emploi véhicule aussi une négation implicite, liée à la condition qu'il pose : une seule possibilité est posée, toutes les autres sont niées.

L'emploi contrastif, en outre, est issu d'une opposition lexicale. À ce titre, il véhicule une idée négative liée au sémantisme de l'un de deux mots en question. L'emploi adversatif fort, enfin, exprime lui aussi une valeur d'opposition, mais celle-ci n'est plus dépendante de la valeur lexicale de deux éléments en question.

Ainsi, le contrastif se révèle être le véritable centre commun aux deux parcours. Il est le vrai pivot des deux emplois de *magis*, comme l'on l'a vu dans la figure 2. L'on pourrait donc réunir les figures 3 et 4 dans la figure 5, si l'on croise les deux schémas observés :

24 Selon Traugott (1997), la proposition *q* est à polarité négative (si *p* est positif, *q* sera de sens négatif). Toutefois, puisque si *p* est négatif, *q* sera de sens positif, il nous semble plus correct de dire, comme le fait Bat-Zeev Shyldkrot (1995), que l'emploi exceptif renverse la condition.

adversatif non oppositif limitatif – concessif / quantitatif – renchérissant

contrastif

adversatif fort exceptif / correctif

FIG. 5 – Les deux parcours de *magis*.

CONCLUSIONS

Les parcours que nous avons montrés et illustrés à partir des exemples que nous avons puisés dans plusieurs langues romanes rendent compte des emplois adversatifs non oppositifs (all. « *aber* ») comme filiation de l'emploi limitatif et concessif, mettant aussi au jour la vitalité du *magis quantitativum* latin, trop souvent ignorée face au *magis correctivum*, qui est à l'origine de l'adversatif fort de sens correctif (all. « *sondern* »). La vitalité du diptyque corrélatif d'origine demeure en outre dans les tournures corrective et exceptive qui se réalisent en deux actes de parole séparés par une pause.

Anna ORLANDINI
Centre Alfred Ernout,
Sorbonne Université

Paolo POCCETTI
Université de Rome 2 Tor Vergata

SCHÉMAS CORRÉLATIFS POUR L'EXPRESSION DE L'IMMÉDIATETÉ TEMPORELLE EN DISCOURS

INTRODUCTION

Nous proposons l'étude d'une structure propre au système corrélatif du français, fondée sur l'enchaînement temporel et la complémentarité réciproque de deux énoncés – désignés ici par e1 et e2 – qui se trouvent corrélés par l'effet du couplage et de l'interdépendance de constituants adverbiaux distribués dans chacun, de manière non réversible – d'où le terme « corrélateur » qui désigne ici ces adverbes. Cette structure apparaît sous la forme de deux énoncés liés simplement par une prosodie suspensive à l'oral (représentée par une virgule à l'écrit) avec l'appui assez fréquent, sans être obligatoire, de la conjonction *et* – E[e1, (*et*) e2][1] :

(1) Le Tour de France *vient tout juste de se terminer, on parle* déjà des Jeux Olympiques

(2) Un nouvel épisode est à peine sorti à la télévision, aussitôt il est piraté par des centaines d'internautes

(3) Nous ne sommes pas encore fiancés, et déjà nous n'avons plus rien à nous dire

L'un de nos objectifs est de montrer que cette forme de construction n'est pas particulièrement réservée à des discours relevant d'un style écrit recherché, mais qu'on la trouve de manière assez courante dans les

1 C'est cette notation que nous utiliserons tout au long de cette étude pour ce type de schéma corrélatif. E, « énoncé » a été préféré à P « phrase », dans la mesure où il peut s'agir des phrases réduites telles que « *pas encore candidat et déjà en campagne* » ou « *encore inconnu et déjà célèbre* » (voir *infra*).

discours de registre familier. En effet, tous les exemples qui sont proposés dans le cadre de cette étude, proviennent d'un corpus de plusieurs centaines de fragments de textes[2], tous recueillis sur Internet (moteur de recherche Google). Du fait de leur teneur et de leur forme peu élaborée, ils peuvent être considérés comme la version écrite de propos, échanges ou commentaires produits à l'oral dans le cadre de conversations, de discussions ou de débats.

Ce point n'est pas sans lien avec le choix que nous avons fait pour cette étude de laisser volontairement en retrait l'examen de structures traditionnellement considérées comme particulièrement représentatives du système corrélatif du français, comme par exemple la structure corrélative classique, basée sur l'articulation de deux énoncés marquée par le joncteur[3] *que* – E[e1 *que* e2] :

(4) Il n'a pas encore quitté la Maison Blanche *que déjà* se pose la question de son avenir

Nous faisons ce choix pour plusieurs raisons :

- Tout d'abord, cette forme de construction E[e1 *que* e2] a été amplement traitée dans quantité de travaux (*cf.* notamment Allaire 1977 : 440-489, Moline 1994, Deulofeu 2001, Mosegaard Hansen 2002, Gachet 2010, Apothéloz & Nowakowska 2013, Roig 2015). En effet, cette construction est généralement considérée comme la plus prototypique et la plus traditionnelle (*cf.* Sandfeld 1977, Riegel *et al.* 1994). Même si l'on considère qu'elle aurait droit à un traitement quelque peu spécifique en ce qui concerne à la fois son origine et son fonctionnement syntaxique (*cf.* Gachet 2010).
- De plus, c'est cette construction E[e1*que* e2] qui est généralement prise comme modèle, car, du fait de sa fréquence à l'écrit, c'est celle qui est souvent considérée comme la plus représentative. Ainsi, dans sa thèse (Allaire 1977, p. 460), S. Allaire précise que la quasi-totalité des exemples qu'elle fournit pour illustrer son

2 Nous avons volontairement exclu de notre corpus les attestations que nous aurions pu trouver dans *Frantext*, précisément pour nous en tenir à un style écrit courant, parfois même relâché.

3 « Joncteur » terme couramment utilisé, notamment par Allaire (1977), que nous préférons ici à « relateur ».

étude sur ce type de corrélation[4], proviennent tous de l'écrit et plus précisément de romans, de nouvelles, d'essais et de journaux (de l'époque). À propos de ces exemples, elle précise : « Quel que soit le type d'énoncé suspensif, la complémentation par *et* est d'une extrême rareté (2,53 % des exemples)... comme l'est aussi, à l'écrit du moins, les cas de simple juxtaposition des séquences... Au point que les cas de juxtaposition n'ont pas été inclus dans le relevé de nos exemples ».

– Mais la raison essentielle pour ne pas nous centrer sur la structure corrélative E[e1*que* e2], qui est généralement considérée comme la forme la plus représentative et la plus courante de la corrélation d'enchaînement temporel, c'est qu'à l'évidence, elle ne figure pas de manière prépondérante dans les données de notre corpus qui, comme nous l'avons dit plus haut, relèvent de discours de registre familier, peu contrôlé, et qui, en cela, semblent assez proches des discours spontanés de l'oral. En effet, dans les données textuelles que nous avons recueillies, contrairement à l'expérience qu'a pu faire S. Allaire en 1977, les structures qui prédominent sont précisément celles dans lesquelles les deux énoncés e1 et e2 sont liés par le joncteur *et*, ou celles qui ne sont liées à l'écrit que par une simple virgule (étant entendu qu'à l'oral, cette virgule correspond à une intonation suspensive bien marquée à la fin de e1[5]).

Pour ces diverses raisons, sans nous désintéresser complètement de la structure classique E[e1 *que* e2], nous choisissons de nous focaliser sur la construction notée E[e1, (et) e2], où le jeu combiné de deux d'adverbes aspectuels présents dans l'un et l'autre énoncé sous-tend soit l'expression d'une successivité très rapide dans le temps, que nous appelons « successivité temporelle immédiate » ou « immédiateté temporelle », soit l'expression d'une coïncidence ou d'une concomitance partielle que nous appelons « chevauchement ».

---

4 Type de corrélation qu'elle étudie sous le nom de « systèmes construits par réciprocité réciproque » (p. 440-489).

5 D'où parfois, le nom d'« énoncé suspensif » donné à e1 (*cf.* Allaire 1977 : 420).

LES SCHÉMAS CORRÉLATIFS D'IMMÉDIATETÉ TEMPORELLE OU DE CHEVAUCHEMENT TEMPOREL CONSTRUITS SUR LE MODÈLE E[e1, (ET) e2]

LA FORME CANONIQUE DES SCHÉMAS CORRÉLATIFS DE FORME E[e1, (ET) e2]

Dans la plupart des schémas de ce type qui composent notre base de données, les deux énoncés e1 et e2 sont des phrases – *cf.* les exemples (1), (2) et (3) ci-dessus. Cependant, avec certains couples d'adverbes corrélateurs, on relève de nombreux cas où il ne s'agit pas d'une véritable structure de phrase, mais d'une structure infinitive, participiale ou nominale. C'est le cas par exemple avec certains couples d'adverbes corrélateurs comme *à peine… déjà*, (*tout) juste… déjà…*, *seulement… déjà* ou *sitôt… aussitôt/déjà…* qui peuvent fonctionner dans des phrases réduites dans lesquelles le sujet et/ou le verbe ne sont pas explicitement présents. Ces structures prennent souvent la forme exclamative (comme le montre le point d'exclamation en finale de (5) et (6) *infra*). Mais dans certains cas, comme en (7), il s'agit plutôt de la forme réduite et désarticulée d'une phrase descriptive, ou, comme en (8), d'un cas de corrélation fonctionnant à l'intérieur d'une même phrase par le biais d'une prédication seconde :

(5) À peine le temps de reprendre son souffle et c'est déjà Noël !
(6) Quant à mes rosiers, tout juste plantés…, aussitôt volés !
(7) Mary Jane. Dix-sept ans *à peine et déjà* un destin hors du commun.
(8) (à propos de lampes) Sitôt sorties de leur emballage, elles sont immédiatement opérationnelles

LES COUPLES D'ADVERBES DANS LE MODÈLE CORRÉLATIF E[e1, (ET) e2]

Les adverbes qui opèrent dans ce modèle corrélatif – que nous appelons « corrélateurs » – appartiennent à la catégorie des adverbes aspectuo-temporels[6], c'est-à-dire des adverbes dont la fonction dans la phrase est de caractériser les diverses manières qu'ont de survenir, de se dérouler,

---

6 Nous reprenons le terme employé par Molinier & Lévrier (2000 : 158).

de se terminer, etc. le procès ou l'état représenté par le verbe ou par le prédicat. Pour les adverbes de cette catégorie qui interviennent en tant que corrélateurs dans les schémas d'immédiateté temporelle, il faut tout d'abord faire une distinction importante entre ceux qui fonctionnent dans le premier énoncé e1 (ou corrélat1)[7] , qui constituent un premier groupe – Groupe I – et ceux qui fonctionnent dans e2 (ou corrélat2) et constituent le Groupe II.

Groupe I. Les adverbes corrélateurs qui fonctionnent dans l'énoncé 1 (e1) se répartissent dans trois sous-groupes ou catégories : I_1, I_2, I_3.

I_1) Plusieurs adverbes marquent le caractère imminent du déclenchement d'un procès – de sa survenance – ou au contraire le caractère récent de son aboutissement (état résultatif) ou de sa réalisation : *à peine, tout juste, sitôt*[8], *depuis peu, il y a peu* (ex. *il est à peine arrivé, il a tout juste commencé.).*

I_2) Deux adverbes marquent la continuité, la persistance d'un *état* : *encore, toujours*, ex. *il dort encore, il pleut toujours.*

I_3) Des adverbes de forme négative marquent *ici* l'absence de délai entre la fin d'un premier procès et le début ou la fin d'un second : *pas encore, même pas.* Avec une réduction possible à la simple négation *ne pas* (ex., *il n'avait pas tourné le coin de la rue (que...)*) ou l'ajout de l'auxiliaire aspectuel négatif *ne pas finir de* (*ex. il n'avait pas fini de parler que...*) :

(4) Il n'a pas encore quitté la Maison Blanche *que déjà* se pose la question de son avenir

(9) Il n'avait *pas tourné le coin de la rue que* déjà des coups de feu éclataient...

(10) Il n'avait *pas fini de parler que* l'autre avait déjà disparu

Avec ces adverbes négatifs en e1, la présence de *que* comme charnière entre les deux corrélats apparaît comme la plus naturelle. Pour ce qui concerne des données de notre corpus, c'est effectivement l'une des deux configurations[9] où *que* s'emploie de préférence à *et.*

7 « Corrélat » est le terme le plus souvent utilisé pour désigner les deux énoncés e1 et e2.

8 Il faut préciser que *sitôt* adverbe ne fonctionne que dans une structure d'apposition ou de prédication seconde.

9 L'autre configuration étant celle où à *peine*, premier corrélateur, est en tête de e1 – *cf.* ex. (53) à (56).

Groupe II. Les adverbes corrélateurs ancrés dans le deuxième énoncé (e2) se répartissent eux aussi dans deux sous-groupes :

II_1) Un seul adverbe, *déjà*, qui marque la précocité[10] de la survenance d'un état ou d'un procès[11] (ex. *déjà se pose la question*), ou, s'agissant d'un procès, du passage à un état résultatif, (ex. *il a déjà disparu*).

II_2) Quelques adverbes qui marquent la rapidité d'une survenance dans le temps, c'est-à-dire l'immédiateté ou l'imminence : *aussitôt*, *immédiatement*, *instantanément*, *tout de suite*, *sans délai*, *au plus vite*, ex. *il a aussitôt réagi.*

Ainsi, la corrélation entre les deux corrélats e1 et e2 s'établit par l'action conjuguée des deux adverbes distribués l'un en e1 (I_1, I_2 ou I_3), l'autre en e2 (II_1 ou II_2), si bien que le schéma corrélatif contient,

- en e1, un adverbe de catégorie I_1, I_2 ou $I_{3,}$ c'est-à-dire à peine, tout juste, encore, toujours, pas encore, même pas, etc.
- en e2, un adverbe de la catégorie II_1 ou II_2 : *déjà*, *aussitôt*, *immédiatement*, etc.

(11) L'automne *commence tout juste (I1) et déjà* (II1) les jours se font plus courts,
(12) À ce jour, il est encore (I2) étudiant et déjà (II1) il est à la recherche d'un emploi
(13) Je ne l'avais pas encore (I3) vu, et déjà (II1) je me défiais de lui.

LES DIVERSES FORMES DE SCHÉMAS CORRÉLATIFS (CORREL.1, CORREL.2, CORREL.3)

Sur le modèle E[e1, (et) e2], à partir de ces différentes catégories d'adverbes et de leurs possibles couplages, on peut donc avoir plusieurs schémas corrélatifs (notation « Correl ») qui seront repris et détaillés plus loin.

10 « Précocité » se comprend ici comme le fait de survenir, de se produire plus tôt que ce qui est normalement attendu.

11 « Procès » par son trait aspectuel [+ dynamique], s'oppose à « état » qui possède le trait aspectuel [+ statif]. Le terme utilisé de manière très large regroupe aussi bien les processus que les actions et les événements (*cf.* Vendler 1967).

Correl.1 : type à peine... déjà...
(effet de successivité immédiate)

Il rend compte de la complémentarité qui s'établit entre deux adverbes :

- en e1, un adverbe de type I_1 : *à peine, tout juste, depuis peu, il y a peu* (parfois, on le verra, avec le soutien de l'auxiliaire aspectuel passé *venir de*)
- en e2, le seul adverbe de type II_1 : *déjà*, ou un adverbe de type II_2 : *aussitôt, immédiatement, tout de suite, illico*, etc.

Les deux adverbes établissent un enchaînement corrélatif entre les deux situations décrites en e1 et e2, *cf.* exemples (1), (2) et (11) répétés ci-dessous :

(1) Le Tour de France vient **tout juste** de se terminer, on parle **déjà** des Jeux Olympiques
(2) Un nouvel épisode est **à peine** sorti à la télévision, **aussitôt** il est piraté par des centaines d'internautes

(11) L'automne *commence* ***tout juste*** *et* ***déjà*** les jours se font plus courts,

(13) **À peine** *(I1)* l'accord est signé, **aussitôt** (II2) il est remis en question

Pour e1, les deux expressions adverbiales *depuis peu* et *il y a peu* sont à l'évidence d'un usage moins courant que *à peine* et *tout juste* mais produisent un effet corrélatif tout à fait comparable :

(14) Ce livre est apparu dans les kiosques ***depuis peu****, et déjà* il fait référence...
(15) La rentrée a commencé ***il y a peu*** *et déjà* les activités sportives ont repris
(16) La diffusion de la saison 4 s'est achevée **il y a peu** et déjà le tournage de la 5e commence.

Correl.2 : type encore... déjà... (effet de chevauchement)

Cette deuxième forme de complémentarité est également construite à partir de deux adverbes corrélateurs :

- en e1, un adverbe de type I_2 : *encore, toujours*,
- en e2, un adverbe – le seul – de type II_1 : *déjà* (et non pas *aussitôt, immédiatement*, etc., de type II_2).

L'énoncé rend compte d'une simultanéité partielle, d'un chevauchement entre d'une part, la persistance ou la maintenance dans le temps d'une situation présentée en e1 et d'autre part, la survenance précoce de l'état ou du procès décrit en e2 :

(12) À ce jour, il est *toujours* étudiant et *déjà* il est à la recherche d'un emploi

(17) On est *encore* largement en automne et *déjà* les marques bradent leurs collections.

Comme on peut le voir, la différence entre Correl.1 et Correl.2 tient à ce que, dans Correl.2, il s'agit en e1, d'un état qui se prolonge et non pas d'un procès qui se termine ou qui, terminé, devient un état résultatif.

Correl.3 : type même pas… déjà… (effet de chevauchement)

Dans le premier corrélat e1, l'adverbe doit être de caractère négatif :

- en e1 : adverbe négatif de type I_3 : *pas encore, même pas, pas seulement* ou parfois, une simple négation *ne pas.*
- en e2 : seulement l'adverbe *déjà* de type II_1 (et non[12] *aussitôt* ou *immédiatement*, adverbes de type II_2).

Là aussi, avec ces adverbes négatifs, l'enchaînement corrélatif produit non pas un effet de successivité mais bien un effet de simultanéité partielle, de chevauchement entre une première situation (état ou procès) non résolue ou non aboutie et une seconde qui débute de manière prématurée par rapport à ce qui est normalement attendu :

(3) Nous ne sommes *pas encore* fiancés et *déjà* nous n'avons plus rien à nous dire

(20) Ils n'ont *même pas* trente ans, ils préparent *déjà* leur retraite
(21) Ils ne se sont *pas* dits un seul mot, et *déjà* on voit bien qu'ils se comprennent

Dans ces différents schémas corrélatifs, Correl.1, Correl.2 et Correl.3, il n'est pas rare que le joncteur *et* laisse la place à *que*, qui ponctue de manière plus nette et plus appuyée l'articulation qui fait le lien entre e1 et e2 :

12 D'où, la nécessité de créer deux sous-groupes distincts, II_1 pour *déjà* et II_2 pour les autres.

(22) (Correl.1) Le biplan est à peine arrêté ***qu'aussitôt*** c'est une ruée générale de la foule vers lui
(23) (Correl.2) (s'agissant de télévision) L'épisode sept est toujours en salles ***que*** *déjà* les fans veulent voir le huit
(24) (Correl.3) Il n'a pas encore quitté la Maison Blanche ***que*** *déjà* se pose la question de son avenir.

Le remplacement de *et* par *que* est particulièrement fréquent lorsque le second adverbe est placé en tête de e2, créant ainsi la séquence « *qu'aussitôt*… », « *que déjà*… » qui semble fournir un meilleur appui pour l'adjonction attendue du deuxième corrélat après la pause suspensive (à l'oral).

Remarque. Dans le modèle corrélatif E[e1, (et) e2], l'ordre e1<e2 représente l'ordre canonique censé reproduire l'ordre de successivité temporelle dans lequel s'enchaînent les deux situations concernées (quelle que soit leur nature aspectuelle, *i.e.* qu'il s'agisse d'un état ou d'un procès) Il arrive parfois que les deux énoncés soient présentés dans un ordre inverse e2 > e1, mais, comme on peut s'y attendre, cette inversion est signalée par un marqueur différent de *et* ou *que*. Il s'agit de la conjonction *alors (même) que* de sens adversatif :

(24) La banquise est déjà en train de fondre **alors que** nous sommes encore au début du printemps
(25) Cette mesure est déjà annoncée ***alors même que*** la Commission n'a pas encore terminé son évaluation

Ainsi, (1') pourrait être la forme inversée de l'exemple (1) donné plus haut :

(1) Le Tour de France *vient* ***tout juste*** *de se terminer, on parle* **déjà** des Jeux Olympiques
(1') On parle **déjà** des Jeux Olympiques **alors que** le Tour de France vient **tout juste** de se terminer

Mais si l'on s'en tient strictement aux propriétés syntaxiques du modèle E[e1, (et) e2], il est clair *qu'*on abandonne là le *modèle de schéma corrélatif* pour celui, plus classique, de la *phrase complexe* ; modèle que nous n'examinons pas ici dans le cadre de cette étude.

QUELQUES CORRÉLATEURS DE FORME NON ADVERBIALE

Forme non-adverbiale dans le premier corrélat, e1

Ainsi, dans le schéma Correl.1 (type *à peine… déjà…* décrit plus haut, il se peut que l'adverbe corrélateur s'inscrive dans la dépendance d'un verbe ou d'un auxiliaire verbal qui peut prendre différentes formes, comme par exemple :

– l'expression verbale *avoir le temps de* qui inclut l'adverbe *tout juste* ou *à peine* : *avoir juste / à peine le temps de*, mais qui également peut s'employer seule si elle est à la forme négative (*ne pas avoir le temps de*) :

(26) J'ai juste le temps de me retourner, et déjà il a empaqueté tous les livres
(27) On n'*a pas eu le temps de* fermer la portière *que déjà* le train s'est mis en marche

– l'auxiliaire aspectuel *venir de* s'appliquant au verbe de la phrase en renforcement de l'adverbe corrélateur :

(28) Elle vient *à peine* de divorcer *et déjà* elle serait en couple avec un milliardaire
(29) Il vient *tout juste* de se rendormir *que déjà* il se réveille en pleurant

– ou encore l'auxiliaire aspectuel négatif *ne pas finir de*, accompagné parfois de *même* qui s'emploie de manière plus large en renforcement de la négation : *il n'a même pas souri* :

(30) Il *n'a même pas fini* de lire le texte, il sait déjà qu'il va le porter à l'écran

Forme non adverbiale dans le deuxième corrélat, e2

Dans le schéma Correl.1, l'adverbe *déjà* peut être associé à l'expression présentative *voilà que* (P), qui tend à donner à la phrase une tournure nettement exclamative :

(31) Les vacances commencent à peine, et voilà qu'on vous parle déjà de la rentrée !

Comme variante de *voilà que* (P), on peut avoir l'expression *ne voilà-t-il pas que* (P), que l'on pourrait considérer comme désuète aujourd'hui mais qui figure cependant de manière assez fréquente dans les échantillons de phrases relevés sur Internet :

(32) *Vous êtes tout juste* sortis de chez vos parents, (vous êtes tout neufs, pleins de bonnes résolutions en tête) *et ne voilà-t-il pas que déjà* on vous harcèle de toutes parts

CORRÉLATION ÉTABLIE À L'INTÉRIEUR D'UNE MÊME PHRASE

L'enchaînement d'immédiateté temporelle peut se construire non pas sur la base de deux phrases corrélées, mais à l'intérieur d'une même phrase constituée d'une structure de prédication seconde exprimant un état résultatif[13] (Blanche-Benveniste 1998, Borillo 2009) – exemple classique : *Le chat parti, les souris dansent.*

Il est bon de rappeler que, dans cette forme de construction, on peut également avoir le cas où le participe passé sous-tend non pas une relation de successivité temporelle mais une relation de concomitance *i.e.* simultanéité totale (*cf.* Borillo 2005) comme dans l'exemple (33) ci-dessous, dans lequel *guidé* ne se traduit pas par « *après être guidé…* », mais par « *tout en étant guidé…* ». Mais nous ne nous intéressons pas ici à la relation de concomitance :

(33) *Guidé par le son* de ses écouteurs, l'utilisateur se promène dans les rues de la ville

Pour revenir au cas de la prédication seconde exprimant un état résultatif, la phrase contenant le schéma corrélatif de successivité temporelle prend la forme :

P [Predsec[**Adverbe1…participe passé**], $P_{matrice}$[…Adverbe2…]]

Ce qui, si l'on reprend l'exemple-type cité ci-dessus, donne :

(34) À peine le chat disparu, les souris se mettent aussitôt à danser

La structure de prédication seconde ($Pred_{sec}$), à l'intérieur de la phrase matrice ($P_{matrice}$), qui l'inclut, comprend nécessairement un adverbe et un participe passé. Cette structure participiale peut prendre deux formes différentes.

13 Il s'agit en l'occurrence de verbes qui du point de vue aspectuel correspondent à des accomplissements ou à des achèvements.

Réduction 1 : Adverbe + Participe passé

L'identité du sujet dans le prédicat second et dans la phrase matrice permet la suppression du premier :

(35) *Sitôt* sorti de la machine, le vêtement *est déjà* quasiment sec.

Les quelques adverbes qui entrent dans une telle structure sont les adverbes de catégorie I_1 *tout juste, à peine, sitôt, etc.* ainsi que parfois, l'adverbe *aussitôt*[14]. *Sitôt* et *aussitôt* étant à considérer comme la forme réduite de la conjonction *sitôt que* ou *aussitôt que : Sitôt qu'il fut arrivé ⇒ sitôt arrivé. Aussitôt qu'il sera guéri ⇒ aussitôt guéri* (à la différence d'*à peine* qui n'a pas d'équivalent en termes de conjonction).

Suivant le modèle Correl.1 précisé plus haut, l'adverbe *sitôt* I_1 est corrélé avec un adverbe de la catégorie II présent dans le deuxième corrélat, *i.e.* la phrase matrice elle-même : qu'il s'agisse de *déjà* (II_1) ou de *aussitôt, immédiatement* (II_2), voir (35) ci-dessus ou encore :

(36) À peine arrivé dans un endroit, il veut déjà le quitter
(37) Sitôt constitué, le comité désigne immédiatement un responsable
(38) Tout juste installé, le cinémomètre est aussitôt volé
(39) *Sitôt* élu, je démissionnerai immédiatement

Cette structure Adverbe + Participe passé se retrouve sous une forme assez stéréotypée conjuguant répétition et symétrie, dans certains discours tels que commentaires évaluatifs, raccourcis narratifs, slogans publicitaires, etc. dans lesquels le schéma corrélatif est réduit à une sorte de parallélisme entre certains couples d'adverbes, *sitôt...*, *aussitôt...*, *à peine...*, *aussitôt...*, *(pas) encore...*, *déjà...*, etc.

(40) Sitôt cueilli *et aussitôt* dégusté
(41) *Aussitôt* reçu, *aussitôt* revendu
(42) *Sitôt*[15] *dit, sitôt* fait
(43) *À peine* déballés et *aussitôt* revendus
(44) *Encore* inconnu et *déjà* célèbre

14 *Aussitôt* représente ici la forme réduite de la conjonction *aussitôt que* et, comme tel, peut fonctionner comme corrélateur de type I_1, alors que, comme adverbe, il est un corrélateur de type II_2. D'où la possibilité d'avoir *aussitôt...aussitôt*, comme en (41) *infra*.

15 *Sitôt* corrélateur de type I_1 a sa place en e1 mais, normalement, pas en e2, à la différence de *aussitôt* qui, lui, semble avoir les deux fonctions ; *cf.* (40), (41), (43).

Assez curieusement, en (42), le couple d'adverbes corrélateurs qui normalement devrait être *sitôt… aussitôt…* – *cf.* (40) – se transforme en *sitôt… sitôt…*, sur le modèle de *aussitôt… aussitôt…*(41), sans doute par un effet de symétrie et de balancement répétitif entre e1 et e2.

Réduction 2 : Adverbe + SN_{sujet} + Participe passé

Le Vpart.passé conserve son sujet, généralement différent (mais pas toujours, *cf.* (46) *infra*) de celui de la phrase matrice.

Les adverbes restent les mêmes pour le premier corrélat, *sitôt*, *à peine*, *tout juste* (I_1), ainsi que pour le second, *déjà* (II_1), *aussitôt*, *immédiatement*, etc. (II_2) :

(34) À peine le chat disparu, les souris se mettent aussitôt à danser

(45) *Sitôt* la course finie, *je suis déjà* en train de me projeter sur ma prochaine épreuve.

(46) *Sitôt le* salaire perçu, il est *déjà* ponctionné par divers organismes

(47) À peine le rideau levé, les premiers clients sont déjà là

Remarque. Un autre adverbe vient à l'esprit, l'adverbe *une fois* qui n'est pas si loin de *sitôt* par son sens et par sa construction (*cf.* Borillo 2005, Theissen 2018). Comme *sitôt*, il existe également sous la forme d'une conjonction *une fois que* et comme lui, utilisé en tant qu'adverbe, il est susceptible d'exprimer une relation temporelle de successivité et d'entrer dans le même type de prédication seconde :

(48) Une fois le boulot terminé, les gars peuvent souffler

(49) Une fois la porte fermée, il resta un long moment sans bouger

Cependant, on note quelque différence : si *une fois* exprime la successivité dans le temps, il s'agit plus précisément, comme l'a montré Theissen (2018), d'une successivité processuelle : le premier procès doit être terminé lorsque débute le deuxième. Mais surtout, à la différence de *sitôt* qui, comme adverbe corrélateur, se rattache à la sous-catégorie I_1 (voir *supra*), *une fois* n'exprime pas en lui-même l'idée de successivité rapide, d'immédiateté – on peut le voir dans les exemples (48) et (49) ci-dessus. Et de ce fait, il ne convient guère dans le schéma corrélatif E[e1, (et) e2] en couplage avec l'adverbe (II_1) *déjà*. Ce que montrent bien les exemples (37'), (46') et (47') initialement construits avec *à peine* et *sitôt* :

(37') *Une fois* sorti de la machine, le vêtement *est ?déjà* quasiment sec.
(46') *Une fois* le salaire perçu il est *?déjà* ponctionné par divers organismes
(47') *Une fois* le rideau levé, les premiers clients sont *?déjà* là

QUELQUES TRAITS SPÉCIFIQUES DES SCHÉMAS CORRÉLATIFS CORREL.1, CORREL.2 ET CORREL.3

LES LIMITES DE L'ÉTUDE

Nous présentons de manière plus détaillée les divers schémas corrélatifs (Correl.1, Correl.2 et Correl.3) que nous avons présentés *supra*, mais, pour rester dans un cadre relativement restreint, nous avons choisi de ne pas aborder plusieurs points qui demanderaient sans aucun doute à être développés :

L'effet de la présence/absence du joncteur et *ou* que *dans l'enchaînement corrélatif de e1 et e2*

Dans notre corpus de données recueillies pour cette étude[16], nous avons relevé la présence très fréquente de *et* comme élément de jonction et d'articulation entre les corrélats e1 et e2 mais sans réellement nous demander si la présence/absence de *et* modifie véritablement le fonctionnement du modèle corrélatif E[e1, (*et*) e2]. Nous indiquons simplement que la présence effective de *et* a pour effet de signaler de manière plus nette l'articulation qui lie les deux corrélats : il met fin à la pause suspensive coïncidant avec la fin de e1[17] et par là-même, sert d'appui à e2 qui vient répondre à cette mise en suspens.

16 Nous rappelons que ces données sont toutes recueillies sur Internet (moteur de recherche Google).

17 La mise en suspens étant, comme on le sait, le signe d'une attente, d'un non-aboutissement.

L'effet de la présence possible dans le deuxième corrélat e2 d'un adverbe connecteur de type adversatif, seul ou en accompagnement du joncteur et

Et, qui souligne l'articulation et à l'enchaînement des deux corrélats e1 et e2, est parfois accompagné – plus rarement remplacé[18] - par un adverbe tel que *pourtant*[19], *cependant*, *néanmoins*, etc., généralement catégorisé comme adverbe connecteur « adversatif », parfois même « post-concessif » (*cf.* Nøjgaard 1992). En effet, la relation que ce type d'adverbe introduit est celle d'un contraste, d'une discordance ou d'une opposition entre deux faits ou deux situations mentionnés. Ici, dans le cadre d'un schéma corrélatif d'immédiateté temporelle, il accentue manifestement l'aspect insolite de leur successivité (trop) rapide et encore plus de leur chevauchement :

(50) Les vacances commencent *à peine, et pourtant* on vous parle déjà de la rentrée

(51) Il faisait encore nuit, et pourtant un peu de jour pâlissait déjà le ciel

Cet adverbe adversatif peut parfois s'employer seul, sans accompagnement de *et* :

(52) Ils ont à peine 30 ans, pourtant ils sont déjà grands-parents

Étant donné le rôle mineur que joue cet adverbe dans l'agencement des trois schémas corrélatifs qui nous intéressent ici, nous ne faisons que mentionner cet emploi « non accompagné » dans le deuxième corrélat. D'autant que dans cet emploi, *pourtant* semble ne pas avoir la fonction de corrélateur mais bien celle de connecteur discursif (voir plus loin notre conclusion).

À propos du modèle syntaxique du schéma corrélatif E[e1, (et) e2]

L'étude est centrée sur ce qui constitue notre cas standard, c'est-à-dire le schéma corrélatif dans lequel e1 et e2 sont des phrases et où chacun des deux adverbes qui sous-tendent la relation d'immédiateté temporelle

18 On peut penser que ces adverbes sont à même de figurer seuls comme charnière mais nous n'en avons trouvé que très peu d'exemples.

19 *Cependant* et *néanmoins* sont très rares dans notre corpus. Peut-être parce qu'ils relèvent d'un style écrit plus recherché ?

fonctionnent l'un et l'autre dans ce cadre. Pour autant, puisque nous nous inscrivons dans un cadre discursif, nous gardons la notion d'« énoncé » et nous maintenons la notation E[e1, (et) e2] que nous avons utilisée jusqu'ici, sans faire appel à une nouvelle notation indiquant le statut de phrase pour e1 et pour e2.

À propos de la place de l'adverbe corrélateur en e1 ou en e2

- Pour ce qui est de la place de l'adverbe corrélateur en e2, nous avons indiqué rapidement que sa position en tête de phrase est relativement fréquente et semble pratiquement obligatoire si, à la jonction des deux énoncés, *que* vient pour des raisons diverses remplacer *et.* Mais ce point devrait sans doute être examiné d'une manière plus approfondie.
- De même, pour ce qui est de la place de l'adverbe dans le premier corrélat, elle a surtout son importance pour *à peine*[20] car son déplacement en tête de la phrase entraîne normalement l'inversion sujet-prédicat – sous des formes diverses selon que le sujet de la phrase est un pronom ou un nom. Dans ce type de schéma corrélatif, ce déplacement en tête de phrase devrait s'accompagner de l'emploi de *que* à la charnière des deux corrélats, de préférence à *et* ou à la simple pause (marquée à l'écrit par une virgule). Mais, au vu des données attestées dont nous disposons, l'effet d'inversion sujet-prédicat et l'emploi préférentiel de *que* ne sont pas systématiques :

(53) À peine l'ai-je appris que j'ai acheté aussitôt les dix premiers volumes parus
(54) À peine elle a passé le coin de la rue qu'aussitôt sa mère déboule comme une tornade,
(55) À peine elle apparaît qu'elle a déjà disparu,
(56) À peine j'étais arrivée, voilà le vieux qui entre dans ma cuisine.

Là aussi, ce point particulier de la place de l'adverbe dans e1 n'est évoqué ici que de manière ponctuelle, pour certains types de constructions.

20 Sur les structures temporelles de *à peine*, voir Gachet (2010).

Pas d'examen détaillé de chacun des adverbes corrélateurs présents en e1 et e2

Chaque adverbe aspectuel qui fonctionne soit dans e1, soit dans e2, possède en propre des propriétés syntactico-sémantiques qui le caractérisent et qui le différencient par rapport aux autres, d'une catégorie à l'autre et même à l'intérieur d'une même catégorie (*cf.* Vet 2011). Cependant, notre objet n'est pas de décrire un à un chacun de ces adverbes. Dans le fonctionnement conjugué des deux phrases corrélées que sont e1 et e2, les seules propriétés qui nous intéressent ici et que nous prenons en compte pour ces adverbes sont celles qui sont mises à l'œuvre dans le jeu complémentaire qui les lie dans le cadre de cette construction. C'est cette interdépendance matérialisée par les schémas Correl.1, Correl.2 et Correl.3 présentés *supra* que nous décrivons de manière plus précise ci-dessous.

SCHÉMA CORRÉLATIF CORREL.1 : e1 (*À PEINE, TOUT JUSTE, SITÔT*, ETC.) ⇔ e2 (*DÉJÀ/AUSSITÔT/IMMÉDIATEMENT, VOILÀ QUE*)

Dans ce premier schéma, la corrélation s'établit entre, d'une part,

- en P1[21], un adverbe ou un prédicat de type I_1 : *à peine, sitôt, (tout) juste, depuis peu, venir juste de, avoir juste le temps de, etc.*
- en P2, un adverbe de type II, soit *déjà*[22] (II_1), soit un adverbe (ou une formule présentative) (II_2) : *aussitôt/immédiatement, voilà (que), ne voilà-t-il pas (que), etc.*

Le prédicat dans P1 aussi bien que dans P2 réfère à un procès[23] et non à un état. Le processus ou l'action peut être vu dans sa phase initiale, dans sa phase terminative ou même au-delà, à son terme (état résultatif) :

21 S'agissant très précisément pour ces schémas de la fonction syntaxique d'un adverbe dans le cadre de la phrase, nous utilisons P1 et P2 au lieu de e1 et e2.

22 Nous rappelons que nous séparons *déjà* (I_1) et *aussitôt, immédiatement*, etc. (I_2) car leur comportement qui est le même dans ce schéma, peut varier dans d'autres schémas corrélatifs.

23 « Procès » par son trait aspectuel [+ dynamique], s'oppose à « état » comportant le trait aspectuel [+ statif]. Le terme utilisé de manière très large regroupe aussi bien les processus que les actions et les événements.

(57) On a tout juste le temps de se dire bonjour : aussitôt, elle redescend l'escalier, en criant bonsoir
(58) La saison estivale *vient juste de* commencer, et *déjà* nos jeunes athlètes améliorent les records
(59) Roland Garros est à peine terminé*, et voilà que* Wimbledon pointe déjà le bout de son nez
(60) Il avait à peine dépassé la trentaine, et déjà sa barbe grisonnait par endroits

Dans ces exemples,

- dans P1, les corrélateurs de type I_1 (*à peine, tout juste, depuis peu, etc.*) renvoient au très court laps de temps qui s'écoule, soit pour la durée du procès (événement, action ou processus), soit après son déclenchement ou après son aboutissement.
- dans P2, le corrélateur *déjà* attribue une survenance[24] précoce au procès auquel il s'applique, tandis que *aussitôt*, *immédiatement*, etc. traduisent simplement l'immédiateté de son déclenchement. « Précoce » traduit l'idée d'anticipation dans le temps par rapport à ce qui est normalement attendu, prévu, *etc.* Ce « normalement » peut revêtir un sens relativement objectif et signifier « conformément à l'usage, à la norme dans le domaine en question » : ex. *les arbres sont déjà en fleurs. Il fait déjà nuit, etc.* Mais il peut aussi prendre une coloration plus subjective et signifier « conformément aux prévisions que l'on peut faire dans ce domaine » ou même plus subjectif encore, il peut renvoyer tout simplement à ce qui est la prévision, l'attente de celui qui parle. Ainsi, « déjà » dans l'énoncé *Tu es déjà de retour ! ?* peut signifier « plutôt que ce qui était prévu » mais aussi « plus tôt que ce à quoi je m'attendais » :

(61) À *peine* avait-il fermé son micro, *qu'immédiatement*, les valeurs bancaires européennes sont parties à la hausse
(62) À peine se présente-t-il qu'il est aussitôt repoussé par les gardes
(63) On avait *à peine* eu le temps de digérer notre peine et notre peur, *et voilà que* tout recommence

24 La survenance peut être décrite comme une transition entre un stade négatif (présupposé) et stade positif asserté. « Il est déjà arrivé » signifie que l'état résultatif s'est réalisé (est passé d'un stade négatif présupposé au stade positif de sa réalisation) dans un temps antérieur à ce qui était attendu, prévu, redouté, etc.

L'articulation des deux adverbes corrélateurs traduit une successivité temporelle très rapide entre les deux faits, les deux situations (c'est-à-dire leur séparation par un très court intervalle). On peut parler d'immédiateté, de soudaineté. Selon la valeur aspectuelle[25] du verbe, ce très court intervalle vaut pour le temps global de chacun des deux procès ou s'agissant de l'un et/ou de l'autre, il peut valoir à partir de son déclenchement (valeur inchoative) ou à partir de sa réalisation (valeur terminative).

Mais il est assez courant qu'à ce sens dénotatif, s'ajoute le plus souvent un effet discursif que l'on peut considérer comme relevant de la modalité épistémique. La rapidité avec laquelle débute le second procès est jugée par celui qui le mentionne – l'énonciateur – soit comme inattendue ou comme excessive, par ex. (12) ou (60) repris ci-dessous (il y a normalement un intervalle assez long entre le temps où « on vient de dépasser la trentaine », et celui où « la barbe grisonne ») :

(12) À ce jour, il est encore (I_2) étudiant et déjà (II_1) il est à la recherche d'un emploi

(60) Il avait à peine dépassé la trentaine, et déjà sa barbe grisonnait par endroits

Cette rapidité peut être même jugée comme malencontreuse, malvenue et même discutable, blâmable – *cf.* (20), (64) ou (65) – ou au contraire comme remarquable, opportune, favorable, comme en (14) ou en (58) :

(20) Ils n'ont même pas trente ans, ils préparent déjà leur retraite

(64) Elle vient à peine de revenir, *et déjà elle* veut révolutionner le petit écran.

(65) Ils ont à peine 20 ans, et *ils sont déjà* blasés.

(14) Ce livre est apparu dans les kiosques *depuis peu, et déjà* il fait référence…

(58) La saison estivale *vient juste de* commencer et *déjà* nos jeunes athlètes améliorent les records

C'est à ce type de schéma Correl.1 qu'appartiennent les différents types de constructions dans lesquelles e1 et e2 renvoient à des structures

25 Conditions de dynamicité et de télicité *cf.* les catégories de Vendler, *i.e.* *achèvements* [– duratif], *accomplissements* [+ duratif] [+ télique], *activités* [+ duratif] [– télique] auxquelles il faut ajouter la catégorie des *inchoatifs*.

réduites constituées soit de formes participiales, soit de syntagmes nominaux, soit même d'adjectifs (*Encore inconnu et déjà célèbre*). Ces structures abondent, dans notre corpus, dans des formes de discours assez bien identifiées : commentaires évaluatifs, raccourcis narratifs, (*aussitôt nommés, aussitôt révoqués*), maximes, expressions familières (*Sitôt dit, sitôt fait*), etc.

SCHÉMA CORRÉLATIF CORREL.2 :
e1 (*ENCORE, TOUJOURS.*) ⇔ e2 (*DÉJÀ*)

Dans ce deuxième schéma, la corrélation s'établit entre :

- en P1, un adverbe ou un prédicat de type I_2 : *encore, toujours*
- en P2, uniquement l'adverbe de type II_1 : *déjà.*

Encore et *toujours* s'appliquent non pas à un processus mais à un état dont ils marquent la continuation, le prolongement :

(66) Il fait encore noir, et déjà plusieurs pêcheurs ont pris la mer

(12) À ce jour, il est encore étudiant et déjà il est à la recherche d'un emploi

(67) Elle est toujours à l'école et elle est déjà plus riche que ses professeurs

L'articulation des deux adverbes corrélateurs conduit à marquer l'absence d'intervalle entre un état qui se prolonge, en e1, et un nouvel état ou un processus qui se manifeste prématurément en e2.

Nous sommes donc là dans une situation qui n'est plus celle d'une successivité immédiate mais dans laquelle s'opère un recouvrement, un chevauchement partiel dans le temps. Par un effet discursif, le fait de la concomitance partielle au lieu de la successivité à laquelle on pourrait normalement s'attendre, peut suggérer que cette situation est jugée inopportune et même fâcheuse, *cf.* par ex. (12), (67).

SCHÉMA CORRÉLATIF CORREL.3

Dans ce troisième schéma, la corrélation s'établit entre, d'une part,

- en P1, un adverbe négatif de type I_3 : *pas encore, même pas, toujours pas* ou même la combinaison des deux : *même pas encore*
- en P2, uniquement l'adverbe II_1 : *déjà.*

Ici non plus, ce n'est pas l'idée de successivité rapide ou d'immédiateté qui s'exprime travers la corrélation d'ordre temporel, mais l'idée d'un recouvrement partiel dans le temps (chevauchement) affectant deux situations qui « normalement » devraient se succéder (se manifester l'une après l'autre) :

(68) *Il n'est même pas encore* candidat à la présidentielle, et il attaque *déjà* Hillary
(19) Nous ne sommes pas encore fiancés et déjà nous n'avons plus rien à nous dire
(69) Ils n'ont *pas encore* tous les pouvoirs *et ils sont déjà* tous en plein délire

Dans le premier corrélat e1, la situation est celle d'un état ou de l'aboutissement d'un procès (*i.e.* son état résultatif) que l'ajout de *pas encore* présente comme non-atteint ou non-réalisé (Muller 1999). Tandis que dans le deuxième corrélat e2, l'adverbe *déjà*, souligne le caractère précoce ou anticipé du passage à un nouvel état ou à un nouveau procès[26]. Ce passage est considéré comme prématuré puisque, dans e1, l'état final ou l'aboutissement du procès en cours n'est pas atteint, alors qu'on s'attendrait à ce que la nouvelle situation en e2 n'ait lieu que de manière décalée par rapport à celle de e1.

Ces adverbes négatifs *pas encore, toujours pas*, dans le premier corrélat, fonctionnent très souvent dans des structures exclamatives ne comportant pas de verbe (mais dont le verbe sous-jacent est manifestement le verbe *être*). Ce type de phrase averbale est très courant dans les titres de presse, dans les annonces publicitaires, les commentaires de faits divers, etc. :

(70) Pas encore diplômé et déjà embauché !
(71) Pas encore candidat et déjà en campagne !
(72) *Même pas* encore dans les rayons *et déjà* en rupture de stock
(73) Pas encore nommé et déjà débarqué

---

26 « Il est déjà arrivé » signifie que l'état résultatif *est arrivé* s'est réalisé (est passé d'un stade négatif présupposé au stade positif de sa réalisation) dans un temps antérieur à ce qui était attendu, prévu, redouté, etc.

CONCLUSION

Nous arrêtons là l'étude du modèle corrélatif permettant d'exprimer non seulement la relation temporelle d'immédiateté mais également celle de recouvrement partiel – ou « chevauchement ». Il reste un nombre de points à traiter : certains ont été rapidement notés au cours de l'étude mais l'un des plus importants reste sans aucun doute le problème des temps verbaux qui sont utilisés dans la mise en relation corrélative établie entre e1 et e2. En effet, la relation temporelle de succession, comme celle de chevauchement, fait peser des contraintes de temps et d'aspect sur le verbe des deux corrélats e1 et e2. Auxquelles viennent s'ajouter les contraintes aspectuo-temporelles propres à chacun des adverbes corrélateurs qui fonctionne dans l'un et dans l'autre de ces corrélats : ne serait-ce que dans e1, les conditions de *à peine* ne sont pas celles de *tout juste* et encore moins celles de *depuis peu* ou de *pas encore.* Par ailleurs, le temps verbal qui est adopté en e1, doit s'accorder avec celui de e2, lui aussi en partie déterminé par le deuxième adverbe corrélateur, qui le plus souvent est l'adverbe *déjà.* Ce problème des temps verbaux mériterait donc un examen approfondi, que nous ne pouvons pas mener dans le cadre de cette étude.

Par ailleurs, le modèle corrélatif de successivité temporelle [e1, (et) e2] que nous avons présenté ici, est un modèle qui reste assez strict. Même s'il est moins rigide que le modèle comportant le joncteur *que*, il reste soumis à quelques marqueurs de dépendance ne serait-ce que l'intonation suspensive à la charnière des deux corrélats et la présence d'un joncteur – ne serait-ce que *et.*

On peut penser à une version plus « relâchée » – *i.e.* non corrélative – de la relation temporelle, dans laquelle e1 et e2 sont simplement liés par un connecteur discursif (*cf.* Le Draoulec 2005, Molinier 2009). En effet, on peut faire de e1 et e2 deux entités indépendantes, *i.e.* sans intonation suspensive entre elles, mais liées syntaxiquement par un connecteur de type adversatif : *mais, n'empêche que, toujours est-il, reste que, pourtant*[27], *néanmoins, cependant, tout de même, alors que, etc.* Ce qui donne un modèle adversatif du type [e1 *mais* e2] :

27 *Pourtant* est sans doute le seul, peut-être avec *néanmoins*, à figurer dans le modèle corrélatif [e1, (et) e2].

(74) Ce n'est pas encore officiel, *n'empêche qu'il est déjà* opérationnel.
(75) Pour les voitures, la taxe ne figure pas encore sur la facture...Ca n'empêche qu'elle est déjà prise en compte.
(76) Cela fait à peine une semaine que le jeu est sorti sur les plateformes de téléchargement. Il n'empêche qu'il est déjà un outil indispensable...

Dans ce cadre-là, on peut, pour le deuxième terme de la relation, utiliser au lieu de *déjà* quelques adverbes aspectuels qui ne fonctionnent pas dans le modèle corrélatif [e1, (*et*) e2] mais qui ont leur place dans ce modèle adversatif – par exemple, *dès à présent*, *dès maintenant, d'ores et déjà* :

(77) La rentrée des classes n'est pas encore d'actualité puisque les vacances commencent **à peine**. Et pourtant, les enseignes doivent s'y préparer **dès à présent**.
(78) Nos essais ne sont **pas encore** terminés *mais* **dès à présent**, nous pouvons dire que ce grain s'est comporté chez nous de la même manière que dans les essais faits en Allemagne
(79) Le système spatial européen de géolocalisation est **encore** balbutiant. Mais **dès maintenant** il est possible d'utiliser les données européennes, plus précises...
(80) Leur association est tout juste vieille de deux ans. Pourtant elles se préparent **d'ores et déjà** à défendre leur titre

Mais tout ceci ouvre sur de nouvelles perspectives, qui nous éloignent des constructions de type corrélatif présentées dans le cadre de cette étude.

Andrée Borillo
Université Toulouse II,
CLLE/ERSS UMR 5263

EN MÊME TEMPS : MARQUEUR À REBOURS DE CORRÉLATION ÉNONCIATIVE

INTRODUCTION

Cet article interroge la notion de corrélation en regard de la description du marqueur *en même temps*. Si l'on s'en tient à la définition proposée par Roig (2014, 2015), la corrélation est l'« expression de toute relation d'interdépendance morphosyntaxique et/ou sémantique, voire pragmatique, entre deux séquences, de telle sorte que la présence de la première présuppose la présence de la seconde, et réciproquement ». *En même temps* répond *a priori* pleinement à cette définition : le marqueur installe deux séquences dans un rapport de macro-dépendance, de simultanéité, de concomitance dont l'une implique l'autre et réciproquement. Nous avons déjà mis en exergue un certain nombre de caractéristiques liées à ce marqueur, que nous avons décrit comme un « marqueur double » (Drouet & Richard 2013), un marqueur « de transition énonciative » (Drouet & Richard 2016, 2017) ou encore « d'ajustement énonciatif et de modalisation argumentative » (Drouet 2015). Nous proposons ici d'analyser le fonctionnement corrélatif du marqueur *en même temps*.

EMT MARQUEUR CORRÉLATIF SINGULIER

Si les marqueurs corrélatifs se présentent le plus souvent sous la forme d'un doublon, du type *soit… soit…*, il est à noter tout d'abord, qu'*en même temps* ne présente qu'une forme unique : on n'a pas *en même temps X et en même temps Y.* Même si l'on peut imaginer que la structure double n'est pas en soi impossible, il s'avère qu'on ne la rencontre pas dans nos corpus. L'usage ne semble donc pas la retenir. En tout cas, pas prioritairement. C'est qu'en réalité, on n'en a pas la nécessité non plus car, sémantiquement, on a du double imprimé dans du singulier, c'est-à-dire marqué par un seul *en même temps.*

Le *TLFi* donne pour synonyme d'*en même temps* : « *Au même moment. En même temps elle jeta son châle* (Krüdener, *Valérie*, 1803, p. 157). » Le dictionnaire ne retient alors comme prioritaire que le trait de temporalité présent dans la locution, et notamment la temporalité de la simultanéité, mais ce n'est cependant pas le seul trait pertinent de cette locution. En effet, le *même* de la locution ne fait pas l'objet de commentaire particulier dans le *TLFi*, il est seulement repris à l'exact dans le synonyme proposé (*au même moment*). Pourtant le dictionnaire donne de *même* une définition qui en exploite la complexité : « *Morphème de la comparaison par identification, marque l'identité ou la ressemblance entre des entités appartenant à des êtres distincts, marque l'unicité, l'unité ou la permanence* ». Au-delà donc de la simultanéité qu'il participe à construire, c'est aussi du double qu'il imprime dans la locution. Par ailleurs, le *TLFi* donne de la *corrélation* une définition triple : A. « Rapport de dépendance dû à un lien de cause à effet, ou un lien créé par une cause commune déterminée ou non (l'idée de réciprocité est parfois absente). » B. « Relation nécessaire qui s'établit entre une notion et son opposé. » et C. « Rapport de simultanéité, variation concomitante de deux phénomènes (sans qu'on puisse toujours en induire qu'un lien de cause à effet unit ces phénomènes). »

La confrontation de ces différentes définitions aux énoncés de nos corpus nous amène à en interroger l'adéquation partielle : alors même qu'*en même temps* est un marqueur unique, comment peut-il avoir un fonctionnement répondant aux instructions de relation de dépendance qu'exige tout système corrélatif ? Quel est alors ce double que met en exergue la locution *en même temps* ?

UN MARQUEUR UNIQUE DE CONCOMITANCE

À la différence des marqueurs corrélatifs binominaux, *en même temps* connaît plusieurs configurations, conjonctive ou adverbiale. Sous sa forme conjonctive, la locution se rencontre aussi bien en position initiale que médiane (1a et 1b), et sous sa forme adverbiale, la position finale s'avère également possible (2) :

(1) ***En même temps que P, X :***
(1a) En même temps qu'il déjeune, il lit le journal
(1b) je travaille en même temps que je fais mes études

(2) ***P en même temps X***
(1'a) Il déjeune, en même temps il lit le journal
(1'b) En même temps il déjeune et il lit
(1'c) Il déjeune et il lit en même temps

En (1), la locution conjonctive, placée à l'initiale, appelle et attend deux propositions. Elle instaure entre les deux prédicats une relation d'interdépendance sur l'axe temporel. La locution conjonctive est déplaçable mais l'effet de mise en corrélation reste le même : « *Il déjeune en même temps qu'il lit* » / « *Il lit en même temps qu'il déjeune* ».

En (1') la locution adverbiale, plus mobile, impose toujours une relation de corrélation entre deux prédicats, peu importe à nouveau l'ordonnancement des propositions. Ce qu'il faut retenir c'est la présence contrainte des deux séquences.

Contrairement à ce que semble laisser penser la citation isolée du *TLFi* (3), on ne peut pas avoir seulement P ni seulement Q :

(3) « En même temps elle jeta son châle (Krüdener, *Valérie*, 1803, p. 157) » (*TLFi*)

(4) spk2 (993.816-996.751) je travaille **en même temps que** j'fais mes études (*CFPP2000*)
(4a) *je travaille **en même temps que**
(4b) **En même temps* que je fais mes études.

(5) je travaille **en même temps** j'fais mes études
(5a) *je travaille **en même temps**
(5b) *en même temps j'fais mes études

Même si les énoncés avec la forme adverbiale (3, 5a, 5b) peuvent *a priori* être dits satisfaisants au niveau morphosyntaxique, il n'en demeure pas moins qu'au niveau interprétatif ils présentent une faille, un manque qui se doit d'être comblé pour garantir l'interprétation de la locution. En somme, la construction avec *en même temps* convoque nécessairement la présence de deux séquences parallèles qui mettent en lumière ce à quoi fait écho le *même temps*. *En même temps* met en relation deux séquences et impose entre elles une relation nécessaire de concomitance répondant ainsi à l'exigence d'interdépendance de la définition de la corrélation. En conséquence, *en même temps*, marqueur unique de mise en corrélation, place en interdépendance deux séquences dans une seule énonciation. Comment se traduit alors cette interdépendance que requiert la corrélation ?

LA RÉDUPLICATION DE DEUX POSTES SYNTAXIQUES

L'énonciation de *en même temps* Y présuppose toujours la présence d'une première séquence. On constate que les deux séquences mises en parallèle sont systématiquement symétriques. Cette symétrie est d'abord marquée par une réduplication des postes syntaxiques. On relève par exemple deux épithètes en (6) :

(6) Le Président inquiet et **en même temps** déterminé (*Le Figaro*, 31/03/2014)

ou deux attributs, comme en (7) ci-dessous :

(7) Il y a cette façon qu'a perpétuellement la mélodie de jaillir comme un jet d'eau, il y a cette façon qu'a l'harmonie d'être sans cesse, **en même temps que** vertigineusement raffinée, d'une simplicité et d'une spontanéité à vous jeter par terre. (*Frantext*, Alain Fournier, Jacques Rivière, *Correspondance (1905-1914)*, 1926-1928, p. 366)

ou encore deux compléments du verbe, comme en (8) :

(8) ce qu'il aurait voulu faire, à lui témoigner l'impérieux besoin de se dévouer qui lui brûlait les veines, lui donnait des aspects de bête féroce enchaînée et, **en même temps**, d'étranges envies de sangloter. (*Frantext*, Guy de Maupassant, *Mont-Oriol*, 1887, p. 93)

ou même deux propositions en (9) :

(9) Je me suis dit que j'allais peut-être partir maintenant puis **en même temps** je me suis dit / ouais mais attends ne pars pas tant que t'as pas fini ton mémoire (corpus personnel, CF, rec2, 1 : 50)

En même temps va au-delà de la simple conjonction coordinatrice : il y a construction d'une relation d'interdépendance des séquences qui vient unir les arguments plutôt que les juxtaposer. On peut, pour s'en convaincre, observer les exemples très fréquents de construction qui doublent la coordination syntaxique : loin de se faire concurrence, la conjonction de coordination « et » – en (6) ou (8) par exemple – ou l'adverbe conjonctif « puis » en (9), se trouvent confortés par le marqueur *en même temps*.

En même temps se situe donc sur un autre plan que celui de la coordination. Il impose quelque chose de supplémentaire. La concomitance est signifiée d'entrée de jeu, peu importe d'ailleurs sa position dans la phrase. Ce que ne dit pas la conjonction de coordination « et » toute seule, et on peut s'en apercevoir en retravaillant l'extrait (8) :

(8) ce qu'il aurait voulu faire, à lui témoigner l'impérieux besoin de se dévouer qui lui brûlait les veines, lui donnait des aspects de bête féroce enchaînée et, **en même temps**, d'étranges envies de sangloter. (*Frantext*, Guy de Maupassant, *Mont-Oriol*, 1887, p. 93)

(8') ce qu'il aurait voulu faire, à lui témoigner l'impérieux besoin de se dévouer qui lui brûlait les veines, lui donnait des aspects de bête féroce enchaînée et d'étranges envies de sangloter

Sans *en même temps*, seule la coordination des arguments est signifiée, additionnant deux arguments parallèles, alors qu'avec *en même temps*, le mouvement interprétatif impose de mettre en corrélation sur le même plan les deux arguments.

Quand la simple coordination en « et » ne vient qu'additionner les séquences et leurs arguments, la réduplication des postes syntaxiques s'accompagne ici d'un dédoublement de l'énonciation qu'*en même temps* vient confondre dans une même temporalité énonciative. Étrangement d'ailleurs : la position du marqueur, entre virgules, le place hors syntaxe et semble le signaler comme « hors du temps », suspendu entre les deux arguments qu'il viendra cependant conjoindre. On peut dire qu'*en même temps* suspend le temps et, dans le même temps, vient corréler, dans une même énonciation, deux arguments qui par ailleurs pourraient être seulement coordonnés. Il est à la fois la marque de la séparation et de la réunion.

C'est ce phénomène qui justifie aussi qu'*en même temps* puisse parfois unir deux arguments qui par ailleurs pourraient clairement s'opposer ou se contredire, comme en (9) et (10) par exemple :

(9) Je me dis que la prochaine sera enfin la bonne, **en même temps** je me doute que parti comme je suis la prochaine ne fera pas davantage l'affaire (*Frantext*, Emmanuel Carrère, *D'autres vies que la mienne*, 2009, p. 48)

(10) Le problème, c'est que j'ai un énorme désir d'activité et, **en même temps**, j'ai toujours l'impression que je ne fais rien. (*Frantext*, Christian Boltanski, Catherine Grenier, *La vie possible de Christian Boltanski*, 2007, p. 250)

Dans ces énoncés, la structure syntaxique n'est jamais mise à mal, la symétrie est toujours respectée.

En somme, c'est parce qu'*en même temps* oblige à faire du lien entre deux arguments dans l'énonciation qu'on peut dire qu'il y a corrélation entre les deux séquences ainsi reliées. Ce lien ne va pas toujours de soi, il fait partie intégrante d'un processus complexe, d'une dynamique interprétative singulière qu'on appellera parcours interprétatif à rebours.

UN PARCOURS INTERPRÉTATIF À REBOURS

Lorsque la corrélation est doublement marquée, le premier corrélateur met en attente un second élément. En somme le premier ouvre un cadre que referme le second. Selon Corminboeuf (2013 : 45) :

> [L]es organisations [corrélatives] combinent une relation d'attente pragmatique (le cadre hypothétique laisse attendre une suite ; on n'ouvre pas un espace hypothétique pour ne rien y mettre) et de présupposition (la seconde énonciation a une pertinence restreinte à ce cadre ; elle s'exhibe d'ailleurs comme le prolongement d'une conduite langagière antérieure).

Dans nos exemples, l'ouverture du cadre est initiée par le marqueur *en même temps* qui signale alors que ce qui précède fait cadre, et que ce qui suit referme le cadre. Lorsqu'*en même temps* intervient en médiane, il introduit une seconde proposition qui n'a pas été appelée et qui n'est donc pas forcément attendue. En conséquence, si la première proposition est toujours réalisée librement, la seconde, introduite par *en même temps*, ne peut être interprétée que par rapport à cette première proposition. La particularité d'*en même temps* en position médiane est ainsi d'instaurer « une corrélation à rebours ». De fait, *en même temps* impose toujours la fermeture du cadre et c'est pourquoi on peut aussi le rencontrer en fin de proposition, dans des structures du type XY *en même temps*. *En même temps* construit un tout qui fait ensemble à rebours.

Lorsque l'on examine l'exemple (11) :

(11) Elle ne voulait pas mourir hébétée par les médicaments, **en même temps** elle comptait sur eux pour que l'excès de souffrance ne lui vole pas sa mort. (*Frantext*, Emmanuel Carrère, *D'autres vies que la mienne*, 2009, p. 77)

l'interdépendance des deux segments est marquée non seulement par le redoublement syntaxique mais encore par le marqueur *en même temps*, le tout formant une corrélation qui se présente comme (ré)unificatrice.

Le parcours interprétatif est à effectuer à rebours : *en même temps* induit un mouvement de réinterprétation de l'ensemble de l'énoncé, dans une dynamique rétrospective. On doit attendre la fin de la prédication pour réorganiser et réinterpréter l'ensemble, contrairement à la corrélation à deux marqueurs, dans laquelle l'appel corrélatif est donné dès l'initiale.

Là où la coordination ne fait qu'additionner les éléments, *en même temps* impose un retour en arrière pour prendre en compte un argument antérieur. *En même temps* induit donc la mise en facteur commun de deux éléments dans un mouvement interprétatif à rebours. Au final c'est un mouvement interprétatif circulaire qu'impulse la présence d'*en même temps*, et c'est bien ce mouvement circulaire qui produit la mise en facteur commun des éléments ainsi corrélés et non seulement coordonnés.

LES DIFFÉRENTS MODES DE CONNEXION DE LA CORRÉLATION AVEC EN MÊME TEMPS

Les modes de connexion établis par la corrélation avec *en même temps* se distinguent, et peuvent varier. Des nuances différentes ressortent du mode de connexion de la corrélation avec *en même temps*. Choi-Jonin (2013 : 82) pose que :

> l'examen des propriétés de la structure corrélative dans différentes langues a fait ressortir que la corrélation entre deux propositions est assurée non seulement par des marques morphologiques, mais aussi par les relations sémantiques, syntaxiques et discursives entre deux propositions corrélées. Il s'agit donc d'une notion multidimensionnelle.

La question est alors pour nous de préciser quel type de relation discursive s'établit entre les segments interdépendants mis en corrélation avec *en même temps*. L'examen des occurrences issues des différents corpus sélectionnés permet de mettre au jour trois types de relations discursives possibles : une connexion purement temporelle, une connexion oppositive, et une connexion énonciative.

UNE CONNEXION TEMPORELLE

La connexion la plus évidente induite par la corrélation est la connexion purement temporelle comme en (12) :

> (12) je demanderais à mon père de m'enseigner l'histoire du Moyen Âge, de me parler de Byzance, de me dire qui étaient Jules César et Alexandre II de Russie ; je te demanderais, **en même temps**, de m'expliquer la différence entre les notes de musique, et de me préciser en quoi consistait, jadis à Odessa, l'enseignement de ton maître, Léopold Auer. (*Frantext*, Alain Bosquet, *Une mère russe*, 1978, p. 21)

Dans ce cas, *en même temps* connecte deux prédicats de manière temporelle, malgré le changement d'interlocuteur : *je demanderais à mon père* et *je te demanderais en même temps*. Ce qui est connecté dans cet exemple, c'est bien deux segments dans une temporalité unique. Ici, outre la juxtaposition (marquée par le point-virgule), on insiste sur la concomitance, la simultanéité : on pourrait remplacer *en même temps* par *dans le même temps* :

> (10') je demanderais à mon père de m'enseigner l'histoire du Moyen Âge, de me parler de Byzance, de me dire qui étaient Jules César et Alexandre II de Russie ; je te demanderais, **dans le même temps**, de m'expliquer la différence entre les notes de musique, et de me préciser en quoi consistait, jadis à Odessa, l'enseignement de ton maître, Léopold Auer. (*Frantext*, Alain Bosquet, *Une mère russe*, 1978, p. 21)

Il n'y a pas seulement simple accumulation ou coordination des prédicats, mais c'est bien la concomitance que souligne le marqueur et qui rend les prédicats corrélés et non pas seulement juxtaposés. Gachet (2013 : 324) introduit l'idée de constructions corrélées à « télescopage temporel ». En réunissant sur le même plan temporel deux faits successifs, c'est effectivement une forme de télescopage temporel que met en exergue *en même temps*.

Le remplacement de *en même temps* par *aussi* ou *en plus* n'induirait pas le même effet, seule l'accumulation serait alors signalée :

> ??(10'') je demanderais à mon père de m'enseigner l'histoire du Moyen Âge, de me parler de Byzance, de me dire qui étaient Jules César et Alexandre II de Russie ; je te demanderais, **aussi** / **en plus** de m'expliquer la différence entre les notes de musique, et de me préciser en quoi consistait, jadis à Odessa, l'enseignement de ton maître, Léopold Auer. (*Frantext*, Alain Bosquet, *Une mère russe*, 1978, p. 21)

De la même manière si l'on retravaille l'exemple (2) cité initialement :

> (2) je travaille **en même temps (que)** j'fais mes études
> ? (2') je travaille j'fais mes études **en plus**
> ? (2'')je travaille j'fais mes études **aussi**

L'addition que signalent *en plus* ou *aussi* se voit doublée avec *en même temps* de la dimension temporelle inhérente au marqueur lui-même : c'est bien la simultanéité temporelle que met en avant la connexion corrélative avec *en même temps.*

Cependant, *en même temps* ne connecte pas uniquement du temporel. Dans bien des cas, les exemples rencontrés dépassent ce mode de connexion.

UNE CONNEXION OPPOSITIVE

Tout comme Marchello-Nizia (2008) avait décrit le processus de grammaticalisation de la valeur temporelle de la concomitance à la concession et l'opposition inférée pour le marqueur discursif *pourtant*, Rebotier (2014) pointe cette caractéristique en décrivant le chemin de grammaticalisation d'*en même temps* de la coexistence à la restriction. Drouet & Richard (2016, 2017) démontrent également que la mise de facteur commun de deux arguments, permet l'insertion dans le discours de deux arguments *a priori* opposés voire contradictoires. Il s'avère en effet que, dans de nombreux exemples, les segments intra-prédicatifs corrélés dans la même temporalité exhibent une forme d'étrangeté, une sérendipité :

> (11) En face d'eux, ces Tatars, représentants de leurs concitoyens, munis de mandats inacceptables à l'état soviétique, et **en même temps** acceptés.

(*Frantext*, Emmanuel Carrère, Hélène D'Encausse, *L'Empire éclaté : la révolte des nations en U.R.S.S.*, 1978, p. 242)

(12) À six ou sept ans tout au plus, Gabrielle est déjà une dame en miniature. Debout, en crinoline courte et corsage de tartan, elle pose la main, d'un geste ferme **en même temps** que léger, sur l'épaule du petit frère assis près d'elle ; sa parfaite aisance, déjà mondaine, je ne sais quoi d'assuré dans la petite tête fière inquiète un peu (*Frantext*, Marguerite Yourcenar, *Le Labyrinthe du monde : II. Archives du Nord*, 1977, p. 1071)

Pourtant, l'effet d'étrangeté que pourrait induire la coprésence de deux éléments opposés se voit dépassé par la connexion effectuée avec *en même temps*. Le marqueur exhibe l'écart entre les deux segments mais il le rend également acceptable et même opérant. En somme, c'est *en même temps* qui rend possible cette mise en contraste.

La corrélation à rebours qu'impose *en même temps* permet de relier en un tout cohérent deux segments qui s'opposent au niveau des contenus sémantiques, comme en (13) :

(13) Quelque chose d'incisif entre en moi, qui me place au cœur des choses réelles et **en même temps** à une très grande distance d'elles (*Frantext*, Jocelyne François, 1980, p. 92)

Dès lors, on comprend que la corrélation mise en place avec *en même temps* ouvre la voie à toute forme de possible. Du plus attendu au plus surprenant[1].

Il permet également de revenir sur une énonciation qui ne paraît pas satisfaisante et met alors en scène des points de vue différents dans la linéarité de l'énonciation.

UNE CONNEXION ÉNONCIATIVE

En même temps permet parfois de dire et de dédire presque simultanément. Il met en exergue l'axe linéaire de l'énonciation et les multiples points de vue, souvent contradictoires, qui échouent successivement sur cet axe. Dans ce cas, le marqueur met au jour des points de vue opposés chez un même locuteur comme en (6), (14) et (15) :

---

1 Marchello-Nizia (2008) parle de « surprise annoncée » avec *pourtant*. Il semble qu'avec le marqueur discursif *en même temps*, la surprise n'est pas annoncée mais elle se fait à rebours, dans un mouvement non prévu initialement de retour en arrière interprétatif.

(6) Je me suis dit que j'allais peut-être partir maintenant puis **en même temps** je me suis dit / ouais mais attends ne pars pas tant que t'as pas fini ton mémoire (corpus personnel, CF, rec2, 1 : 50)

(14) Il ne fallait pas qu'elle rentre chez elle. J'en étais sûr et **en même temps** je me posais à moi-même des questions sur cette certitude. (*Frantext*, Hector Bianciotti, *Sans la miséricorde du Christ*, 1985, p. 249)

(15) Il ne faut pas le réveiller trop tôt, et, **en même temps**, on ne peut pas ne pas le réveiller un jour, parce qu'il fait partie d'une ethnie qui obligatoirement le réveille. (*Frantext*, Françoise Dolto, *La Cause des enfants*, 1985, p. 50)

Les points de vue confrontés peuvent également provenir deux locuteurs différents comme en (16) :

(16) Et le hasard historique a fait que, alors que dans ma famille on n'entendait parler que de la Shoah, que ma mère nous a toujours dit : « Vous êtes juifs, battez-vous parce que vous êtes juifs », **en même temps**, effectivement, je n'en suis pas, je ne suis pas juif. (*Frantext*, Emmanuel Carrère, *D'autres vies que la mienne*, 2009, p. 241)

Ou encore, il peut connecter deux énonciations différentes dans l'échange comme en (17) :

(17) loc 1 : par contre le confort que tu as quand tu as ta propre voiture c'est que tu peux prendre ta voiture constamment y a pas besoin de réserver euh
loc 2 : hm **en même temps** on prend pas beaucoup la voiture enfin mais euh nous on fait beaucoup de vélo donc ça va (corpus CLAPI)

Dans tous ces cas, *en même temps* connecte et corrèle un argument et un contre-argument. On peut parler de modulation argumentative : l'énonciateur ne réfute pas directement ni même complètement mais ajuste – avec un argument opposé – dans un mouvement conciliateur, c'est-à-dire un mouvement qui finalement prend en compte les deux arguments ensemble.

Au niveau argumentatif et pragmatique, dire la contradiction avec *en même temps* dans l'échange ou la rapporter permet de nuancer, diluer la charge polémique d'une réfutation directe. *En même temps* permet alors au locuteur d'opposer d'une manière « douce » un point de vue différent sans rejeter pour autant le premier argument. Le pour et le contre se voient ainsi corrélés, mis en facteur commun dans une nouvelle énonciation qui associe à rebours les deux arguments initialement antithétiques.

CONCLUSION

La corrélation mise en place avec *en même temps* impose de tirer des deux segments corrélés deux conclusions qui par ailleurs seraient opposées, voire différentes : à la fois la conclusion r et r', pas seulement l'une ou l'autre ou l'une après l'autre. Ce mouvement interprétatif fait penser aux schémas ternaire et quaternaire à double implicitation que décrit Alvarez Prendès (2004 : 183) d'après Anscombre & Ducrot (1977) :

> Une des conséquences qui découle de cette double instruction du connecteur concessif est la possibilité de distinguer deux types de stratégie concessive : d'un côté, une stratégie qui existe déjà en langue [...], de l'autre une stratégie purement discursive qui n'existe que par le discours [...]. La première se caractérise par le fait de poser une opposition directe entre des contenus (plus exactement, entre une partie du contenu sémantique et une implicitation dérivée de l'autre partie de l'énoncé) et d'être de type ternaire (trois éléments sont concernés : les deux contenus implicites et la conclusion de l'un d'entre eux). La seconde marque, quant à elle, une opposition indirecte (c'est-à-dire, entre deux contenus implicites, le contenu propositionnel n'intervenant pas directement) et est de type quaternaire (quatre éléments sont mis en rapport : les deux contenus propositionnels et les deux conclusions).

Alvarez Prendès représente alors ces schémas comme suit (2004 : 182) :

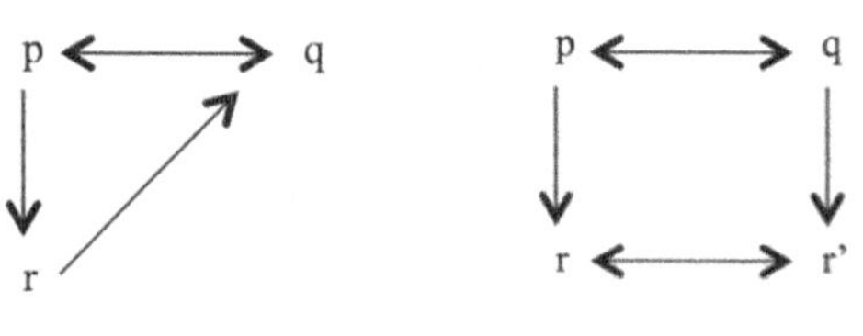

FIG. 1 – Schémas ternaire et quaternaire à double implicitation.

Ce qui donne, si l'on reprend notre exemple (5) :

(5) ce qu'il aurait voulu faire, à lui témoigner l'impérieux besoin de se dévouer qui lui brûlait les veines, lui donnait des aspects de bête féroce enchaînée et, **en même temps**, d'étranges envies de sangloter. (*Frantext*, Guy de Maupassant, *Mont-Oriol*, 1887, p. 93)

p : des aspects de bête féroce = r : une image de force brutale
q : des envies de sangloter = r' : une image de sensibilité

Il ne s'agit pas de choisir l'une ou l'autre de ces conclusions, au contraire, la corrélation existe ici parce que la connexion avec *en même temps* impose de prendre en considération l'ensemble, le tout.

Dans le cas d'une corrélation énonciative, les conclusions à tirer sont imposées par le discours : on ne peut retrouver r qu'en prenant en compte r' et c'est bien dans un mouvement rétrospectif que l'interprétation de l'ensemble se donne comme un système corrélatif : r et r' doivent être compris ensemble.

L'exemple (18) est inspiré d'Anscombre & Ducrot (1977) :

(18) Il est anglais en même temps il ne boit pas de bière.

p : il est anglais = r = topos : les anglais aiment et boivent de la bière.
q : il n'aime pas la bière.

Le *topos* sélectionné est ici sélectionné à rebours. On revient en arrière pour remettre en question. Il y a bien une circularité du mouvement interprétatif.

Avec *en même temps* la corrélation fonctionne à rebours : la configuration signale l'interdépendance de deux séquences dont la réduplication des postes syntaxiques est un indice et impose une réinterprétation de l'ensemble au terme de l'énonciation.

Pour conclure, *en même temps* construit ce que nous avons appelé une corrélation à rebours dans un mouvement rétrospectif qui met en facteur commun et unit deux segments. La connexion qui en découle alors sera plus ou moins polémique, de la concomitance à la mise en scène contradictoire des points de vue.

Griselda DROUET
et Élisabeth RICHARD
Université Rennes 2, LIDILE

CORRÉLATION ET ARGUMENTATION

L'emploi justificatif de *déjà* en français parlé

OBJET D'ÉTUDE, ÉTAT DE L'ART ET DONNÉES EMPIRIQUES

L'ADVERBE *DÉJÀ* EN EMPLOI JUSTIFICATIF

La présente étude vise une description du fonctionnement d'organisations discursives où *déjà* endosse une fonction justificative :

(1) L1 : ben en fait tu vois pas le temps passer [DÉJÀ on a voyagé de nuit *pis* du coup ben t'as quand même la voi- la la télé quand même + c'est quand même nettement plus pratique que: le bus où t'as ri:en +
L2 : (rires)
L1 : *et en plus* pour une fois j'avais de la place pour les jambes][1]

Dans (1), trois arguments sont listés en faveur de la conclusion *tu vois pas le temps passer* : le voyage de nuit, la télévision et la place pour les jambes.

L'emploi justificatif de *déjà* est un des neuf emplois répertoriés par Apothéloz & Nowakowska (2013) de cette unité linguistique d'une grande complexité.

LES DESCRIPTIONS EXISTANTES

À notre connaissance, les mêmes auteurs sont en outre les seuls à avoir publié une étude – fondée sur des données écrites (*Frantext* et

---

1 L'auteur remercie Denis Apothéloz pour ses commentaires très stimulants sur une version antérieure de ce texte. Les transcriptions ont été revues par nos soins et les conventions uniformisées. Conventions de transcription : « + » = pause ; « # » = segment anonymisé (nom propre) ; « x- » = amorce d'un morphème ou d'un énoncé ; « x: » = allongement ; « [xx] » = chevauchement.

l'internet) – qui porte exclusivement sur cet emploi « justificatif » de *déjà* (Apothéloz & Nowakowska 2011)[2]. Le choix de nous appuyer en priorité sur le travail de ces auteurs est également motivé par la démarche non polysémiste qu'ils adoptent :

> les divers effets sémantiques décrits [...] ne peuvent pas être considérés comme autant de valeurs de *déjà*. Dès qu'on y regarde de plus près, il apparaît que ces « valeurs » sont en fait le résultat d'une construction sémantique, dans laquelle *déjà* intervient seulement à titre de facteur, les autres facteurs étant fournis par le contexte au sens large du terme. (*ibid.* 2013 : 377)[3]

Apothéloz & Nowakowska (2011) mettent à jour une « séquence argumentative » à quatre éléments (a, b, c, d) engendrée par *déjà* justificatif. L'extrait (2) permettra d'illustrer ce point :

(2) L1 : l'aspect euh ethnologique m'intéresse + mais euh: finalement: + ꜛDÉJÀ un c'est pas exactement ce que je pensais:
L2 : mh
L1 : *et pis* deux euh ça mène pas à grand-chose comme travail aprèsꜜ +
L2 : mh mh
L1 : du coup je me suis dit ah mais si je veux avoir une roue de secours euh faut que j'aie euh les branches- des branches enseignables + du coup euh *j'ai pris l'histoire*

Dans (2), on peut ainsi distinguer :

[a] Une première justification (J1) sur laquelle porte *déjà*, dans (2) : *c'est pas exactement ce que je pensais* ;
[b] Une seconde justification (J2) coorientée argumentativement, dans (2) : *ça mène pas à grand-chose comme travail après.* Les numéraux cardinaux *un* / *deux* renforcent la partition de la séquence en deux arguments ;
[c] Un « corrélateur » qui lie les deux arguments, dans (2) : *et pis* (Apothéloz & Nowakowska parlent de « constructions corrélatives ») ;

---

2 Dans le cadre de travaux sur l'adverbe *déjà*, d'autres auteurs ont documenté l'emploi justificatif, sans toutefois le placer au centre du propos (*inter alia* Martin 1980, Hansen 2000, 2002, 2008, Morency 2009).

3 Morency (2009 : 42) suit également une démarche non polysémiste, au contraire par exemple d'Hansen (2000 : 174).

[d] Une conclusion (*j'ai pris l'histoire*) étayée[4] par ces deux arguments, et introduite dans (2) par le connecteur *du coup*.

Voyons un autre exemple avec l'ensemble de la séquence argumentative :

(3) L1 : dans les campings comme ça vous avez fait des connaissances ou bien euh + c'est une ambiance un peu::
L2 : euh mh mh:: pas pr- *pas vraiment* parce que + ˡDÉJÀ on est- + le plus qu'on a fait sur place c'est deux nuits +
L1 : mh mh
L2 : et pis toute la journée on partait euh soit à la plage soit faire des activitésˡ donc on était pas + comme certaines personnes qui qui mettent un hamac euh qui bouquinent qui sont là le soir qui discutent donc + non on n'a pas fait vraiment fait de connaissances quoi

Dans le schéma circulaire que présente (3), la conclusion *pas vraiment* encadre la composante justificative {J1 *et pis* J2}. La structure est de type {Conclusion_1 + Justification (*parce que* DÉJÀ J1 *et pis* J2), *donc* Conclusion_2 *donc* Conclusion_1'}.

Dans les structures discursives qu'ils rencontrent, les auteurs montrent que les éléments [a] à [d] sont ordonnés de façon variable. Dans notre corpus de français parlé, si J1 est généralement en position frontale, la conclusion [d] précède souvent les autres éléments de la séquence argumentative. À part la justification introduite par *déjà*, tous les éléments peuvent être omis, si bien que des extraits comme (2) et (3) ne sont pas si communs dans les données orales dont nous disposons.

Apothéloz & Nowakowska (2011, 2013) mettent en évidence trois éléments centraux supplémentaires à propos de *déjà* justificatif :

- *déjà* présente l'argument qu'il introduit comme ayant une certaine priorité sur les autres arguments éventuels (*ibid.* 2011 : 252) ;
- il a une portée méta-énonciative (Hansen 2000 : 170). Fonctionnant comme un connecteur (Hansen 2002 : 41*sq*), il établit une relation qui a pour termes non des faits, mais des énonciations (Apothéloz & Nowakowska 2011 : 253)[5] ;

4 Pour la notion d'étayage, voir Grize (1990), Apothéloz & Miéville (1989) et Apothéloz & Brandt (1992).

5 Élément extra-propositionnel, *déjà* porte sur « la relation prédicative », dans les termes de Roig & Van Raemdonck (2018).

– le marqueur *déjà* « caractérise le statut discursif de l'énoncé hôte comme destiné à justifier une certaine conclusion » (Apothéloz & Nowakowska 2013 : 367).

Revenons à l'hypothèse générale des auteurs (*ibid.* 2013 : 378), celle de l'invariance sémantique de *déjà*. Leur postulat – tracé ici dans les grandes lignes – est que :

> la présence de *déjà* induit la comparaison de deux univers, que nous appellerons respectivement *Univers évoqué* (U_E) et *Univers de référence* (U_R). L'Univers évoqué correspond à la « réalité » évoquée et commentée par l'énoncé comportant *déjà*. L'Univers de référence correspond à un autre univers servant, précisément, de « référence » par rapport à l'Univers évoqué et permettant de produire certaines significations à propos de ce dernier. La dissociation de ces deux univers tient au fait qu'il y a non-congruence entre eux. Cette non-congruence est précisément signifiée par *déjà*.

Appliqué à *déjà (que)* justificatif, ce postulat permet d'avancer une hypothèse sur laquelle nous reviendrons en conclusion, celle de la dimension praxéologique mise en jeu par le marqueur. L'exemple auquel il est fait allusion dans la citation ci-dessous est : « *On serait derniers, c'est sûr. C'était le redoublement assuré.* DÉJÀ *que notre cote n'était pas brillante...* » (B. Bayon).

> [Sont mis] en non-congruence non pas des univers où s'élabore un « modèle du monde », mais des univers où s'élabore un « modèle du discours en train de se tenir » (Berrendonner 1997). Dire *déjà que notre cote n'était pas brillante*, c'est, pour l'énonciateur, construire des univers dans lesquels, à propos de la situation évoquée (ici, une conclusion visée), il existe au moins deux énonciations, produites ou pouvant être produites, ayant la même fonction discursive. La non-congruence entre U_E et U_R tient à ce que dans U_E, l'assertion produite (ici : *notre cote n'était pas brillante*) se voit attribuer une certaine primauté par rapport à l'autre (ou aux autres), ce qui n'est pas le cas dans U_R. Le contenu de cette dernière (ces dernières) peut demeurer implicite [comme dans l'exemple de B. Bayon], avoir été effectivement produit ou l'être immédiatement à la suite. Ce dernier cas se présente dans des séquences du type : *déjà que notre cote n'était pas brillante, alors si en plus on arrive dernier...* (*ibid.* 2013 : 381 ; entre crochets, nos commentaires)

Berrendonner formule comme suit cette partition de la mémoire discursive en deux sous-ensembles :

> Du fait que les énonciations alimentent la mémoire discursive [M] non seulement en informations « mondaines », mais aussi en connaissances méta-communicatives (sur elles-mêmes et sur les effets qu'elles visent), M inclut une représentation partagée de chacune des opérations exécutées sur M. [...]. [Il convient donc de] distinguer dans le contenu de M deux sous-ensembles, ou registres : un *modèle du monde* (MM) et un *modèle des actions communicatives* (MA). Dans ce dernier figurent les opérations appliquées ou applicables à M, considérées comme des objets-de-discours. (Groupe de Fribourg 2012 : 131 ; entre crochets, nos précisions)

Malgré les enseignements apportés par l'étude d'Apothéloz & Nowakowska (2011), on peut dire de l'emploi justificatif de *déjà* qu'il reste l'un des moins documentés dans la littérature scientifique. De plus, bien que réputé mieux représenté à l'oral qu'à l'écrit (voire typique de l'oral), *déjà* justificatif n'a pas encore fait l'objet d'une étude prenant le français parlé pour base empirique.

Dans la section « *Les données empiriques* » de cette première partie, nous présenterons les données sur lesquelles se fonde notre recherche et les types d'organisations discursives observées, en exposant de manière prudente les tendances au plan quantitatif. Dans la deuxième partie (« Retombées théoriques »), nous nous demanderons quelles sont les spécificités du corpus étudié et les enseignements que l'on peut tirer des régularités observées. Deux hypothèses de travail peuvent être formulées, qui seront discutées précisément dans cette deuxième partie. D'une part, nous nous demanderons si certaines routines discursives introduites par *déjà* justificatif ne relèvent pas davantage du phénomène d'énumération que du domaine de la corrélation. D'autre part, nous montrerons que la *priorité* présumée de J1 sur les autres arguments éventuels peut prendre des formes très diverses.

LES DONNÉES EMPIRIQUES

Le corpus et le choix des données

La recherche se fonde sur des données issues du corpus de français parlé OFROM (Avanzi, Béguelin & Diémoz 2012-2015) qui comptait environ 800'000 mots, au moment où notre collection d'exemples a été constituée (en janvier 2016). Tous les extraits cités sans référence sont tirés d'OFROM : ils sont en accès libre et peuvent par conséquent être écoutés en ligne. Nous avons repéré en tout environ 950 entrées de la forme *déjà* (après suppression des cas où le connecteur est répété en contexte de bribes). Le nombre des occurrences de *déjà* en emploi justificatif se monte à environ 140.

Nous avons fait le choix méthodologique de prendre en compte également les occurrences qui présentaient une ambiguïté entre un *déjà* « justificatif » et un *déjà* de « première action », les deux emplois se révélant souvent très proches (ce qui explique le *environ* dans le dénombrement des occurrences). Qu'entend-on par « *déjà* de première action » ? *Déjà* de première action – paraphrasable par *pour commencer* – signale « que l'action désignée s'inscrit dans une séquence d'actions orientées vers un même but », que « cette action occupe chronologiquement la première position et que son accomplissement revient par conséquent à franchir une première étape en direction du but visé » (Apothéloz & Nowakowska 2013 : 369). La différence entre *déjà* justificatif et *déjà* de première action « réside dans le fait que, dans le type justificatif, les actions sont des événements langagiers et relèvent donc du 'modèle du discours en train de se tenir', tandis que dans le type première action, elles relèvent du 'modèle du monde' » (*ibid.* : 382)[6].

Voici un extrait issu de notre corpus[7] :

(4) mon mari et moi nous gérons une entreprise euh de de piscine et de wellness donc euh ⌈tous les jours ce que je fais c'est DÉJÀ de m'occuper du du secrétariat et toute la partie euh + juridique comptabilité de l'entreprise euh + je je ben voilà je réponds au téléphone je fais la correspondance + *ensuite* + je m'occupe de ma petite famille aussi⌉

---

6 Dans un exemple comme celui ci-dessous, qui semble ressortir au *déjà* de première action, *déjàJ1* est cependant clairement méta-énonciatif : « alors l'Inde + bon ⌈DÉJÀ il faut peut-être remettre euh un petit peu le le cadre je dirais dans lequel ça s'inscrit + la raison pour laquelle je suis parti⌉ + euh la première raison c'était bien sûr que j'avais entrepris des a- des études de + euh de sanscrit et puis de hindi ». La distinction au moyen de critères fiables des emplois justificatif et de première action s'avère délicate. En effet, dans cet extrait, la première action a vocation à introduire un élément argumentatif, lui-même au service d'une conclusion concernant l'Inde. L'existence de cette conclusion (pas son contenu, mais le fait qu'elle existe) est suggérée tout au début de l'extrait (*alors l'Inde*). La valeur de première action est ainsi d'une certaine manière combinée avec la valeur justificative (voir à ce propos les exemples 5 et 6).

7 Les illustrations de *déjà* de première action fournies par Apothéloz & Nowakowska (2013 : 369) sont pour l'essentiel des énoncés injonctifs du genre *Pour l'aider, donnez-lui déjà les bons ciseaux !* Notre extrait (4) est assez différent.

À noter le marqueur temporel *ensuite* qui introduit la « seconde étape ». Le corpus compte 10 exemples de ce genre ; ils n'ont pas été pris en compte dans nos comptages.

Une grosse quinzaine d'exemples du corpus sont ambigus (justificatif ou de première action) ; c'est le cas de (5) et (6) :

(5) c'était vraiment sympa on a fait aussi un saut en parachute à San Diego + c'était assez euh + assez incroyable surtout que + ouais ⌈DÉJÀ on arrive là-bas euh + ils nous ont presque pas donné d'explications + *et pis* euh tout d'un coup ils nous mettent un + un espèce de gros euh + un espèce de gros baudrier avec deux grosses sangles qui passent sur les épaules + *et pis* euh + ils nous font ah ben on va dans l'avion machin donc euh on nous on s'y attendait trop pas + *pis après* on monte dans l'avion euh il commence à + à décoller c'était vraiment un petit avion on était quatre dans l'avion mais l'avion il était plein + on aurait pas pu être une personne de plus + *et pis* euh l'avion il monte *et pis* on on était euh ils nous donnent les explications du saut dans l'avion et alors qu'y a plein de bruit + ouais c'était assez euh un peu à l'arrache comme ça + *et pis* euh *après* à quatre mille mètres il ouvre la porte *et pis* hop on saute euh on avait juste des petites lunettes on n'avait rien du tout pour euh + protéger les oreilles ou comme ça⌋

Dans (5), *déjà* introduit un script qui détaille les différentes phases (balisées par *(et) pis*) de la préparation d'un saut en parachute ; les deux occurrences de *après* soulignent la dimension temporelle du script[8]. Une séquence d'actions constituant une narration apparaît – du moins en apparence – assez différente d'une séquence de justifications orientées vers une même conclusion. Cela dit, au moment où *déjà* survient on est, interprétativement, en attente de quelque chose de justificatif, en raison de la présence contiguë d'un énoncé évaluatif (*c'était assez euh + assez incroyable*). Ce type d'énoncé fonctionne très souvent comme conclusion. Dans (5), chaque épisode de la narration est lui-même porteur d'une information justifiant que tout cela a été « incroyable » (*cf. pas d'explication ; on s'y attendait pas ; avion plein ; explications données dans le bruit ; à l'arrache ; juste des petites lunettes ; rien pour protéger les oreilles*).

Dans l'extrait (6), *déjà* est à nouveau précédé d'un contenu évaluatif (*des paysages juste incroyables*) :

---

8 On a souvent opposé les emplois temporels *vs* non temporels de *déjà*. Mais « on peut se demander si la temporalité n'est pas simplement déplacée ici au niveau de l'énonciation » (Apothéloz & Nowakowska 2011 : 252n).

(6) ça vaut la peine de voir + y a des vraiment des + paysages juste incroyables + ⌈tu passes DÉJÀ de:: de la terre rouge + tu sais où tu as rien + tu as pas un arbre + à l- + à la ouais à des endroits où tu as des énormes arbres euh + tu imagines même pas comme c'est vert + puis on a vu des ours enfin on a vu des quand même des trucs euh enfin des animaux assez euh que tu vois pas ici⌉ donc + on était on était assez étonnés

En faveur d'une lecture de première action, il pourrait y avoir le marquage des phases d'un script par le prédicat verbal *passer de X à Y*, ainsi que la présence du connecteur temporel *puis*[9]. Pourraient être en revanche mis au crédit d'une lecture justificative les arguments {des paysages très diversifiés ; les animaux que la locutrice n'a pas l'habitude de voir à l'état sauvage}, qui seraient au service de la conclusion argumentative *des paysages juste incroyables*.

Les extraits (5) et (6) combinent les valeurs justificative et de première action. La présence d'évaluations, de contenus marqués axiologiquement constitue un indice de l'occurrence d'un *déjà* justificatif (voir également *c'est juste incroyable* dans 9, *c'était une sacrée journée* dans 12, *c'est pas vraiment ce que je préfère* dans 14, etc.). En effet, ces énoncés évaluatifs appelant en quelque sorte des justifications, ils sont propices à l'apparition de cet emploi de *déjà*.

Hormis les phénomènes propres au français parlé (par exemple les cas de co-construction et d'alternance de tours de parole), les données se révèlent assez proches de celles observées par Apothéloz & Nowakowska à l'écrit. Bien attesté dans OFROM, ce *déjà* justificatif est-il pour autant un régionalisme de fréquence[10] ? Il faudrait comparer différents corpus pour éventuellement corroborer cela. Ou peut-être est-ce un emploi ressenti comme relevant d'un registre familier ; et on sait que l'on associe (à tort) l'oral à la familiarité. Mais là également la prudence s'impose ; nous n'avons aucun argument pour appuyer une telle hypothèse.

Organisations discursives observées

Dans cette section, nous identifions les différentes organisations dans lesquelles prend place *déjà* justificatif, en adoptant comme critère distinctif le nombre de justifications que contient la séquence argumentative. Nous

9 La locutrice dit bel et bien *puis*, et non *pis*.

10 À noter que cet emploi semble exister en italien, dans des exemples du type *Già non mi piace come parla* (cité par Baranzini & Manzotti 2008).

partirons des cas de figure tenus pour prototypiques (les organisations binaires[11]), pour ensuite étudier les cas où il y a plus de deux justifications. Nous présenterons enfin les organisations les plus originales, celles qui ne sont composées que de la seule justification J1.

– Organisations binaires

Certaines organisations {*déjà* J1 *et pis* J2}, comme (2)-(3) *supra*, présentent des points communs avec les structures corrélatives, définies ici comme des routines discursives qui présentent les trois propriétés suivantes :

- une structure binaire ;
- une interdépendance (ici, pragmatique) entre les deux membres J1 et J2 ;
- des marques morphologiques qui « se répondent », et qui surmarquent l'interdépendance des deux membres ; c'est le cas de *déjà* … et *et pis* dans (2) et (3) *supra*.

Dans (7), c'est *en plus* qui fait écho à *déjà* :

(7) ça m'énervait j'étais là putain ˡDÉJÀ ça me faisait chier de le voir *en plus* il arrivait pasˡ j'étais là mais merde bon qu'est-ce qu'il fout maintenant

Les arguments *ça me faisait chier de le voir* et *il arrivait pas* viennent étayer la conclusion *ça m'énervait*[12].

11 *Cf.* § « Les descriptions existantes » (*supra*), ainsi que la citation d'Apothéloz & Nowakowska *supra* : « il existe *au moins deux énonciations*, produites ou pouvant être produites, ayant la même fonction discursive » (nos italiques).

12 Certains emplois de *déjà*, qui n'ont rien de justificatif, sont assimilables au phénomène de corrélation. Les deux cas de figure mentionnés ci-dessous ne seront pas analysés en détail dans le cadre de cette étude. Le premier type de structure nous a été signalé par B. Combettes, que nous remercions : « DÉJÀ elle lui avait confessé cette faiblesse, et DÉJÀ ma grand'mère l'avait raisonnée. » (Sand, *Frantext*, 1855). Une occurrence comme celle de G. Sand n'est aujourd'hui probablement plus guère attestée à l'écrit. Le marqueur *déjà* apparaît parfois également dans le second membre de configurations communément rapprochées de la corrélation (Gachet 2013). Ainsi, dans les deux enchaînements de l'exemple suivant, *déjà* « répond » en quelque sorte aux éléments soulignés en italique (*à peine* et *ne pas encore*) : « les coliques ça reste toujours un moment stressant parce que en général ˡ*à peine* on descend de la voiture on a DÉJÀ le propriétaire qui nous dit ah qu'est-ce qu'il a qu'est-ce qu'il aˡ + ˡon *n'*a *encore pas* vu le cheval qu'ils veulent DÉJÀ savoir ce qu'il aˡ ++ ça c'est assez stressant » (à propos du métier de vétérinaire).

– Organisations sérielles,
de type {*déjà* J1 *et pis* J2 *et pis* J3…}

Les occurrences à organisation sérielle sont du type (1) *supra* et (8) :

> (8) je suis euh ajoulote de: coeur et enfin + moi j'ai grandi toute ma vie en Ajoie donc du coup euh + ch- *je suis assez contente de revenir* à # ˡDÉJÀ il fait plus beau + c'est pas un mythe + même même mon mari il dit qu'il y fait plus beau donc c'est top + et- *et pis* euh : + ouais ça ça me rapproche un peu aussi euh + de mes activités de du cheval + de ma famille + *et pis* euh ça m'éloigne pas trop de mon travail donc ça va bien + *pis* pour mon mari qui bosse à Bienne ben ça va aussi euh plutôt bienˡ (*ajoulote* = habitante de la région de l'Ajoie)

Dans (8), le connecteur complexe *donc du coup* introduit une conclusion argumentative (en italiques), ensuite étayée par quatre arguments successifs. Le premier est introduit par *déjà* et les trois suivants par *(et) pis*.

Dans les organisations binaires et sérielles, les arguments sont balisés le plus souvent par le connecteur *(et) pis*. Sont également attestés, mais très marginalement, *et* seul, *(et) (pis) en plus*, *mais en plus*, *ben* et *(mais) alors*[13]. Il arrive exceptionnellement qu'il n'y ait pas de corrélateur :

> (9) on a des conditions qui sont extraordinaires en termes en tous cas de conditions sociales + euh ça c'est c'est juste euh + c'est juste incroyable parce que + euh on a ˡon a DÉJÀ cinq semaines de vacances par année on travaille huit heures par jourˡ + donc euh (…)

– Organisations unaires, de type {*déjà* J1}

Les cas où le locuteur se satisfait du seul argument J1 sont communs dans le corpus. Dans cette configuration, hormis J1, toutes les autres composantes de la séquence argumentative sont susceptibles d'être implicites. Cette économie de moyens a de quoi interpeler. Voyons quelques illustrations.

---

13 Apothéloz & Nowakowska (2011) ont repéré une plus grande variété de « corrélateurs » à l'écrit : *s'il faut encore que*, *et voilà encore que*, *alors si (en plus)*, *et maintenant*, etc. Voici un exemple issu d'un corpus oral avec le corrélateur *eh* : « DÉJÀ *tu te prends un sanglier ça défonce ta voiture* EH *tu imagines un kangourou* » (CLAPI 2008, corpus olives).

L'extrait (10) met en scène un locuteur L2 qui fait état de son scepticisme (= la conclusion argumentative) quant à l'idée d'une séparation végétale que compte construire L1 à côté de son habitation :

(10) L1 : si je fais un balcon à:- si je fais un- si je fais un une séparation à quatre mètres de haut + à la- c'est la hauteur du balcon
L2 : bon [faire une séparation] à quatre mètres je sais pas euh
L1 : [là ils me voient plus]
L2 : [DÉJÀ il faut que tu aies une l- qu'ils te laissent]
L1 : non mais je peux + je viens à deux mètres avec euh avec euh une haie euh une haie végétale

Dans la première intervention de L2, *je sais pas* laisse présager une attitude sceptique de sa part, que vient confirmer l'argument J1 introduit par *déjà*. L'énoncé *déjà il faut que tu aies une l- qu'ils te laissent* se comprend au sens de <encore faut-il que tu obtiennes l'autorisation de le faire>. Bien qu'il soit analysable comme un emploi de « première action » – eu égard à une éventuelle dimension temporelle (*cf.* *<en premier lieu, il faut…>*) –, cet exemple est instructif pour saisir les facteurs qui expliquent le recours à une organisation unaire. En effet, l'argument J1 décrédibilise d'emblée tous les autres arguments envisageables : si L1 n'obtient pas l'autorisation (*cf. il faut qu'ils te laissent*), il n'est pas pertinent de mentionner les autres arguments. Une phase ou un argument (J1) conditionne crucialement l'obtention des autres phases ou arguments. Ce scénario conforte l'hypothèse de la priorité de J1 sur les autres justifications, un point sur lequel nous reviendrons[14].

L'extrait (11) – clairement justificatif – est également emblématique, dans la mesure où la locutrice passe immédiatement à la conclusion après un seul argument :

(11) L1 : (…) (rires) je l'ai battu ouais pis [il faut y aller]C1 hein parce que pour battre # des fois euh pouff + non parce que il:: dé- [DÉJÀ il connaît toutes les cartes par cœur]J1 +
L2 : ouais
L1 : *donc* euh [il joue hyper vite]C2 +
L2 : mh mh
L1 : *donc* [c'est hyper déstabilisant]C3 parce que t'as toujours l'impression naturellement qu'il a un plan derrière euh: [alors]

14 *Cf. infra*, § « La priorité de J1 sur les autres arguments ».

L2 : [non]
L1 : qu'en fait c'est juste que non:: non:: il fait ça peup peup peup euh + et pis toi t'es là tu sais tu regardes toutes les petites cartes (…)

L'argument *il connaît toutes les cartes par cœur* est suffisant pour étayer la ou les conclusion(s) argumentative(s). Inutile en effet de mentionner en outre son habileté ou ses aptitudes d'anticipation, par exemple, puisque ces aspects sont contenus dans le premier argument, conçu comme décisif. Les deux conclusions *il joue hyper vite* (C2) et *c'est déstabilisant* (C3) font écho à l'assertion liminaire *<il faut y aller pour le battre>* (C1). Cette dernière est la conclusion vis-à-vis de laquelle *déjà J1* est justificatif. Les conclusions C2 et C3 sont en revanche d'un autre ordre, dans la mesure où elles sont inférées de J1. La chaîne causale se déroule ainsi : {Conclusion_1 *déjà J1 donc* Conclusion_2 *donc* Conclusion_3}.

Il arrive que le locuteur soit interrompu par son allocutaire qui réoriente le propos, par exemple en sollicitant un développement, comme dans l'extrait (12) où la conclusion étayée est *c'était une sacrée journée* :

(12) L1 : mais c'était bien ?
L2 : ouais c'était chouette c'était une sacrée journée hein on est arrivés euh: + vers onze heures et demi:e
L1 : oui
L2 : ⌈DÉJÀ le match de Federer il devait commencer à huit heures il a commencé à neuf heures et demie⌉
L1 : ah il devait commencer à huit heures ?
L2 : ouais
L1 : une heure et demie de retard ?
L2 : mh mh + oh parce qu'ils ont un planning des matchs assez serré alors euh:
L1 : ah:
L2 : quand certains matchs durent
L1 : ouais
L1 : les derniers commencent tard mais bon il s'est pas éternisé hein[15]

Dans son troisième et son quatrième tour de parole, L1 demande des confirmations à propos de la planification de l'horaire du match de tennis dont il est question. Cela a pour conséquence que les éventuels arguments supplémentaires ne peuvent pas être fournis par L2 immédiatement après J1.

---

15 Pour plus d'intelligibilité, des points d'interrogation ont été ajoutés pour signaler les questions.

Considérons l'exemple (13), où le propos porte sur une personne qui a été peu scolarisée :

(13) L2 : mon papa il est pas illettré mais + il sait pas très bien lire et écrire (…)
L1 : mais j'ai une amie c'est c'est similaire aussi +
L2 : aussi ?
L1 : son père eh ben c'est elle qui doit gérer tous les papiers [les choses comme ça]
L2 : [ah ouais] ben alors là c'est c'est ma maman qui fait tout parce que sinon mon papa euh + ⌜DÉJÀ le journal des fois que- i- on voit qu'il comprend pas toujours les choses comme nous on les comprend⌝ + y a des petites euh différences des fois tu te dis + ah il a peut-être pas bien lu ou::
L1 : ouais + ouais ouais + mais::
L2 : ben oui + [c'est comme ça]

Dans (13), seul J1 est fourni en faveur de la conclusion argumentative *c'est ma maman qui fait tout*. On peut faire l'hypothèse que *déjà* fonctionne ici à la manière d'un *déjà rien que* (voir *infra*).

Voyons une dernière illustration du schéma unaire :

(14) L1 : t'as pas envie d'y retourner un jour ?
L2 : non pas vraiment + ben peut-être si peut-être un jour comme ça mais c'est vraiment pas ce que je préfère + bon ⌜DÉJÀ euh + à la base j'aime + pas beaucoup les montagnes⌝ donc euh + je suis plus pour les pays plats comme l'Uruguay justement par exemple + où là y a la plage j'adore la plage vraiment ça je trouve que + c'est ce qui nous manque ici en en Suisse ++
L1 : mh mh + et c'est les grandes villes donc qui t'intéressent + si j'ai bien compris ?
L2 : alors oui + totalement + (…)

L2 livre l'argument J1 (*j'aime pas beaucoup les montagnes*), argument qu'elle développe (*je suis plus pour les pays plats … où là y a la plage*), qu'elle reformule (*j'adore la plage*), avant de porter un jugement (*c'est ce qui nous manque ici en Suisse*), puis de s'interrompre (voir la pause notée par '++'). Interprétant sans doute cette pause comme une place transitionnelle potentielle, L1 reprend le tour en formulant une demande de confirmation, sur laquelle L2 s'aligne (*oui + totalement*). L'argument J2 n'advient pas.

Dans ces organisations unaires, il est sous-entendu qu'il existe un ensemble d'arguments pour étayer la conclusion, mais qu'un seul suffit. Notons qu'il n'y a pas forcément un effet suspensif sur le dernier terme de J1 pour suggérer cette dimension implicite, bien au contraire. Pour ce qui concerne le français parlé du moins, la position de Buchi (2004 : 257), qu'elle attribue à Hansen, selon laquelle « la proposition contenant *déjà* appelle obligatoirement une suite » se révèle contredite par les faits empiriques. Mais cette position, à première vue assez consensuelle, s'explique probablement par le caractère projectif de *déjà* justificatif. Dans sa position par défaut – frontale –, *déjà* justificatif projette fortement un paradigme d'arguments (*cf.* Auer 2014 et Corminboeuf & Horlacher 2016 pour la notion de « projection »). En fait, le caractère projectif de {*déjà* J1} a pour fonction d'ouvrir un paradigme (= un ensemble d'argument possibles à l'appui de la même conclusion), mais un seul argument – celui introduit par *déjà* – suffit pour étayer la conclusion. Quant à la force de cette projection, elle explique sans doute en partie que l'on puisse s'en tenir à un seul argument, celui qu'introduit *déjà*.

– Le cas particulier de *déjà (rien) que*

Le cas particulier de *déjà (rien) que* appelle quelques commentaires. Il n'y a que cinq occurrences de *déjà que* et sept occurrences de *déjà rien que* dans le corpus – auxquelles il faut ajouter une occurrence de *déjà juste* (ex. 22, *infra*), qui fonctionne de la même manière. En dépit de la relative rareté de *déjà que*, se pose la question de la distinction fonctionnelle entre *déjà* et *déjà que*. On ne les voit *a priori* pas entrer tout à fait dans les mêmes contextes. Hansen (2000 : 172) postule qu'une des caractéristiques de *déjà que* est d'être orienté vers des conclusions détrimentales, *i.e.* non souhaitables pour le protagoniste. Apothéloz & Nowakowska (2011 : 255) nuancent cette position en soulignant que l'orientation n'est que *le plus souvent* détrimentale[16]. Hansen (*ibid.* : 173) observe également que « *déjà que* exprime [...] des contenus qui sont en quelque sorte pris pour de l'acquis dans le contexte ». Le fait que quatre

---

16 Sur la douzaine occurrences de *déjà (rien) que*, seule la suivante ne revêt pas une orientation détrimentale : « Berne t'as jamais vu oh alors ça vaut la peine + + enfin ça vaut la peine DÉJÀ RIEN QUE pour les magasins + *et pis* euh + ouais *pis* c'est joli + *pis* c'est pas très loin c'est une heure ». L'observation d'Hansen vaut pour *déjà que* et il est probable qu'elle adopterait une position différente pour *déjà rien que*.

de nos cinq exemples comportent une forme verbale à l'imparfait de l'indicatif après *déjà que* pourrait constituer un indice en faveur de cette observation ; c'est le cas de l'exemple (16) ci-dessous. Autre hypothèse : Morency (2009 : 37), postule – à notre sens avec raison – que *déjà que* sélectionne univoquement la lecture justificative, contrairement à *déjà* employé seul. Autrement dit, *déjà que* ne peut pas fonctionner comme un *déjà* de première action.

Voyons pour commencer les occurrences avec *déjà que*, puis dans un deuxième temps celles avec *déjà rien que*. Quatre des cinq occurrences de *déjà que* sont du type (15) :

(15) ah ça c'était hyper intéressant pis j'avais hésité à faire de l'égyptologie avant de faire de l'archéo + mais je me suis dit que ça me fermait trop parce que ben c'est assez restreint comme euh + pis |DÉJÀ QUE l'archéo c'est assez fermé| donc euh je me suis dit que je commençais par ça pis que si vraiment je pouvais toujours faire + plus tard

La conclusion argumentative est *j'avais hésité à faire de l'égyptologie*. Une première justification J0 (*je me suis dit que ça fermait trop, parce que c'est assez restreint*) apparaît hors champ de *déjà*, avant J1 (*l'archéo c'est assez fermé*)[17]. Une seconde conclusion clôt l'extrait : *je me suis dit que je commençais par ça pis que si vraiment je pouvais toujours faire + plus tard*. Par conséquent, le schéma prototypique dans notre corpus est {J0, *déjà que* J1}.

Le cinquième extrait avec *déjà que* est l'unique exemple de notre corpus à présenter des caractéristiques différentes des occurrences du type (15) :

(16) L1 : pis après on me demandait de faire des lettres + en allemand donc si tu veux des lettres de correspondance +
L2 : mh mh
L1 : alors |DÉJÀ QUE j'arrivais pas écrire des longues lettres en français + fallait en tout cas pas me demander d'écrire des longues lettres en allemand| pis la prof d'allemand [...]

Dans (16), pour identifier deux arguments en faveur de la conclusion que le locuteur est malhabile pour s'exprimer par écrit, il faut comprendre l'enchaînement au sens de *<déjà J1, si en plus on me demande...>*.

17 Nous notons J0 une justification qui apparaît avant la justification J1 introduite par *déjà*.

Passons maintenant aux occurrences de *déjà rien que* : cinq occurrences sur sept sont du type (17), c'est-à-dire qu'elles consistent en un schéma unaire :

(17) L1 : ah ben c'est cool vous avez tous l'AG alors ?
L2 : ouais
L1 : les quatre enfants ?
L2 : ouais + mais mon père il a pas mais euh + ouais + de toute façon il a pas besoin ++ mais c'est cool parce que |DÉJÀ RIEN QUE pour aller jusqu'à Brig euh tu sais ça coûte super cher| +
L1 : ben oui mais c'est pour ça que j'ai fait l'AG (...)
[Nota. l'« AG » est l'abonnement général pour le réseau ferroviaire suisse]

Dans (17), la justification est en effet restreinte à *déjà rien que J1*.

L'extrait (18) illustre un des deux cas où *déjà rien que* est suivi d'un argument J2 (l'autre cas étant celui reproduit dans la note 16) :

(18) L1 : en voiture j'irais pas +
L2 : ça fait long en voi[ture]
L1 : [oh] pis pff circuler dans Paris
L2 : ah ben oui oui c'est surtout ça XXX à Paris avec la fatigue euh
L1 : [non] [non non +++]
L2 : il y a de quoi se- s'arracher les cheveux ++ ouais ++
L1 : déjà quand vous êtes autour de l'Arc de Triomphe quand vous avez toutes ces rues qui viennent euh:
L2 : *rien qu'*à pied oui |DÉJÀ RIEN QU'à pied [c'est difficile de se repérer] ++
L1 : [exactement + tout à fait]
L2 : *mais alors* en voiture|[18] ++ ouais ++ c'est sûr

Le deuxième membre de la routine, introduit par *mais alors*, vient après coup, suite à une pause.

Contrairement au cas de *déjà que*, nous n'analysons pas *déjà rien que* comme une expression unique. Dans l'extrait (17) par exemple, *déjà* porte sur l'ensemble *rien que pour aller jusqu'à Brig euh tu sais ça coûte super cher*. L'exemple (18), où *rien qu'à pied* précède *déjà rien qu'à pied*, nous semble confirmer cette analyse. Pour cette raison, nous notons la structure ainsi : *déjà (+ rien que...)* – afin de montrer que *déjà* porte sur toute la parenthèse et afin de bien faire la distinction avec *déjà que*.

18 L'intonation est suspensive sur *voiture*.

Un point de convergence entre *déjà que* et *déjà (+ rien que…)* est – pour reprendre l'idée d'Hansen à propos de *déjà que* – qu'ils présentent les contenus qui sont sous leur portée comme « acquis » (ou présentés comme tels). Dans (18) par exemple, sont mis en contraste deux contenus validés dans la mémoire discursive (voir le cotexte), *à pied* et *en voiture* – le corrélateur *mais alors* servant à passer d'un « topic » à l'autre.

Dans notre corpus, *déjà que J1* est souvent précédé d'un argument J0, alors que *déjà rien que* est le plus souvent employé seul, sans un autre argument : leur point commun est de refermer la séquence justificative, *i.e.* ils sont fondamentalement clôturants. La composante restrictive de *déjà (+ rien que…)* explique d'elle-même qu'il n'y a pas ouverture d'un paradigme. Le corpus oral suggère par conséquent une hypothèse fonctionnelle : *déjà que* et *déjà (+ rien que…)* ont une affinité avec un schéma clôturant. Formulé autrement, on pourrait dire que *déjà* employé seul ouvre sur des arguments additionnels – même si ceux-ci peuvent, occasionnellement, ne pas survenir (voir le cas des emplois unaires) –, alors que *déjà que* et *déjà (+ rien que…)* présentent l'argument J1 comme (auto-)suffisant – même s'il peut arriver qu'il soit suivi par d'autres[19]. Il y aurait donc, avec *déjà (rien) que*, une tendance forte en faveur d'un schéma clôturant.

Ci-dessus, trois schémas ont été présentés. Certaines organisations {*déjà* J1 *et pis* J2} présentent des points communs avec les structures corrélatives, *i.e.* une structure binaire et une interdépendance (ici, pragmatique) entre les deux membres, renforcée par des marques morphologiques – par exemple *déjà un…* et *et pis deux* dans (2) *supra.* D'autres comme (3), de type {*déjà* J1 *et pis* J2 *et pis* J3, etc.}, présentent une organisation sérielle, balisée par des connecteurs du type *et pis.* D'autres enfin comme (10)-(14) affichent une organisation unaire de type {*déjà* J1}. Les cas particuliers de *déjà que* et *déjà (+ rien que…)* sont apparentés à ce schéma unaire, mais endossent une fonction clôturante.

19 C'est le cas dans (18) et dans l'exemple de la note 16, où la séquence argumentative est comme rouverte après coup. De plus, tout comme en (18) avec l'argument tronqué *mais alors en voiture*, l'argument *pour les magasins* (toujours dans l'exemple de la note 16) est – au plan intonatif – délivré avec plus d'intensité que les deux suivants (*c'est joli* et *c'est pas très loin*).

Données quantitatives, une approximation

Comme toujours dans ce genre d'étude, l'établissement de mesures quantitatives précises s'avère particulièrement malaisé. Les raisons en sont notamment les suivantes.

- La détermination du nombre d'arguments est complexe dans le cas où il y a des alternances de tours de parole (p. ex. lorsque l'allocutaire coupe la parole), dans les cas de chevauchement, ou lorsque c'est l'allocutaire qui formule un argument convergent. Certains schémas sont unaires uniquement en raison de la prise plus ou moins intempestive du tour de parole par l'allocutaire.
- La survenue d'un argument supplémentaire peut se faire à longue distance (p. ex. plus de dix secondes plus tard). Ces raccords à longue distance constituent-ils une seule séquence argumentative ou deux séquences distinctes ?
- Un connecteur comme *(et) pis* peut aussi bien séparer deux arguments distincts qu'introduire une reformulation ou une élaboration du même argument, sans que les deux stratégies soient toujours clairement dissociables.
- Notre raisonnement suppose que soit stabilisée une analyse argumentative en {conclusion – argument} ; or cette analyse ne va pas toujours de soi.

Voyons (19), comme illustration des difficultés rencontrées :

> (19) je pense avoir plus ou moins une bonne hygiène de vie + euh ben DÉJÀ j'ai besoin de beaucoup d'heures de sommeil donc euh + j'essaie à peu près de gérer mon temps pour euh avoir pas mal de travail mais en même temps + de réussir à bien dormir donc euh + j'essaie que + DÉJÀ quand je sens que je suis fatiguée je travaille pas toute la nuit + quand vraiment je sens que j'ai besoin de dormir ben je dors même si + par exemple j'ai pas tout à fait fini ce que je dois faire ben voilà + j'arrête pour euh + pour être en forme le lendemain pour pouvoir euh bien suivre les cours bien écouter tout ça + donc euh DÉJÀ par rapport au sommeil j'écoute pas mal mon corps + donc euh je pense que ça c'est déjà pas mal + après euh j'essaie de bien manger donc euh [...]

Faut-il y voir une organisation unaire avec reformulation du même argument ? Ou faut-il l'analyser comme une organisation binaire, le second argument étant introduit par *après*, en fin d'extrait ? Ou alors faut-il identifier trois séquences argumentatives distinctes ? La seconde option nous semble la meilleure, mais il reste que la délimitation de la séquence argumentative à l'oral constitue un problème dont la résolution est particulièrement retorse. Les structures recherchées étant par définition en continuelle élaboration, il subsiste sans cesse des biais si on les conçoit comme pré-programmées ou pourvues d'une structure déterminée une fois pour toutes. Un autre écueil concerne la caractérisation du type d'emploi de *déjà* concerné : le *déjà* justificatif et le *déjà* de première action (= énumération des phases successives d'un script) sont parfois indissociables (extraits 5-6 *supra*).

Dans le même esprit, Apothéloz & Nowakowska (2013) donnent l'exemple de l'énoncé *Il a déjà renoncé* qui, en fonction de son insertion contextuelle, peut donner lieu à six lectures distinctes (dont une lecture justificative : *Je suis franchement déçu : il a déjà renoncé, si en plus il le fait savoir d'une façon aussi désagréable…*). On pourrait ajouter que, même en ayant accès à un enregistrement complet, l'interprétation de telle occurrence de *déjà* peut demeurer parfaitement indécise.

En conséquence, il est vain de prétendre donner des chiffres définitifs quant au nombre d'occurrences ressortissant aux différents schémas ; il faut se contenter de tendances et accepter le fait que certaines occurrences sont analysables (*i.e.* délimitables ou interprétables) de plusieurs façons. Notre corpus est au demeurant relativement restreint, ce qui incite d'autant plus à la prudence.

Certaines données quantitatives fournies par notre base empirique sont néanmoins éclairantes. On a dit que les occurrences avec *déjà que* et *déjà (+ rien que…)* sont plutôt rares (environ 9,5 %) ; c'est le cas également des organisations sérielles (environ 11 %). Il faut composer avec env. 8 % de cas où il n'est pas pertinent (ou pas possible) de décider entre organisation binaire ou unaire et avec environ 12,5 % des cas où on peut hésiter entre emploi de justification ou de première action. Restent les organisations binaires qui représentent environ 24,5 % et les organisations unaires qui représentent environ 34,5 % du total des occurrences. C'est ce dernier chiffre qui constitue le résultat le plus probant de cette investigation quantitative. Mais soulignons qu'ont été mis au compte des organisations unaires les cas où l'allocutaire interrompt le locuteur, les cas où le locuteur reformule le même argument, les raccords à distance (ex. 21, *infra*), des cas comme *déjà J1, sinon je sais pas*, ou encore les cas singuliers du type de l'exemple 27 (*infra*).

En résumé, dans le corpus de français parlé OFROM, le schéma sériel ainsi que *déjà que* et *déjà (+rien) que…)* demeurent minoritaires, alors que les locuteurs privilégient les schémas unaire et binaire, en recourant au moins aussi souvent au premier qu'au second.

Soulignons pour clore cette partie que si la conclusion apparaît avant ou après les arguments, il est en revanche assez rare de trouver J0 avant J1, mis à part pour *déjà que*. Bien que réputée variable – à raison – (Hansen 2000 : 169, Apothéloz & Nowakowska 2011 : 256), la position de *déjà* est toutefois relativement stable en tête d'énoncé. Ce schéma stéréotypé constitue une pièce à verser au dossier d'une analyse de *déjà* justificatif comme un « phraséologisme » (Apothéloz 2018). Le corpus compte cinq occurrences où *déjà* est postposé et vingt-six occurrences où il est intégré dans la structure :

(20) c'est vrai que quand je suis arrivée ici ce que j'ai apprécié + pour finir c'est que euh mes é- mes préjugés sur euh la brousse euh neuchâteloise étaient faux DÉJÀ + euh et pis que ben j'ai rencontré des tas de gens qui sont DÉJÀ euh *de prime abord* euh: beaucoup plus agréables à: + ben euh ben à rencontrer quoi et y a: y a une ouverture qui est complètement différente de Genève

Dans (20), la première occurrence de *déjà* est postposée, la seconde intégrée. On notera le marqueur *de prime abord*, qui fait écho à la parenté – signalée par de nombreux auteurs – entre *déjà* justificatif et *d'abord* ou *premièrement*.

RETOMBÉES THÉORIQUES

Deux points vont être discutés dans cette seconde partie. D'abord, l'existence de deux (macro-)routines différentes, l'une s'apparentant à la corrélation et l'autre à l'énumération. Ensuite, – et de manière plus circonstanciée – une caractérisation de la « priorité » dont jouit J1 par rapport aux (éventuels) autres arguments co-orientés.

DEUX (MACRO-)ROUTINES DISCURSIVES DISTINCTES

Nos données suggèrent qu'il existe deux routines discursives distinctes, l'une binaire-corrélative (« close »), l'autre sérielle-énumérative (« ouverte »).

- Dans le premier cas, la routine discursive consiste en une organisation *refermée*, le plus souvent binaire. Cette routine s'apparente à une corrélation pragmatique. Les occurrences introduites par *déjà que* et *déjà (+ rien que…)* tombent sous ce cas de figure.
- Dans le second cas, la routine discursive consiste en une organisation *ouverte* (ou *sérielle*). Cette routine s'apparente à une configuration énumérative. Le schéma unaire {*déjà* J1}, qui tombe sous ce cas de figure, suffit à accréditer une conclusion et à suggérer que plusieurs autres arguments pourraient converger vers elle. Cette organisation unaire questionne le rapport entre argumentation et indétermination, puisque les autres éléments de la séquence argumentative demeurent implicites. L'indétermination est également une propriété des structures énumératives. Ainsi, il n'est par exemple pas rare que les séquences énumératives en français parlé soient formées d'un seul item suivi d'une particule d'extension (*tout ça, et tout, etcetera, machin*) (Johnsen 2011, Béguelin & Corminboeuf 2017).

LA PRIORITÉ DE J1 SUR LES AUTRES ARGUMENTS

Rappelons qu'Apothéloz & Nowakowska (2011 : 252) postulent un « gradient de faits justificatifs », le connecteur *déjà* présentant l'argument sous sa portée comme ayant une certaine *priorité* sur les autres arguments éventuels. Morency (2009 : 34) décrit J1 comme l'argument « le plus saillant d'une liste ». Quelle est la nature de la préséance dont jouit l'argument J1 dans les cas où J1 est le seul argument mentionné, dans les cas où J1 n'est pas le premier argument mentionné ou encore dans les cas où J1 et J2 sont fournis par des locuteurs différents ? Plusieurs cas de figure nous conduisent à esquisser le portrait de cette préséance présumée dont *déjà* justificatif serait l'auxiliaire.

Dans l'extrait (21), la conclusion *j'ai adoré…* encadre la séquence *déjà J1* qui développe longuement l'argument de la culture musicale québecoise :

(21) et *j'ai adoré le Québec à ce moment-là* parce que: + [DÉJÀ pour la culture musicale qu'y a là-bas qu'y a pas ici] + ben comme je disais on sortait souvent le soir boire un petit verre ou comme ça + et y a pas un endroit où y a pas un musicien et qui fait + qui chante et tout et pis qui + qui met l'ambiance vraiment + même dans le plus- dans ce qu'on pourrait dire le plus pourri des pubs y a quand même un chanteur qui est là et pis qui motive le public qui qui donne une certaine ambiance tout le temps tout le temps + je veux dire la musique c'est un truc vraiment présent au Québec + y a plein de: de de jeunes a- j'ai découvert plein de jeunes artistes québecois qui sont vraiment géniaux + et euh: et *j'ai adoré ça* quoi c'est ce qui m'a fait vraiment tomber amoureuse du Québec + *en plus de l'accent* + *des paysa:ges euh* + *et tout ça quoi* surtout que là j'avais de la chance j'étais au bord de la mer

À la fin de l'extrait, *en plus de…* introduit des arguments supplémentaires qui surviennent par conséquent après la conclusion – comme si l'étayage de la conclusion se poursuivait au-delà d'une première fermeture de la séquence argumentative : {conclusion + *déjà* J1 + conclusion. – *En plus de* J2, J3}. Aspect remarquable, le marqueur *en plus de* suggère que les arguments J2 et J3 ont une antériorité sur J1. Ils sont présentés comme s'ils étaient évidents, qu'il n'y avait pas lieu de les mentionner. Autrement dit, la beauté des paysages québecois et le côté chaleureux de l'accent comme facteurs d'attachement au Québec font figure de connaissances partagées ; les arguments sont placés hors-débat parce qu'ils sont de notoriété publique. Un extrait comme celui-ci, outre le fait qu'il pose un problème pour le classement (organisation unaire ou sérielle ?), permet de questionner le concept de « priorité » de J1 sur les autres arguments. Dans (21), l'argument musical est prioritaire pour la locutrice ; de son point de vue, il constitue l'argument le plus fort pour aimer le Québec.

Dans l'extrait (22), il est question de la maniabilité du vélo par opposition à la moto :

(22) L1 : elle [i.e. la moto] est lourde c'est pas maniable du tout quoi
(…) = 19 secondes
L1 : un vélo tu t'en fous + euh + tu montes les trottoirs
L2 : [mh mh] tu fais un petit + dérapage
L1 : tu le prends sur l'épaule quand tu montes des escaliers euh pas la moto non + non
L2 : [(rire)] [non] ouais + mh + c'est clair +

L1 : mais ⌈DÉJÀ juste aussi euh + quand tu veux la parquer à un petit endroit ou comme ça c'est vrai que le vélo tu descends tu le portes tu le fous dedans + tandis que: que la moto euh tu dois manœuvrer⌋

Là également, J1 (*juste aussi quand tu veux la parquer…*) est précédé de trois arguments juxtaposés (sans corrélateur) mais co-construits : *tu montes les trottoirs* ; *tu fais un petit dérapage* (fourni par L2) ; et *tu le prends sur l'épaule quand tu montes des escaliers.* Ces arguments viennent étayer la conclusion, à savoir le côté maniable, l'usage accommodant du vélo (en comparaison avec la moto). L'adverbe *aussi* suggère que J1 vient s'ajouter à au moins un autre argument, alors que *déjà* lui octroie un caractère prioritaire – autrement dit, ici, un crédit, une pertinence supplémentaire. Ainsi, J1 n'est pas le premier argument validé dans la mémoire discursive, mais l'argument prioritaire pour la locutrice, en ce sens que c'est un argument qui pourrait être auto-suffisant pour viser la même conclusion. Notons encore que *déjà (+ juste quand…)* remplit le même office que *déjà (+ rien que…)* : la lexie à vocation restrictive referme la longue séquence argumentative.

Dans la même démarche d'interrogation du concept de priorité, considérons l'exemple suivant où le locuteur justifie le choix du nom de son groupe de musique. *Cf.* la conclusion *c'est un nom qui est assez efficace* :

(23) L1 : c'est un nom + qui est assez efficace dans la mesure où il est court + on le retient facilement +
L2 : ouais
L1 : euh peut-être trop facilement il est peut-être un poil banal + mais par contre euh:: + un nom qui commence avec un W ⌈DÉJÀ graphiquement c'est assez sympa aussi + *et pis euh et pis voilà quoi*⌋ + après on a + on a choisi un peu comme ça à une soirée avec euh

L'argument *il est court* (qui étaie *on le retient facilement*) apparaît avant J1 (*graphiquement c'est assez sympa*). À noter, comme dans (22), le *aussi* qui suggère que J1 n'est pas le premier argument cité. *Voilà*, qui referme la structure argumentative, se substitue à l'argument J2, attendu après le « corrélateur » *et pis.* C'est la parenthèse concessive (*peut-être trop facilement il est peut-être un poil banal*) qui conduit à la réouverture de la séquence argumentative après l'argument liminaire (*il est court*). Le retournement argumentatif que réalise *mais par contre* ré-initie en effet une phase argumentative en promouvant J1 au statut d'argument

« prioritaire » ; il contrebalance l'argument anti-orienté de la banalité (*il est peut-être un poil banal*). J1 est ainsi surtout prioritaire par rapport à l'argument concédé.

Si *déjà* accorde effectivement un caractère prioritaire à J1, celui-ci peut être assigné *a posteriori* :

(24) L1 : pis [ton accent] tu l'aimes bien + enfin tu le trouves comment
L2 : bon de toute façon c- c'est quand même assez répandu ⌈on aime pas tellement s'entendre⌉ +
L1 : ouais ouais
L2 : donc ⌈ça euh DÉJÀ⌉ + mais autrement non alors c'est pas forcément euh : mon accent ou bien mes intonations ou mon vocabulaire qui me dérangent [bien] au contraire non non c'est:
L1 : [mh mh]

De plus, dans (24), l'argument est un argument concédé, *cf.* la glose <*certes on n'aime généralement pas tellement s'entendre, mais mon accent ne me dérange pas*>. Cela peut sembler étonnant d'attribuer une priorité à un argument concédé. Mais ici, l'unique argument mentionné s'avère suffisant pour documenter la réserve émise par le locuteur ; J1 est prioritaire par rapport aux autres arguments qui pourraient être mentionnés (par exemple <*mon accent peut s'avérer pénalisant dans certaines circonstances*>). On peut expliquer la seule présence de J1 par le fait que, dans une configuration concessive, la conclusion argumentative du segment concédé est (ici J1) de toute manière annulée ou minorisée par la conclusion associée au segment introduit par *mais*.

Dans la conversation, il arrive également que la priorité soit octroyée à l'argument de l'allocutaire, cité en premier. Le locuteur le reprend à son compte, en l'affublant d'un crédit tout particulier au moyen de *déjà* :

(25) L1 : vas-y pour asseoir ton autorité (rire)
L2 : ouais ben DÉJÀ *pis* pour pouvoir voir euh ceux qui + sont plus à la traîne qui ont plus de peine [c'est pas en- enfin]
L1 : ouais mh

La séquence argumentative est co-construite, chacun des interactants apportant un argument. L2 accorde une priorité à l'argument de L1, tout simplement parce que celui-ci a été cité en premier. Les extraits (24) et (25) montrent bien le caractère méta-énonciatif de *déjà* justificatif.

Un exemple du corpus oral présente deux *déjà* « en miroir » ; il est question d'une visite chez les gens du haut du canton de Neuchâtel :

(26) L1 : des gens avec un accent plus bizarre que le tien c'est ça ? (rires)
L2 : euh moi DÉJÀ j'ai pas d'accent + euh et DÉJÀ *deux* je trouve leur accent incroyable
L1 : [(rires)]

Dans un premier temps, L2 conteste au moyen de J1 le présupposé <tu as un accent bizarre> véhiculé par la demande de confirmation de L1. Dans un second temps, la locutrice rectifie le jugement sur l'accent des gens du haut du canton, en substituant à l'évaluation potentiellement péjorative associée à *bizarre* une épithète à vocation laudative (*incroyable*). Les arguments au service des deux stratégies – contestation et rectification – sont introduits par *déjà*. Dans cet exemple singulier, la seconde occurrence de *déjà* est peut-être une façon de réattribuer une préséance à J2, afin de l'égaler à J1 au plan argumentatif. Le numéral cardinal *deux* suggère que J1 et J2 ne visent pas des conclusions argumentatives distinctes.

Un extrait comme (27)[20] est singulier :

(27) L1 : moi il m'a DÉJÀ énervée parce qu'il nous prenait DÉJÀ A pour des cons parce que il nous a DÉJÀ regardé tout de suite en disant ouais si vous avez des idées préconçues euh
L2 : [ouais]
L1 : [et pis que] vous savez déjà ce que vous voulez faire + pis m- pis effectivement il nous a fait juste des propositions pour nous montrer qu'on était des benêts + [et pis]
L2 : [ouais]
L1 : que ça nous revenait moins cher si on faisait le- est-ce que lui nous proposait

On notera la position intégrée (et non frontale) de *déjà* (après le verbe ou entre l'auxiliaire et l'auxilié)[21]. Au plan prosodique, les occurrences

20 Il y a deux autres exemples de ce genre dans notre corpus.

21 Apothéloz & Nowakowska (2011 : 256) soulignent que la position non frontale permet d'éviter la cooccurrence de deux connecteurs contigus (p. ex. *parce que* + *déjà*). Considérant un exemple comme (27), on peut en outre se demander s'il conviendrait ou non de distinguer un *déjà* justificatif « connecteur » d'un *déjà* justificatif « marqueur discursif ». Voir comme pièce à verser au dossier, les contributions de Paillard (2004) – qui voit dans l'ensemble des manifestations de l'unité *déjà* un « marqueur discursif » – et de Roig &

de *déjà* dans (27) sont partiellement escamotées (prononcées /dja/). La singularité de l'extrait tient à l'orientation de la chaîne causale et au caractère récursif des segments indexés par *déjà* – qui jouent *à la fois* le rôle d'argument (J1, J1' et J1'') et de conclusion (C, C') :

> [moi il m'a DÉJÀ énervée]$_{C'(J1') + J1''}$
> *parce qu'*
> [il nous prenait DÉJÀ A pour des cons]$_{C(J1) + J1'}$
> *parce que*
> [il nous a DÉJÀ regardé tout de suite en disant ouais si vous avez des idées préconçues]$_{J1}$

C(J1) signifie 'conclusion visée par l'argument J1'.

Si on lit la chaîne causale à rebours, l'organisation argumentative est plus limpide, parce que plus conforme au schéma habituel qu'engage *déjà* justificatif :

> [il nous a DÉJÀ regardé tout de suite en disant ouais si vous avez des idées préconçues]$_{J1}$
> *donc*
> [il nous prenait DÉJÀ A pour des cons]$_{C(J1) + J1'}$
> *donc*
> [moi il m'a DÉJÀ énervée]$_{C'(J1') + J1''}$

Comme dans (26), ce qui est ici perturbant, c'est que la locutrice fait comme s'il y avait plusieurs justifications prioritaires. À notre connaissance, ce cas de figure (27) n'est pas répertorié comme tel dans la littérature scientifique.

En résumé, J1 peut être jugé prioritaire pour diverses raisons, notamment celles-ci :

- il est exprimé en premier ; J1 ne présente pas forcément de « différence de force » (Hansen 2000 : 171) par rapport aux autres arguments ;
- l'antécédence du contenu de J1 (« acquis », dans la perspective d'Hansen 2000), lui confère une priorité chronologique. Ainsi,

---

Van Raemdonck (2018) qui, eux, militent au contraire en faveur de son statut uniforme d'adverbe. À notre sens, les occurrences de *déjà* dans (27) ressortissent à l'emploi justificatif et *déjà* s'y comporte comme un connecteur de plein statut.

dans l'exemple (16) *supra* : DÉJÀ QUE *j'arrivais pas écrire des longues lettres en français + fallait en tout cas pas me demander d'écrire des longues lettres en allemand.* Or, la lexie *en tout cas*, qui a ici le sens de « à plus forte raison », semble paradoxalement suggérer que l'argument J2 est plus fort que J1.

- il est verbalisé par l'allocutaire, et ratifié par le locuteur au moyen de *déjà* (24) ;
- l'argument est peu disponible dans la mémoire discursive, et *déjà* a vocation à augmenter sa saillance (voir l'exemple 21 où les autres arguments au service de la conclusion font partie de prérequis culturellement partagés).
- il peut se révéler suffisant pour viser une conclusion argumentative (ex. 10-11). Un argument est doté de beaucoup de crédit, est très proéminent aux yeux du locuteur qui le présente dès lors, au moyen de *déjà*, comme le plus important. Il est ainsi le seul argument cité. Pour diverses raisons, il est inutile d'en mentionner d'autres, ou alors la prise du tour de parole par l'allocutaire interrompt la séquence argumentative. Dans le cas particulier de la lexie *déjà (+ rien que…)*, la composante restrictive exhibe l'autosuffisance de J1.

Le principe de la « priorité » de J1, protéiforme, doit être appréhendé de manière souple. Les extraits (26) et (27) suggèrent que plusieurs justifications peuvent être présentées comme prioritaires.

On a observé que plus d'un tiers des occurrences de notre corpus ne présentent que l'élément J1. Certes cette proportion considérable d'organisations unaires questionne le concept de « priorité » reconnu à l'argument J1. Mais on peut penser que c'est précisément la priorité attribuée à J1 par rapport à J2 qui explique que J1 puisse être en quelque sorte autosuffisant.

CONCLUSION : RETOUR SUR LA NOTION DE « JUSTIFICATION »

La propriété la plus singulière de *déjà* justificatif est son statut méta-énonciatif. On l'a dit, le connecteur *déjà* établit une relation qui a pour termes non des faits, mais des énonciations.

Comment caractériser plus précisément cette dimension justificative ? Apothéloz & Brandt (1992) font la distinction entre « expliquer » et « justifier ». (i) On peut expliquer pourquoi telle chose est ainsi (il s'agit d'une raison d'être). La connaissance est accrue au moyen d'un raisonnement proprement causal. Ce sont des contenus qui sont mis en jeu. (ii) Mais on peut aussi – c'est là la dimension justificative – indiquer pourquoi on peut dire telle chose (il s'agit d'une raison de dire, ou de croire). Dans ce cas, c'est la crédibilité d'un contenu, le crédit d'un jugement qui est accru(e). Ce sont des actes d'énonciation qui sont mis en jeu. Ainsi, il y a lieu de distinguer deux stratégies souvent superposées et dont le départ n'est nullement évident, celle qui consiste à (i) expliquer une chose par une autre, et celle qui consiste à (ii) faire croire à un contenu. Dans la configuration que nous avons étudiée, l'énonciation indexée par *déjà* rend plus vraisemblable (= accrédite, étaie) une conclusion (Apothéloz & Brandt 1992). Ainsi, J1 se présente comme une raison d'affirmer ou de croire à la conclusion argumentative (explicite ou implicite). La routine argumentative qui contient *déjà* justificatif mobilise par conséquent la dimension praxéologique du discours.

Gilles Corminboeuf
Université de Fribourg

EXPRESSION DU HAUT DEGRÉ ET CONSTITUTION DE DIPTYQUES SYNTAXIQUES

Le cas de *pouvoir* (*bien / toujours...*) et *avoir beau* + infinitif

PRÉAMBULE[1]

L'étude qui va suivre est consacrée aux diptyques concessifs formés à l'aide de [*pouvoir* (formule intensive) + infinitif] et à l'aide de la formule [*avoir beau* + infinitif]. Voici quelques exemples représentatifs de ces séquences fort courantes en français moderne, dont la structure syntaxique prête à controverses :

(1) (a) Ces matins-là, [les oiseaux *peuvent bien* s'égosiller,]$_{A}$ [je ne me lève pas.]$_{Z}$ (*Frantext* : C. Marin, *Hors de moi*, 2008)[2]
(b) Heureusement, comme dit le prof d'histoire, [ils *peuvent toujours* tout prendre]$_{A}$, [on le récupérera après.]$_{Z}$ (*Frantext* : M. Bood, *Les Années doubles : Journal d'une lycéenne sous l'Occupation*, 1974)
(c) [Il *peut trembler tant qu'il voudra*]$_{A}$ [il ne l'empêchera pas de faire ce qu'il lui plaît, de mener la conversation comme elle l'entend.]$_{Z}$ (*Frantext* : N. Sarraute, *Le Planétarium*, 1959)
(d) [Il *peut* changer de fringues,]$_{A}$ [il a toujours l'air d'un taulard.]$_{Z}$ (V. Despentes, *Vernon Subutex*, t. 1, 2016 (= 2015), p. 298)

1 Le présent travail a été réalisé dans le cadre du projet FNS 100012-146773 « Marqueurs corrélatifs entre syntaxe et analyse du discours », dirigé par M.-J. Béguelin. Nous tenons à remercier Alain Berrendonner pour sa relecture attentive d'une première version de cette étude et pour ses suggestions d'amélioration, dont nous avons tenu compte dans la mesure de nos moyens.

2 Sauf indication contraire, les italiques figurant dans les exemples sont de notre fait.

(2) (a) [Pamela *a beau* se méfier des féministes,]$_A$ [à la longue leurs discours finissent par lui entrer dans la tête.]$_Z$ (V. Despentes, *Vernon Subutex*, t. 3, 2017, p. 172)
(b) [Il *avait beau* être laid,]$_A$ [c'était un tombeur.]$_Z$ (V. Despentes, *Vernon Subutex*, t. 3, 2017, p. 213)
(c) [T'*as beau* être cassé,]$_A$ [bienvenue au club !]$_Z$ (Affiche en faveur du recyclage des déchets, Genève, été 2017)

Comme dans d'autres travaux dus aux membres du Groupe de Fribourg, nous étiquetons par A et Z, dans nos exemples, les constituants des binômes asyndétiques, en référence à la notation appliquée par C. Bally au traitement des phrases segmentées[3]. Il ne faut voir dans ce choix aucun contenu théorique : il nous permet simplement d'éviter de statuer *a priori* sur le nombre d'unités « phrastiques » contenues dans nos diptyques et sur la nature de la connexion (syntaxique ? discursive ?) qui s'établit entre leurs membres. À cet égard, la graphie fournit, notons-le, des indices contradictoires : si [A] et [Z] sont fréquemment séparés par une virgule, v. (1a, b, d), (2a-c), le ponctuant peut aussi faire défaut, v. (1c) ; et dans d'autres cas, [A] et [Z] sont démarqués comme dans (3) par une ponctuation forte (point, deux points, etc. ; v. aussi plus bas (22), (23), (27)) :

(3) (a) Règne chez lui une odeur de chaussette trop portée, ce parfum typique du vieux garçon. [Il *peut* ouvrir les fenêtres, se parfumer.]$_A$ [Cette odeur marque son territoire.]$_Z$ (V. Despentes, *Vernon Subutex*, t. 1, 2016 [= 2015], p. 18)
(b) Non, [on *avait beau* vider les porte-monnaie, retourner les poches.]$_A$ [Rien.]$_Z$ Que de petites pièces, jamais assez. (*Frantext* : M. Sizun, *Éclats d'enfance*, 2009)
(c) [Elle *avait beau* frotter les parquets à la paille de fer et les cirer, passer le chiffon à poussière, laver à grande eau la cuisine et la salle de bains, faire briller la vaisselle et les verres en cristal rapportés d'Allemagne :]$_A$ [tout était toujours fini trop tôt, et la journée trop longue.]$_Z$ (*Frantext* : E. Bloch-Dano, *Porte de Champerret*, 2013)
(d) Elle lui dit « *tu as beau* être le chef des CRS… je suis encore ta mère ! » (web)

---

3 Voir par exemple Corminboeuf (2009), Groupe de Fribourg (2012) et, à titre de rappel : « Nous appelons *phrase segmentée* une phrase unique issue de la condensation de deux coordonnées, mais où la soudure est imparfaite et permet de distinguer deux parties dont l'une (A) a la fonction de thème de l'énoncé, et l'autre (Z) celle de propos […] » (Bally 1944 : 60-61, § 79).

Les séquences concessives [AZ] avec *pouvoir* et *avoir beau* ont été qualifiées de « construction[s] corrélative[s] » par M. Riegel *& al.* (2009[4] : 873). Pourtant, elles sont dépourvues du marquage morphologique « binomial » définitoire de la corrélation *stricto sensu* (v. Allaire 1983 ; Schnedecker 2006 ; Inkova & Hadermann 2013 ; Roig 2015). D'autre part, la dépendance entre les membres [A] (protase) et [Z] (apodose) semble unilatérale plutôt que bilatérale : alors que [Z], dans tous les exemples cités ci-dessus, se passe aisément de [A], l'effacement de [Z] donne des résultats plus aléatoires, notamment dans les exemples de la série (2) où le constituant avec *avoir beau* préfigure (ou laisse fortement attendre) une suite (v. Béguelin & Corminboeuf 2016 et plus bas p. 181-182).

En dépit de ces différences, nos diptyques partagent avec les corrélatives typiques certains points communs. Comme le type *plus… plus*, etc., ils montrent une affinité pour les expressions quantitatives au sens large (ainsi *beau*, qui dans *avoir beau dire* exprime le plein accomplissement du fait, tout en laissant entendre que son but ne sera pas atteint). Dans les concessives avec *pouvoir* V_{inf}, le membre [A] peut se présenter avec *pouvoir* seul ((1d), (3a)), mais il s'accompagne plus souvent du terme *bien* indiquant une validation ou une confirmation (Morel 1996 : 23), de *toujours*, qui marque une permanence[4], ou de *tout ce que* ou *tant que* suivis d'une forme conjuguée du verbe *vouloir*. D'autres marqueurs hyperboliques ou de haut degré, comme le *tout* de (1b) ou le sème intensif du verbe *s'égosiller* dans (1a), peuvent s'y ajouter. Autre point de ressemblance avec les corrélatives canoniques, il arrive que le membre [Z] soit marqué par les expressions comparatives anaphoriques *pour autant* ou *ne (en)… pas moins* (v. Morel 1996 : 110-115 ; Mellet 2008) :

(4) (a) [On *peut toujours trahir* pour la bonne cause,]$_A$ [on n'*en* est *pas moins* traître.]$_Z$ (*Frantext* : A.-M. Garat, *Dans la main du diable*, 2006)
(b) [On *a beau être* de l'autre côté de l'Atlantique, sous les tropiques, alourdies d'appareils photo, environnées de peaux d'autres couleurs,]$_A$ [on n'est pas *pour autant* ailleurs.]$_Z$ (*Frantext* : E. Viennot, *État des lieux*, 2012)

En ce cas, la présence de *pouvoir* ou *avoir beau* dans [A] trouve une forme de contrepartie, fût-elle facultative, dans [Z], car le contenu informationnel de [A] est requis pour saturer l'interprétation des anaphoriques *en*, *autant*. Il en découle que [Z] n'est pas aussi « libre » dans (4) qu'il

4 Par hasard, dans (1d), une expression intensive figure dans l'apodose.

l'est dans (1) et (2). Si l'on peut à la rigueur parler ici d'une forme de corrélation, on est loin cependant d'avoir affaire à des « corrélateurs » au sens développé par F. Mouret (2013). Voir aussi les pertinentes réflexions de J. Deulofeu (2001) sur les limites de la notion de corrélation.

Dans le cadre de cette étude, nous poserons les questions suivantes :

(i) Quels points communs et quelles différences peut-on mettre en évidence entre les diptyques avec *pouvoir* et ceux avec *avoir beau* ?
(ii) Par quelles voies ces diptyques ont-ils acquis, à quelques siècles de distance dans l'histoire du français, un sens concessif ?
(iii) Quelle est, dans l'un comme dans l'autre cas, la nature du lien syntaxique qui relie les membres [A] et [Z] ?
(iv) Les observations que l'on peut faire à propos de ces diptyques ouvrent-elles sur de possibles généralisations ?

Nous procéderons de la manière suivante. D'abord, nous présenterons succinctement les propriétés sémantiques de la concession, avant de rappeler la manière dont nos structures ont été traitées par les grammairiens et les lexicographes (au titre de la *concession* dite *lexicale* ou *paratactique*). Nous consacrerons ensuite à nos diptyques en *pouvoir* et *avoir beau* V_{inf} deux monographies synthétiques. À partir d'exemples examinés en contexte, nous nous interrogerons, dans l'un comme dans l'autre cas, sur les circonstances qui sont susceptibles de favoriser la satellisation de [A] en tant que protase concessive, et puis sur les indices morphosyntaxiques qui révèlent la manière dont les locuteurs traitent la suite [AZ] (une ou deux *clauses*, au sens du Groupe de Fribourg, c'est-à-dire un ou deux « 'îlots syntaxiques' dotés de connexité interne et d'autonomie externe » ? (2012 : 19)) En guise de conclusion, nous tirerons les enseignements d'une comparaison qui mériterait d'être étendue à d'autres types de concessives impliquant l'expression du haut degré. Par cette étude comparée de deux diptyques inégalement routinisés, nous espérons ouvrir quelques pistes de réflexions utiles au traitement des corrélatives *stricto sensu*, où deux propositions se satellisent réciproquement (v. Allaire 1982 ; Savelli 1993, Roig 2015).

BREF ÉTAT DES LIEUX

LA CONCESSION

Le nom de concessives est appliqué à des structures très diverses au plan formel, mais qui partagent des traits communs au plan sémantico-logique (v. Martin 1987 ; Soutet 1990 ; Spevak 2005). Soit quelques variations sur le thème de (1a) :

(i) Les oiseaux peuvent bien / ont beau s'égosiller, je ne me lève pas.
(ii) Même si les oiseaux s'égosillent, je ne me lève pas.
(iii) Bien que / Quoique les oiseaux s'égosillent, je ne me lève pas.
(iv) Si fort que les oiseaux s'égosillent, je ne me lève pas.
(v) Malgré les oiseaux qui s'égosillent, je ne me lève pas.
(vi) (Certes) les oiseaux s'égosillent. Mais / pourtant je ne me lève pas.
(vii) Je ne me lève pas, encore que les oiseaux s'égosillent. (Etc.)

Il est communément admis que (i)-(vii), au-delà de leurs différences formelles, partagent les propriétés suivantes :

(α) Elles assertent la coexistence, dans l'univers de référence m_0, de deux faits, le *chant des oiseaux* et le *non-lever* du locuteur.
(β) Elles présupposent, dans un monde alternatif $\overline{m}$, l'existence d'une relation hypothético-causale à caractère générique, de type *si les oiseaux chantent, alors on se lève.*

Autrement dit, ces séquences font allusion à un stéréotype inférentiel en principe fiable, mais déclaré conjoncturellement inopérant, selon lequel le chant des oiseaux déclenche le saut du lit – à plus forte raison si ce chant est porté à un haut degré d'intensité (v. Fradin 1977, Muller 1993, Gachet 2014).

Voici en quels termes R. Martin (1987) et M.-A. Morel (1996) ont caractérisé le déclenchement du sens concessif :

> [...] dans tout énoncé concessif, on perçoit, sous-jacente, inscrite dans une image d'univers, une relation hypothétique dont l'antécédent est vrai et dont le conséquent est faux. (Martin 1987 : 81)[5]

5 Ce qui conduit l'auteur à la formalisation suivante : « m_0 : $p \wedge q$ / $\overline{m}$: (si p, ~q) » (Martin 1987 : 83).

> [...] lorsqu'on pose ensemble deux propositions A et B et que l'on considère que B se présente comme la négation du terme que l'on associe normalement à A [...], on établit une relation concessive entre A et B, quelles que soient la structure des énoncés A et B et la nature du lien formel qui les unit (*bien que, même si, si... que, malgré* etc.). (Morel 1996 : 7)

La concession a par ailleurs été caractérisée comme une causalité niée, contrariée ou empêchée (une anti-cause ; v. entre autres Martin 1987 ; König & Siemund 2000 ; Béguelin 2012). Elle a fait l'objet de traitements dialogiques ou polyphoniques, assignant à des instances différentes la prise en charge du lien de causalité présupposé (β) d'une part, et l'assertion de son inefficacité conjoncturelle (α) d'autre part (v. Riegel *& al.* [4]2009 : 861 ; Morel 1996 ; Mellet 2008 ; Rossari 2008).

CONCESSION LEXICALE

Les constituants avec *pouvoir* (*bien, toujours* etc.) et *avoir beau* sont traités comme concessifs par les grammairiens et les lexicographes. Regroupés sous une même rubrique par K. Sandfeld ([3]1977 : § 240) et par M.-A. Morel (1996 : 72-76), ils sont assignés à une forme de concession qualifiée de *lexicale*, marquée non à l'aide de connecteurs, mais par le biais d'une « locution verbale modalisatrice » (Riegel *& al.* [4]2009 : 873). Ils sont réputés partager certaines propriétés, comme d'apparaître toujours en tête de séquence (c'est-à-dire en position de protase), de se laisser gloser par une « subordonnée » en *bien que* ou en *même si*, de ne pouvoir apparaître ni sous forme négative, ni sous forme interrogative[6] : (v. Morel 1996 : 72). Enfin, ils servent couramment de paraphrase l'un à l'autre[7].

La formule avec *pouvoir*, à notre connaissance, n'a pas fait l'objet d'études bien fouillées : elle est évoquée principalement dans des travaux dédiés à la modalité et à la polysémie de *pouvoir* (v. Sueur 1977a et b, 1979, 1983 ; Fuchs 1983 ; Barbet 2013). Quant à la concessive avec *avoir beau*, elle est nettement mieux connue ; présentée comme un « gallicisme » dans les grammaires traditionnelles, elle a de longue date intrigué philologues, linguistes, curieux de la langue[8]. Nous y reviendrons plus bas.

---

6 Nos données indiquent toutefois, on le verra plus loin, que les deux premières caractéristiques ne se vérifient pas dans tous les cas.

7 *Pouvoir bien* est ainsi glosé par *avoir beau* dans le *TLFi*, *s. v. bien*[1], adv.

8 Voir le commentaire suivant de G. Genette, accompagné d'un joli florilège : « *Beau*. Son sens est toujours énigmatique, surtout dans la locution *avoir beau* : "On a beau dire..."

Enfin, dans le cadre des activités du Groupe de Fribourg, les auteurs du présent article ont signé ou co-signé, à propos de ces binômes ou de séquences apparentées, plusieurs études dont celle-ci constitue un prolongement et auxquelles nous nous permettons de renvoyer pour plus de détails : sur *avoir beau* V_{inf} : Conti & Béguelin 2010 ; Béguelin & Conti 2010 ; Béguelin 2010 ; sur *pouvoir bien* V_{inf} : Gachet & Béguelin 2016 ; sur les construction à « télescopage temporel » : Gachet 2013 ; sur les concessives extensionnelles du type *si grand soit-il* : Gachet 2014.

CONCESSIVES PARATACTIQUES

Au plan syntagmatique, les exemples (1) et (2) se présentent comme un couplage de noyaux prédicatifs dont le second peut être non verbal (v. la forme du membre [Z] de (2c) et de (3b) *supra*). L'appellation usuelle de *concessives paratactiques* ou *asyndétiques* permet d'identifier commodément nos séquences. Cependant, en elle-même, elle ne dit rien sur la nature de la connexion qui s'établit entre [A] et [Z] (coordination ? subordination ? corrélation ? autre chose encore ?), ni sur le statut des segments couplés (clauses autonomes ou non ? « phrases » ou « sous-phrases » ?)[9]. S'agissant de tels groupements, Ch. Benzitoun & F. Sabio ont relevé à juste titre :

> Le problème qui se pose d'emblée est celui de la différence entre les regroupements auxquels on peut donner un statut syntaxique et ceux qui relèvent plutôt des enchaînements discursifs non grammaticalisés. (Benzitoun & Sabio 2010 : § 16)

Ci-dessous, nous examinerons, à travers le cas de *pouvoir bien / toujours / tout ce que…*, les conditions discursives favorables à l'interprétation concessive, qui ne concerne on le verra qu'une faible partie des occurrences.

"J'ai beau faire, tout m'intéresse" (Valéry) ; "On a beau être bien conservé, ce n'est jamais que de la conserve" (René Dorin) ; "J'ai beau en écouter, je n'arrive pas à aimer Wagner. – Ça ne fait rien, Madame" (Debussy ?). Chamfort renchérit dans ces deux citations assez perverses : "Un homme disait à table : 'J'ai beau manger, je n'ai plus faim'", et : "Un homme fort riche [peut-être le même] disait en parlant des pauvres : 'On a beau ne rien leur donner, ces drôles-là demandent toujours.'" Cette remarque est restée d'actualité, tant l'ingratitude nourrit l'obstination. Et encore, imparable, je ne sais plus où chez Giono : "Ils avaient beau se surveiller, ils se surveillaient trop." » (*Frantext* : G. Genette, *Bardadrac*, 2006)

9 Sur les difficultés inhérentes à la notion ambiguë de parataxe, où les auteurs voient tantôt une juxtaposition d'entités indépendantes, tantôt un mode de subordination asyndétique, v. Béguelin, Corminboeuf & Avanzi 2010.

Nous présenterons ensuite la structure avec *avoir beau*, où l'interprétation concessive s'est au contraire imposée massivement et depuis longtemps. Nous tenterons de caractériser la nature de la connexion qui s'établit entre les membres de nos diptyques, lesquels sont considérés, de manière un peu rapide, comme des cas de « subordination implicite » par M.-A. Morel (1996 : 72).

CONCESSIVES « PARATACTIQUES » OU ASYNDÉTIQUES

POUVOIR (*BIEN, TOUJOURS*, ETC.) + INFINITIF

D'après nos premiers comptages, qui concernent le seul *pouvoir bien* (et qui demanderont à être à la fois confirmés et étendus aux variantes avec *toujours* et *tout ce que…*), les concessives avec *pouvoir* apparaissent à date relativement récente dans l'histoire du français, soit au cours du XVIIIe siècle. Avant cette date, nous n'avons trouvé que des témoignages avec un marqueur oppositif explicite, comme *mais*, du type de (5) *infra*. Quant aux données modernes, elles appellent les commentaires suivants.

Emplois concessifs

Les emplois concessifs de *pouvoir (bien, toujours, …)* V_{inf} se présentent sous deux formes : syndétique, la plus fréquente (5) ; asyndétique, visée plus particulièrement par la présente étude (6) :

(5) (a) Tu *peux bien le répéter*, *mais* je t'aurai à l'œil (*Frantext* : R. Queneau, *Les Fleurs bleues*, 1965)
(b) Tu *peux toujours faire joujou*, *mais* tu n'y arriveras pas. (*Frantext* : R. Sabatier, *Les Filles chantantes*, 1980)
(c) Bien sûr, un obstacle insolite et peu visible *pouvait toujours s'interposer* ; *mais* je me sentais l'esprit assez dégagé pour ne pas en avoir peur. (*Frantext* : P. Pachet, *Autobiographie de mon père*, 1987)

(6) (a) Le mistral *peut bien souffler* fort, la maison tient. (A. Bois, *Et le jour pour eux sera comme la nuit*, 2009, *in* Gachet & Béguelin 2016)

(b) Dans les bras de Patrick, Nicolas avait l'impression d'être grimpé sur un arbre pour échapper à une horde de loups. Ils *pouvaient toujours gronder, baver, griffer* le tronc, lui était en sécurité sur la plus haute branche. (*Frantext* : E. Carrère, *La Classe de neige*, 1995)
(c) Ils *peuvent faire tout ce qu'ils veulent* pour s'incruster dans les régions de la raison, c'est en vain. (*Frantext* : L. Violet et M. Desplechin, *La Vie sauve*, 2005)

Les occurrences (5) mettent en jeu le connecteur adversatif *mais*. À ce titre, ils relèvent de ce que M.-A. Morel a nommé la *concession argumentative* (1996 : 15-16) : après une assertion [A], le locuteur en limite *a posteriori* la portée, voire la valeur de vérité, via une coordonnée [Z] introduite par *mais*, anti-orientée du point de vue argumentatif.

Les exemples (6) relèvent quant à eux du schéma de la *concession logique*, tel qu'il a été formulé par R. Martin et M.-A. Morel (v. *supra* p. 165 et n. 5) : un procès, même dûment validé, même porté à un degré élevé, voire extrême, n'entraîne pas les suites que laisse attendre une inférence préconstruite, ancrée dans le savoir partagé des interlocuteurs. La protase [A] se laisse alors gloser à l'aide de *même si* ou *malgré*, et l'apodose [Z] signale la vanité ou l'inutilité du procès concerné (*souffler*, *gronder*, etc., *faire* dans (6a-c)).

Du rapprochement de ces deux situations, il serait prématuré toutefois de conclure que le type (6) découlerait de (5) par chute du coordonnant. Nous verrons plus bas que la thèse de l'effacement est superflue (p. 171-172 et p. 181).

Emplois non concessifs

Comme en témoignaient déjà les exemples (5), la construction avec *pouvoir*, même accompagnée de renforçateurs, ne joue pas toujours, loin s'en faut, le rôle d'un préambule concessif : elle peut tout à fait accomplir une assertion qui se suffit à elle-même (éventualité, permission, ordre indirect…). Elle ne relève pas alors de la cause inopérante, et n'appelle pas de corrélat :

(7) (a) *il pourrait bien pleuvoir avant ce soir* (oral)
(b) « Attention à ne pas totalement sacrifier votre scolarité, *ça peut toujours servir…* » (Frantext : S. Osmont, *Éléments incontrôlés*, 2012).
(c) Elle n'interdisait rien. *Nous pouvions faire tout ce que nous voulions.* Même des bêtises. Même de foutues bêtises. (*Frantext* : R. Forlani, *Gouttière*, 1989)

Par ailleurs, la construction verbale avec *pouvoir*, notamment quand elle a une visée injonctive, peut très bien aussi s'accompagner d'une partenaire [Z] dont la fonction est causale, explicative ou justificative :

(8) (a) [Vous pouvez bien attendre,]$_A$ madame, [vous êtes en prison.]$_Z$ (H. Castel, *Retour d'exil d'une femme recherchée*, 2009, *in* Gachet et Béguelin 2016)
(b) [On *peut toujours interroger* des suspects,]$_A$ [ils diront toujours quelque chose, qui amènera à d'autres suspects.]$_Z$ (*Frantext* : A. Jenni, *L'Art français de la guerre*, 2011)

Certaines occurrences sont cet égard sous-déterminées. Ainsi, (8c) peut actualiser aussi bien une routine causale (≅ [A] *puisque* [Z]), qu'une autre avec concessive-conditionnelle (≅ *même si* [A] [Z]) :

(8) (c) Et [*je peux bien perdre* un bouton de chemise,]$_A$ [j'ai mon nécessaire de couture, fils, aiguilles, pour le recoudre.]$_Z$ (*Frantext* : L.-É. Martin, *Le Tremblement : Haïti, 12 janvier 2010*, 2010)

Au total, les exemples non concessifs de *pouvoir bien* sont largement majoritaires dans les textes que nous avons consultés. D'après des sondages partiels effectués dans *Frantext*, l'emploi concessif ne représente qu'environ 10 % des occurrences[10]. Un premier coup d'œil dans la même base laisse à penser que cet emploi est assez peu fréquent également pour *pouvoir toujours*, de même que pour les versions avec d'autres renforçateurs. Ce qui pose la question des conditions d'émergence du sens concessif dans ce type de formule.

Facteurs favorisant l'interprétation concessive

Dans une précédente étude (Gachet & Béguelin 2016), nous avons exploré les facteurs favorables à l'interprétation concessive de *pouvoir bien* et montré que des faits inhérents, tels le sens de *pouvoir* et de *bien*, n'y sont pas étrangers. Mais l'interprétation concessive est aussi, voire surtout, le résultat d'une interférence qui s'instaure entre la clause avec

10 F. Gachet a étudié dans *Frantext*, entre les années 1601 et 2010 et dans des tranches de 20 ans, les 100 premiers résultats fournis par la recherche de la forme fléchie de *pouvoir bien*. Il a constaté que les emplois concessifs asyndétiques n'apparaissaient pas avant la tranche 1761-1780 (2 exemples), et ne dépassaient jamais ensuite 10 occurrences par tranche temporelle. Par ailleurs, les emplois avec *mais* restaient toujours plus nombreux que les emplois asyndétiques (v. Gachet & Béguelin 2016 : 79, note 7).

pouvoir et l'état courant de la mémoire discursive (ci-après M)[11]. Nous avons ainsi observé que l'interprétation concessive était de mise quand [A] évoque un fait déjà avéré, dont il est non-pertinent, du point de vue informationnel, d'évoquer la possibilité (ainsi, en cas de pluie notoire : *il peut bien pleuvoir, cela ne m'empêchera pas de sortir*) ou, au contraire, quand il évoque un fait extrême et manifestement improbable (*la terre peut bien cesser de tourner, ce monsieur ne changera pas d'avis*) : l'énoncé [A] avec *pouvoir* laisse alors fortement attendre une suite [Z] de type conséquence niée.

Dans d'autres cas, l'idée de cause ineffective peut avoir été installée au préalable, donc être déjà validée en M au moment où survient la clause avec *pouvoir*. En voici une illustration[12] :

(9) Et les patères pour accrocher ses vêtements, *on pouvait toujours les chercher* (*Frantext* : M. Sonnet, *Atelier 62*, 2008)

Isolé de son contexte, l'extrait ci-dessus est sous-spécifié : il pourrait éventuellement être suivi d'une clause justificative [Z] *on finissait chaque fois par les trouver* ; mais une interprétation concurrente, peut-être préférentielle, repose sur l'inférence d'une apodose *on ne les trouvait pas*. Il ne s'agit plus alors de l'expression de la cause, mais de celle de l'action inopérante, de la causalité niée. Or, si l'on replace l'exemple dans son contexte, on s'aperçoit que c'est la seconde lecture qui est préparée en amont :

(9') Entartrés les pommes de douches et les mitigeurs – l'eau coulait n'importe comment –, défoncés les caillebotis, et même dangereux avec des bouts de vis rouillées qui dépassaient du bois. Leurs pieds écorchés. Et les patères pour accrocher ses vêtements, *on pouvait toujours les chercher : arrachées depuis longtemps*. (*Frantext* : M. Sonnet, *Atelier 62*, 2008)

11 Le Groupe de Fribourg désigne par « mémoire discursive », ou M, « l'ensemble évolutif de représentations publiquement partagées qui s'élabore [...] coopérativement au long d'un discours » (2012 : 22). M engrange l'information partagée par les interlocuteurs – qu'elle soit d'origine verbale ou non verbale – ainsi que les inférences qui en découlent en vertu du principe de pertinence (Sperber & Wilson 1989). Dans ce modèle théorique, locuteur et allocutaire n'interagissent pas entre eux de manière immédiate, comme dans les approches conversationnelles et interactionnelles classiques : ils ne font que réagir tour à tour aux états successifs de M. Pour plus de détails sur ce modèle de la communication « à trois participants », incluant M, v. Groupe de Fribourg 2012.

12 Pour d'autres exemples et un commentaire plus détaillé des mécanismes sémantiques et pragmatiques en jeu, v. Gachet & Béguelin 2016.

L'isotopie générale du passage est celle de la dégradation des installations sanitaires ; et la pertinence de l'inférence « inutilité de la recherche de patères » est corroborée après coup par la clause averbale *arrachées depuis longtemps*, qui confirme l'hypothèse d'une quête vouée à l'insuccès. L'exemple suivant permet aussi de montrer comment l'interprétation concessive s'élabore en contexte :

(10) Un paysan sur son tracteur s'arrêta en le voyant en vain tambouriner à la porte. « *Vous pouvez toujours essayer...* Il est là, mais il n'ouvre à personne. » (*Frantext* : C. Roy, *La Traversée du Pont des Arts*, 1979)

La clause en italiques de (10) hésite, à notre avis, entre deux interprétations : elle peut être une invitation à essayer (au sens de « essayez (quand même), vous verrez bien ») ou, à l'inverse, une invitation à renoncer (au sens d'« inutile d'essayer », par ellipse d'une apodose de type *ce n'est pas la peine*, ou alors en interprétant la phrase qui suit *Il est là, mais il n'ouvre à personne* comme l'apodose quelque peu différée d'une protase concessive). Comme la vanité des efforts a été validée au préalable (*le voyant en vain tambouriner*), le contexte fournit un indice fort, quoique non contraignant, en faveur de la seconde interprétation, qui peut sembler plus appropriée au regard de l'état courant de M. Le recours au principe de pertinence (Sperber & Wilson 1989) suffit ainsi à rendre compte de la séquence concessive asyndétique, sans qu'il y ait lieu de poser le mystérieux effacement d'un connecteur de type *mais* ou *car* (v. p. 169, 181).

Apodose implicite

Les exemples où *pouvoir* est accompagné de *toujours* connaissent des emplois sans corrélat, qui n'en déclenchent pas moins une inférence de type « ça ne servira à rien » :

(11) (a) Il aurait bien voulu savoir, le vieux crocodile, où je l'afurais [= cachais] mon petit pèze !... mon aubert [= argent] mignon !... *Il pouvait toujours courir* ! J'avais la prudence absolue... J'avais bien été à l'école... (*Frantext* : L.-F. Céline, *Mort à crédit*, 1936)

(b) – Tu m'excites, fit Yazid.
– *Tu peux toujours courir*, toi, répondit Nathalie.
– Sois sympa, implora Yazid.

– Bas les pattes, gros cochon. (*Frantext* : F.-O. Giesbert, *L'Affreux*, 1992)

(c) Quand une fille est sérieuse, *tu peux toujours courir* pour la sauter. (*Frantext* : J.-P. Sartre, *La Mort dans l'âme*, 1949)

(d) Elle lui rendit son sourire : à présent, c'est moi qui ai un secret et tu *peux toujours essayer* de me le faire dire. (*Frantext* : J.-P. Sartre, *La Mort dans l'âme*, 1949)

(e) [...] ni la paire de boules pour remplacer celle perdue l'autre jour dans le sous-bois et qu'en acheter *une seule* tu *peux toujours essayer*, ni les divers surgelés qu'entre parenthèses vaudrait mieux pas trop tarder à fout' au congé, [...] (*Frantext* : J.-L. Benoziglio, *La Voix des mauvais jours et des chagrins rentrés*, 2004 ; *une seule* est en italiques dans le texte)

L'exemple de L.-F. Céline (11a) présente, au plan discursif, certaines analogies avec celui de C. Roy commenté sous (10) :

1. *A priori*, il y a validation en M de l'échec des efforts du *vieux crocodile*, via le conditionnel contrefactuel *aurait bien voulu savoir*.
2. *A posteriori*, il y a confirmation, par voie de sous-entendu, de l'inutilité de l'effort entrepris (*j'avais la prudence absolue* permet d'inférer « il était impossible de découvrir mes cachettes »).

Ici cependant, et à la différence du *vous pouvez toujours essayer* de (10), l'interprétation de la clause avec *pouvoir bien* en tant qu'invitation (sincère) à courir n'est pas de mise : il y a eu lexicalisation de l'inférence de type *en vain*. Ce qu'entérine la glose du *TLFi s. v. courir* : « Fam. *Tu peux* ***toujours courir*** ! Tu auras beau faire, tu n'obtiendras pas ce que tu veux[13]. » Dans (11a-c), *pouvoir toujours courir* ne saurait être interprété que comme une invitation ironique, émancipée du schéma concessif, intégrant l'idée de vanité. L'absence d'apodose va de pair ici avec le transfert de la valeur d'inutilité dans la formule *pouvoir toujours*, avec pour conséquence une accommodation du sens de *toujours*, dont l'une des acceptions répertoriées est la suivante : « Marque l'idée que ce qui est envisagé n'aura, en tout état de cause, aucune sorte d'effet ; signifie l'indifférence ou le refus » (*TLFi s. v. toujours* ; *cf.* l'expression familière *cause toujours !*) Dans (11d et

13 Le *TLFi* mentionne, *s. v. pouvoir*, une série d'expressions qualifiées d'argotiques comme *pouvoir se fouiller, se palper, se brosser*, utilisées, comme *pouvoir courir*, par ironie et en exclamatives. Avec d'autres verbes comme *attendre, causer* (au sens de « parler »), *chercher, demander, essayer, rêver, poireauter*, le rôle du contexte reste déterminant pour déclencher, ou au contraire inhiber, le sous-entendu de causalité niée.

e), *pouvoir toujours essayer* véhicule ainsi, de manière bien plus nette que dans (10), le sens de « tentative vouée à l'insuccès ».

Synthèse des emplois observés

Les exemples observés ci-dessus peuvent être récapitulés sous la forme suivante :

[1] Il peut bien / toujours venir.
[2] Il peut bien / toujours venir, mais je ne le recevrai pas.
[3] Il peut bien / toujours venir, il a le temps.
[4] Il peut bien / toujours venir, il ne sera pas reçu.
[5] Il peut toujours courir / attendre etc. !

Sous [1] figure l'emploi « libre » de la formule *pouvoir* V_{inf}, avec un sens permissif ou d'éventualité (« rien n'empêche que », v. Le Querler 1996 et 2001), sans inférence relative aux chances de succès ou d'insuccès de l'entreprise. [2] représente l'emploi en contexte oppositif, qui relève, on l'a vu à propos de (5), de la concession argumentative : la proposition avec *pouvoir*, de type [1], y est suivi d'une coordonnée anti-orientée et précédée de *mais*. En [3] et [4], on retrouve les deux types de parataxes asyndétiques (causale et concessive) examinés p. 169-170. Dans le cadre du modèle pragma-syntaxique fribourgeois, nous décrivons [3] comme une routine discursive composée d'une énonciation-action $\mathcal{E}(A)_{c1}$ suivie d'une énonciation-continuation $\mathcal{E}(Z)_{c2}$ à caractère explicatif (Groupe de Fribourg 2012, ch. 12) ; l'étiquette C signifie *clause*, notion que nous appliquons, comme dit *supra* (p. 164), aux îlots syntaxiquement connexes, aptes à être mis en énonciation (Groupe de Fribourg 2012 : 19). Quant à [4], il reflète un autre type de routine discursive, constitué d'une énonciation-préparation $\mathcal{E}(A)_{c1}$ suivi d'une énonciation-action $\mathcal{E}(Z)_{c2}$ (*ibid.*, ch. 9), le tout réalisant un dispositif concessif avec le sens « il aura beau venir, il ne sera pas reçu ». Dans cette seconde routine, l'information véhiculée par [A], « rien n'empêche qu'il vienne », conduit à un état instable de M, surtout s'il est notoire, avant l'occurrence de la clause avec *pouvoir*, que l'énonciateur ne croit pas à l'utilité de la venue[14]. Au plan pragmatique, une attente est alors ouverte par $\mathcal{E}(A)_{c1}$,

14 Voir l'effet produit quand on fait précéder le diptyque [4] d'une assertion du genre : *Plus personne ne veut lui parler.* Voir plus haut le cas des exemples (9) et (10).

que vient combler séance tenante $\mathcal{E}\,(Z)_{c2}$: par voie de sous-entendu, $\mathcal{E}\,(Z)_{c2}$ confirme l'inutilité de la venue, ce qui a pour effet de remettre M dans un état consistant. Cette analyse permet de mieux comprendre le phénomène à l'œuvre dans [5], qui concerne plus particulièrement la version avec *toujours*. L'implicitation d'une apodose de type « vanité, inutilité de l'action » a pour contrepartie la lexicalisation de l'inférence dans *pouvoir toujours* V_{inf}, lequel, *ipso facto*, s'affranchit par rapport à la concession et à son schéma logique.

Nous ajouterons que selon toute vraisemblance, le type [4] est candidat, dans la pratique langagière des francophones, à être réanalysé en tant que structure micro-syntaxique de type ajout-proposition[15]. En témoigne l'exemple (12a), où [AZ] est enchâssé sans réitération du complémenteur devant [Z], alors qu'il serait envisageable de l'y faire figurer, comme il ressort de (12b), dû au même auteur :

(12) (a) Il cria avec emportement *que* sa conduite ne regardait que lui, *qu'*il se souciait fort peu qu'elle plût ou ne plût pas à Madame Vogel, *que* si celle-ci voulait s'en plaindre, elle s'en plaignît à lui, *qu'*[*elle pouvait bien lui dire tout ce qu'elle voudrait* :]$_A$ [*ce serait comme s'il pleuvait*]$_Z$ mais *qu'*il lui défendait, – (elle entendait bien ?) – il lui défendait d'en rien dire à sa mère, et *que* c'était une lâcheté de s'attaquer à une pauvre vieille femme malade. (*Frantext* : R. Rolland, *Jean-Christophe : L'Adolescent*, 1905)
(b) Elle s'éloigna, indignée ; elle se disait, dans sa colère aveugle, *qu'il pouvait bien arriver* n'importe quoi à son mari, *qu'*elle ne s'en inquiéterait plus. (*Frantext* : R. Rolland, *Jean-Christophe : Antoinette*, 1908)

Ces exemples signalent, en français actuel, une *situation de variation* quant au statut soit micro-syntaxique, soit discursif, de cette structure (*contra* : Morel 1996 qui, comme on l'a signalé p. 168, n'envisage que l'hypothèse d'une subordination implicite).

---

15 D'autres parleraient ici d'une relation *satellite-noyau* ou *préfixe-noyau*, et la qualifieraient de *macro-syntaxique*, au sens développé dans les travaux de C. Blanche-Benveniste et du Groupe aixois de recherches en syntaxe (GARS) ; voir Blanche-Benveniste *& al.* 1990). Le GARS considère en effet comme étant de statut macro-syntaxique certains ajouts qui, aux yeux du Groupe de Fribourg relèvent de la rection, donc de la micro-syntaxe. Dans l'optique du Groupe de Fribourg, la rection n'est pas l'apanage du verbe ou de l'entité lexicale isolée et peut être le fait d'une construction dans son ensemble. S'agissant de certains « ajouts », pragma-syntaxe fribourgeoise et macro-syntaxe aixoise situent donc différemment les limites entre syntaxe et discours.

AVOIR BEAU + INFINITIF

Au contraire des diptyques concessifs asyndétiques avec *pouvoir* ± renforçateurs, ceux qui impliquent la locution *avoir beau* ont pris naissance très tôt dans l'histoire du français. Ici, le schéma concessif asyndétique est attesté dès l'époque médiévale (Damourette & Pichon t. III, § 1129 ; Orr 1963 ; Soutet 1992), et connaît un essor remarquable à partir du XVIIe siècle. Il existe toutefois, en parallèle, un emploi avec connecteur devant [Z] (*mais*, *car*, *puisque*, v. (15e-f)) ; courant à date ancienne, il connaît un déclin sensible entre le début et la fin du XVIIIe siècle (v. les comptages de Béguelin & Conti, 2010).

De nos jours, les exemples sont essentiellement du type suivant (v. déjà (2) *supra*) :

(13) (a) [Les curés *avaient beau* dire qu'il ne fallait pas y croire,]$_{A}$ [les gens y croyaient.]$_{Z}$ (*Frantext* : A. Dupuy, *Journal d'une lycéenne sous l'Occupation : Toulouse, 1943-1945*, 2013)
(b) [J'*avais beau* m'y attendre,]$_{A}$ [l'annonce de mon redoublement fin juin m'a anéanti.]$_{Z}$ (*Frantext* : S. Osmont, *Éléments incontrôlés*, 2012)
(c) [J'*ai beau* chercher,]$_{A}$ [je ne retrouve plus un clair motif à cette décision.]$_{Z}$ (*Frantext* : M. Duras, *Cahiers de la guerre et autres textes*, 2006)

La prose écrite fournit par milliers de tels binômes avec *avoir beau*, conformes au schéma de la concession logique (v. p. 165) : au plan sémantique, ils constatent la coexistence de deux faits A et B, tout en laissant entendre que d'ordinaire, *si A, non B* (ainsi, (13b) active l'idée reçue selon laquelle un événement désagréable, s'il est attendu, entraîne des conséquences atténuées).

Même si le type (13) domine largement dans les données, on rencontre çà et là, plus souvent peut-être qu'on ne l'imaginerait *a priori*, des emplois où *mais* intervient entre [A] et [Z] :

(14) (a) [J'*ai beau* y être habituée,]$_{A}$ *mais* [je ne peux pas m'empêcher, quelquefois, d'être choquée par leurs manières.]$_{Z}$ (*Frantext* : V. Larbaud, *Jaune bleu blanc*, 1927)
(b) [On a beau dire]$_{A}$ *mais* [la vie est parfois salement compliquée.]$_{Z}$ (*Frantext* : F. Seguin, *L'Arme à gauche*, 1990)
(c) [On *a beau* chercher comme tout le monde,]$_{A}$ *mais* [il faut se rendre à l'évidence, François Hollande n'est pas en vacances ici.]$_{Z}$ (Dans un dessin, *Le Canard enchaîné*, 12.08.15)

(d) *Tu as beau* faire attention, mais tu n'es pas capable de garder tes pinceaux en bon état ? (< web)

Les exemples ci-dessus rappellent les routines en *pouvoir* avec *mais* illustrées sous (5) (comparer, à (14b), *On peut dire tout ce qu'on veut, mais...*). Dans le cas d'*avoir beau*, plusieurs explications sont envisageables pour expliquer la présence du *mais* (archaïsme ; remotivation de la locution *avoir beau* V_{inf} ; enchaînement sur un présupposé ; analogie des structures avec *pouvoir...*). La question, qui mériterait plus ample examen, ne sera pas creusée davantage ici.

Analyses syntaxiques en présence

Dans les exemples (13), le statut syntaxique du constituant avec *avoir beau* fait l'objet de dissensions entre chercheurs : le membre [A] y est-il subordonné, coordonné ou simplement juxtaposé à [Z], et dans la première hypothèse, faut-il y voir une subordination « lexicale » ou « implicite » ? Voici un aperçu des positions en présence, repris en grande partie de Conti & Béguelin (2010 : 274-275) :

- Subordination (Wartburg & Zumthor 1947, Marcotte 1997 (subordination lexicale), Leeman 2002 : 50, etc.)
- Dépendance / subordination implicite (Wagner & Pinchon 1962 : 602 ; Morel 1980 et 1996 : 72 ; Soutet 1992)
- Coordination zéro (Wilmet [3]2003 : § 680) ; phrase multiple (Wilmet [5]2010 : § 675)
- Juxtaposition de propositions, parataxe (Faye 1931 : 29 ; Le Goffic 1993 : 507)
- Couple de deux principales (Togeby 1983 : V, 85)
- Structure macro-syntaxique [préfixe + noyau], où *avoir beau* + infinitif est un préfixe spécialisé (Blanche-Benveniste *& al.* 1990 : 129-130)
- Statut hésitant : « Ce type de construction corrélative, s'il est formellement paratactique, relève également de la subordination. » (Riegel *& al.* [4]2009 : 873)

Notre propos sera de caractériser, de manière un peu plus étayée que cela n'a été fait jusqu'à présent, la relation syntaxique entre les deux membres du diptyque moderne.

Genèse du diptyque concessif

Historiquement, la construction verbale avec *avoir beau* a fonctionné, cela est notoire, de manière indépendante[16]. On cite ainsi, à date ancienne ou plus récente, des emplois « libres » d'*avoir beau* V_{inf}, orientés vers l'idée de plein accomplissement du procès. Il peut s'agir d'aphorismes (15a-b), d'archaïsmes régionaux (15c-d), ou encore de premiers membres d'une routine causale bien vivante aux XVIe et XVIIe siècles (15e-f) :

(15) (a) *A beau mentir* qui vient de loin. [= « Il a facilité à mentir celui qui vient de loin »] (proverbe)
(b) Il *a beau aller à pied*, dit-on, qui meine son cheval par la bride. [= « Il lui est aisé d'aller à pied, à celui qui mène son cheval par la bride »] (*Frantext* : M. de Montaigne, *Essais*, 1592)
(c) Elle *a beau partir* : personne ne l'arrête (une Québécoise, 29 mars 1983, *in* Grevisse & Goosse ¹⁶2016 : § 300 ; au sens de « elle a toute facilité pour partir, belle occasion de partir »)
(d) Puisque l'homme ne l'avait pas tuée lorsqu'il *avait si beau faire*, peut-être la laisserait-il désormais en repos (H. Pourrat, *Gaspard des Montagnes*, *in* Damourette & Pichon 1911-1933 : § 1129, repris *in* Grevisse & Goosse ¹⁶2016 : § 300)[17]
(e) Vrayement, *vous avez beau vivre*, *puisque* sçavez tant de mestiers. [= « vous avez la vie facile »] (P. de Larivey, *Le Laquais*, IV, 4, 1579, *in* Soutet 1992 : 82) ;
(f) [...] et nos beaux esprits pretendus *ont beau se flatter* en leur opinion, *car* ils portent le charactere d'esclaves, et monstrent par la difficulté qu'ils ont de croire les articles de nostre foy, qu'ils sont de bas lieu, mal eslevés, rustiques et villageois, [...] (F. Garasse, *La Doctrine curieuse des beaux-esprits de ce temps*, 1623, *in* Béguelin & Conti 2010 : 61)

Attardons-nous un instant sur (15c). Selon la lecture archaïsante proposée par Goosse & Grevisse, *elle a beau partir* y signifie « elle a tout loisir de partir », avec un adjectif *beau* épithète ou attribut d'un nom verbal *partir* ; et la proposition suivante, compatible avec *car* ou *puisque*, a un sens causal, *cf.* les exemples (8) ci-dessus. Dans une lecture contemporaine cependant, on interpréterait plus spontanément la séquence comme un binôme concessif « bien qu'elle parte, personne ne l'arrête », reposant

16 Voir à ce sujet Hess 1924 ; Faye 1931 et 1934 ; Damourette & Pichon 1911-1933 : § 1129 ; Orr 1963 ; Goosse 1991 ; Grevisse & Goosse ¹⁶2016 ; Soutet 1992 ; Béguelin & Conti 2010.

17 On trouve chez Damourette & Pichon (*ibid.*) deux autres exemples de ce type, observés par les auteurs dans « l'usance haute-bretonne ».

sur un topos « quand quelqu'un part, on le retient ». C'est la situation d'énonciation qui, en la circonstance, accrédite la première lecture. Selon Grevisse & Goosse, la même Québécoise aurait dit aussi :

(16) – Est-ce que je peux m'asseoir ?
– T'*as bien beau.* (Grevisse-Goosse, *ibid.*)

Du point de vue diachronique, la construction avec *avoir beau* illustrée dans (15) a subi trois changements difficiles à dater l'un par rapport à l'autre, qui pourraient avoir agi de manière plus ou moins concomitante : (i) réanalyse (syntaxique et sémantique) de la construction *avoir beau* V_{inf} ; (ii) développement d'une inférence de vanité ; (iii) couplage de la clause avec *avoir beau* avec une autre clause exprimant une conséquence niée (couplage éventuellement sujet à coalescence). Voyons cela d'un peu plus près.

(i) Réanalyse syntaxique du SV [*avoir beau* N verbal] :

Il est communément admis que *beau* était, au départ, soit l'épithète, soit l'attribut d'un infinitif à valeur de nom verbal (v. Orr 1963, Goosse 1991, Soutet 1992). Or, la séquence en question a été réanalysée syntaxiquement et sémantiquement ; elle a été comprise comme un auxiliaire modal suivi d'un infinitif :

[$avoir_V$ [beau $mentir]_{SN}$] (*beau* épithète) ou [[avoir [beau]$]_V$ [$mentir]_{SN}$] (*beau* attribut)
> [[avoir beau$]_{aux\ modal}$ $mentir_{inf}]_V$

Plusieurs indices viennent en effet corroborer cette hypothèse :

(α) *beau* s'est figé phonologiquement devant les infinitifs à initiale vocalique, au détriment de *bel*[18]) ;
(β) *avoir beau* V_{inf} s'est mis à fonctionner comme une lexie verbale, voir la position haute du pronom objet dans : *vous l'aurez beau prescher, et dire qu'elle est belle...*, (*Frantext* : P. de Ronsard, 1578) ;
(γ) *avoir beau* a pris le sens d'un modal transparent aux restrictions sélectives, applicable à tout type de V :

18 Exemple : « Sifflez, vous *aurez bel attendre* / S'il revient pour se laisser prendre. » (J.-A. de Baïf, *Mimes, enseignemens et proverbes : second livre*, 1581, *in* Béguelin & Conti 2010 : 58)

[[*avoir beau*] *être régulier*] (V attributif)
[[*avoir beau*] *ne pas mentir*] (V à la forme négative)
[[*avoir beau*] *être entendu*] (V passif)
[[*avoir beau*] *pleuvoir*] (V impersonnel), etc.

(ii) Développement d'une inférence de « vanité » :

Avoir facilité pour V > V *vainement*

Ce phénomène est perceptible dans certains emplois libres d'*avoir beau* V_{inf} et dans d'autres où il est suivi d'une clause explicative. Dans (15b) (repris sous (17)), on a vu qu'*avoir beau* V_{inf} a le sens de « faire facilement, avoir belle occasion de faire » ; or, il prend au contraire, dans (18a-c), celui de « faire sans succès » :

(17) = (15b) *Il a beau aller à pied*, dit-on, qui meine son cheval par la bride. (*Frantext* : M. de Montaigne, *Essais*, 1592)

(18) (a) *On a beau prescher* qui n'a cure de bien faire. [= « Il est inutile de prêcher quelqu'un qui n'a pas le souci de bien faire »] (*Frantext* : P. de Larivey, *Le Laquais : comédie*, 1579)
(b) mais *ilz ont beau hucher, car* il n'a garde de respondre ; [= « mais ils ont beau appeler à voix forte (= faire inutilement), car il n'a garde de répondre »] (*Frantext* : *Cent nouvelles nouvelles*, 1456)
(c) Ils *auront beau me prier et requerre,*
Car mon amour ils ne sçauraient acquerre. [= « ils me prieront et solliciteront en vain, car ils ne sauraient acquérir mon amour »] (*Mist. V. Test.* 37868, *in* Soutet 1992 : 82)

Quant à (18d), il semble compatible avec l'une et l'autre interprétation (= « il avait belle occasion de faire, faisait pleinement » ou « il faisait en vain ») :

(18) (d) Vers le midi, ma faim devint telle, que je ne pouvais plus avancer, tant j'étais faible. Mon ventre *avait beau crier famine* ; mes jambes ne le portaient qu'à regret. (*Frantext* : A.-R. Lesage, *Histoire de Guzman d'Alfarache*, 1732)

Philarète Chasles, préfacier de la *Grammaire nationale* de Bescherelle (1852 : 13), a vu dans le renversement de sens (ii) le résultat d'une ironie lexicalisée, explication qui figure également dans le dictionnaire d'E. Littré (t. 1 : 951), puis chez J. Damourette & J. Pichon (1911-1933, t. III : § 1129).

Retenons, dans tous les cas, que les sens « faire facilement, pleinement » et « faire en vain » ont longtemps coexisté. Comme en témoigne (18d) qui, de ce point de vue, peut être rapproché de (8d) et (10) *supra*, l'ambiguïté était maintenue dans certains contextes. *Mutatis mutandis*, on peut relever qu'une certaine ambivalence subsiste de nos jours[19].

(iii) Couplage de la clause modalisée avec une autre clause :

À date ancienne déjà, la clause contenant *avoir beau* V_{inf} tend à se corréler avec une autre clause qui exprime une conséquence attendue, mais niée, de l'action dénotée par le verbe à l'infinitif :

(19) (a) vous *avez beau* hurter,$]_A$ [vous n'y entrerez pas.$]_Z$ (*Frantext* : *Cent nouvelles nouvelles*, 1456)
(b) Hélas ! [J'*ai beau crier* :$]_A$ [il est sourd à ma plainte.$]_Z$ (*Frantext* : J. de La Fontaine, *Adonis*, 1671)

D'après les comptages présentés dans Béguelin & Conti 2010, ce type de diptyque asyndétique concernait dans la base Frantext, au tournant des XVIe-XVIIe siècles, environ 75 % des emplois d'*avoir beau* V_{inf}. À l'époque, les exemples (19) représentaient vraisemblablement des configurations discursives [$\mathcal{E}$(A)$_{c1}$ = préparation] + [$\mathcal{E}$(A)$_{c2}$ = action], analogues à celles illustrées *supra* pour la formule avec *pouvoir* (type [4], p. 174). L'extrait de La Fontaine (19b) relevait probablement, du point de vue syntagmatique, d'une même analyse que la formule du français actuel *Je peux toujours crier, il ne m'entend pas.* Là encore, ce sont les circonstances contextuelles et l'état de M qui permettent d'expliquer le basculement vers l'interprétation concessive. Par exemple, le *Hélas !* initial de (19b) installe un contexte dysphorique qui favorise l'interprétation de $\mathcal{E}$(A)$_{c1}$ en termes de causalité inefficace, interprétation que $\mathcal{E}$ (Z)$_{c2}$ vient confirmer *a posteriori*. Pour rendre compte de ce mécanisme interprétatif, il nous semble superflu de poser l'effacement (pour des raisons qui resteraient à expliquer) d'un « outil grammatical de justification » (Soutet 1992 : 83).

19 Dans les emplois contemporains, on peut penser que la stabilisation du sens d'*avoir beau* V_{inf} se fait tantôt du côté de la réalisation pleine et entière du procès (c'est une explication possible des routines avec *mais* (14)), tantôt du côté de l'impuissance du procès à générer les effets attendus (c'est ce qui se passe dans (21) et (28) *infra*). Cela en fonction du type de verbe, du tiroir verbal, de l'état de M, v. n. 11. Les emplois du type (15) sont toutefois tombés en désuétude, du moins dans la langue courante.

Si l'on peut parler dans (19), avec toute la prudence requise, de corrélation (v. p. 163), c'est donc en raison d'une interdépendance d'ordre pragmatique qui s'instaure entre $\mathscr{E}$ (A) et $\mathscr{E}$ (Z) dans la syntagmatique discursive. Néanmoins, au vu d'autres configurations attestées à la même époque (v. (15e-f)), il n'est pas exclu de voir dans (19a-b) des réalisations du sens « en vain » de *avoir beau* V_{inf}, suivis d'une clause explicative qui pourrait être précédée de *car*. Sur le risque d'une interprétation anachronique de séquences telles que (19), compte tenu de l'effet de familiarité qu'elles produisent à nos yeux de modernes, voir Béguelin & Conti 2010 : 54-56.

Statut syntaxique

– Arguments en faveur d'un lien de type subordination ou assimilé

Dans la prose contemporaine, la formule avec *avoir beau* V_{inf} intervient, on l'a dit, dans des séquences très stéréotypées ((2) et (13) *supra*) : elle laisse fortement attendre un corrélat de type conséquence niée.

Est-elle pour autant, en français actuel, « totalement dépourvue d'autonomie », comme le soutiennent après d'autres Ch. Benzitoun & F. Sabio (2010 : § 19)[20] ? La routine discursive mise en lumière ci-dessus aurait-elle subi, entre le XVIIe siècle et nos jours, une coalescence syntaxique qui en ferait, définitivement, une structure micro-syntaxique de type ajout-proposition ? L'évidence statistique plaide, à première vue, en faveur de cette thèse ; de surcroît, il existe des exemples analogues à (12a) *supra*, où le diptyque [AZ] avec *avoir beau* est subordonné « tel quel », *i. e.* sans réitération du complémenteur devant [Z] (20a-b) ; et d'autres encore où ce même diptyque joue en bloc le rôle de second membre d'une pseudo-clivée (20c). Il s'agit effectivement là d'arguments en défaveur de l'autonomie de [A] :

(20) (a) Il prétend aussi que *j'ai beau cacher mon jeu, mes souffrances passées sont là sur mon visage de bonheur* (« Car maintenant vous êtes heureux »). (*Frantext* : C. Mauriac, *L'oncle Marcel*, 1988)
(b) Ceux qui disent avec une infinie et mâle pudeur triste de bien s'occuper de l'épouse après la bataille afin que nul n'ignore qu'on a beau crâner

20 Voir *supra* « Analyses syntaxiques en présence », p. 177.

et jouer les Matamore on sait bien qu'on y restera. (J.-L. Benoziglio, *Tableaux d'une ex*, 2004 [1989] : 241)
(c) Ce qui me déglingue, c'est que *j'ai beau tourner autour du pot, je ne vois qu'un papa possible.* (*Frantext* : D. Pennac, *Monsieur Malaussène*, 1995)

– Arguments en faveur d'un lien pragma-syntaxique, de type « relation de discours »

Cependant on rencontre aussi en français moderne des emplois d'*avoir beau* non corrélés, notamment avec les infinitifs *dire*, *faire*, *essayer*, *chercher* :

(21) (a) Mais tu ne me dis point quelle raison cette femme avait d'en agir ainsi. – Voilà, monsieur, le merveilleux de l'histoire ! Que croyez-vous que ce puisse être ? – *J'aurais beau chercher !* dis-le tout de suite, car il se fait tard. (*Frantext* : G. Sand, *Les Beaux Messieurs de Bois-Doré*, 1858)
(b) – Merci, mademoiselle...
– Ma sœur, Simon... Une dernière fois...
– Je ne peux pas... J'*ai beau essayer...*
– Quel entêtement, mon Dieu ! Je finirai par me fâcher contre vous... (*Frantext* : Y. Gibeau, *Allons z'enfants*, 1952)
(c) [Le narrateur a éteint sa cigarette dans une goutte de café.] C'est alors, c'est précisément alors qu'il s'éleva au-dessus de la goutte un petit nuage blanc, exactement rond, de la grosseur d'une bille ; c'est alors que le nuage devint plus blanc que la neige, d'une splendeur matinale, puis, tournant et comme roulant sur lui-même, redescendit, vint se poser sur le plateau, après quelques instants s'écrasa devant moi qui le regardais de tous mes yeux, et ne laissa enfin à la place où il s'était posé qu'une légère buée pâle, que j'effaçai du doigt.
J'*eus beau dans la suite recommencer* l'expérience avec de nouvelles cigarettes, et de nouvelles gouttes de café.
Comme entre temps nous avions repris des forces [...] (J. Paulhan, *Guide d'un petit voyage en Suisse*, 1947, p. 74-75, découpage en paragraphes conforme à l'original)

Une possibilité est de soutenir qu'il y a, dans ces exemples, actualisation du sens « en vain », qui a connu, comme on l'a vu à propos de (18a), une lexicalisation précoce ; il y aurait alors un parallèle à établir avec les emplois non corrélés de *pouvoir toujours* (v. p. 172). Une autre explication, concurrente de la précédente, consiste à postuler l'ellipse d'une apodose de type « échec attendu », ce qui permet de préserver l'hypothèse d'un statut « dépendant » de la structure (quel que soit le contenu mis sous le terme). Les exemples de ce genre présentent parfois des traces graphiques de ce qui pourrait être, sinon une ellipse, du moins une figure d'aposiopèse (et à l'oral, on trouve des traces d'hésitation). Mais ce n'est pas systématique, comme (21c) le montre bien. D'autre part, nous avons vu qu'il existe, en français moderne, des attestations de la routine syndétique où un membre [A] contenant *avoir beau* est coordonné à un membre [Z] à l'aide de *mais* ((14) *supra*), ce qui plaide en faveur d'une autonomie syntaxique, sinon informationnelle, de la formule avec *avoir beau.* Nos données fournissent, en faveur de la thèse de l'autonomie, d'autres indices encore.

(i) Ainsi, il existe des cas où [A] et [Z] semblent suivre chacun son destin morphosyntaxique propre :

(22) (a) il monta chez lui espérant y trouver un mot, un signe quelconque qui eût pour lui une signification. Mais tout était dans le même état, et Nicolo *eut beau chercher.* Son logement ne conservait aucun indice du passage de Rocambole. (*Frantext* : P.-A. Ponson du Terrail, *Rocambole, les drames de Paris*, 1859)
(b) Tout est si vaste et si homogène que l'on *aurait beau bouger* ; il est impossible de changer de place. (*Frantext* : P. Claudel, *Un Poète regarde la croix*, 1938)
(c) 21 novembre. Heures où l'attention est comme un âne *qu'on a beau tirer* par le licou : il ne veut pas venir. (*Frantext* : J. Renard, *Journal : 1887-1910*, 1910)

Dans (22a-c), la solidarité de la construction avec *avoir beau* est établie à chaque fois avec ce qui la précède : dans le cadre d'une coordination (22a), d'une structure consécutive (22b), d'une relative dont semble exclu le corrélat sémantique (22c). Il s'y ajoute un découpage graphique qui sépare *avoir beau* V_{inf} de son corrélat présumé (*cf.* (3)). Si la ponctuation est loin de fournir par elle-même une analyse linguistique fiable, d'autres faits plus probants laissent à penser, dans ce groupe d'exemples, que la construction verbale avec *avoir beau* V_{inf} peut encore et toujours faire l'objet d'emplois autonomes.

(ii) Il existe en outre, en français contemporain, des emplois indépendants d'*avoir beau* V_{inf}, dépourvus de corrélats, où l'inférence d'une apodose n'a rien de nécessaire au plan pragmatique. Ainsi, dans (23a), le calcul d'une apodose implicite (de type *en vain, sans effets*) n'est pas requis, du fait que le contenu sémantique correspondant à la conséquence niée (ici : *je n'existais pas*) a été validé *avant* l'occurrence de la clause avec *avoir beau* :

(23) (a) Lorsque la tante Olga venait à la maison, elle faisait semblant de ne pas me voir. Pour elle je n'existais pas car vous ne lui aviez pas envoyé de faire-part. *Ta mère avait beau dire à sa sœur* : « Mais, Olga, la petite est née en mai 68, il n'y avait même pas d'essence, tu crois que René a pu faire imprimer des faire-part ? » (*Frantext* : A. Goscinny, *Le Bruit des clefs*, 2012)

Il en va de même dans (23b), où le second *avoir beau* V_{inf} apparaît dans une incise de discours rapporté, sans corrélat réalisé, mais dans un contexte où l'inanité des efforts argumentatifs du narrateur est déjà bien installée en M :

(23) (b) J'*avais beau leur répondre* que j'avais des amis dans l'endroit et qui m'attendaient. Je bafouillais. « Des amis ? qu'ils faisaient comme ça eux, des amis ? mais ils se foutent bien de ta gueule tes amis ! Il y a longtemps qu'ils t'ont oublié tes amis !... – Mais, je veux voir des Américains moi ! *que j'avais beau insister*. Et même qu'ils ont des femmes comme il y en a pas ailleurs !... – Mais rentre donc avec nous eh bille ! qu'ils me répondaient. C'est pas la peine d'y aller qu'on te dit ! » (*Frantext* : L.-F. Céline, *Voyage au bout de la nuit*, 1932)

Ces considérations vont elles aussi dans le sens d'une liberté syntaxique du segment avec *avoir beau*.

(iii) Il existe également des exemples de postposition d'*avoir beau* V_{inf}, c'est-à-dire des cas où, si diptyque concessif il y a, il est de forme [ZA] et non [AZ]. Ils sont en général ignorés dans la littérature linguistique :

(24) (a) – J'ai peur qu'on ne soit pas désespérées du tout pour le moment.
– Hélas non on l'est pas. [J'arrive pas à l'être du tout]$_Z$ [*j'ai beau essayer*]$_A$.
– Désolée, hein, pardon, je m'excuse. (*Frantext* : Ch. Rochefort, *Encore heureux qu'on va vers l'été*, 1975 ; l'exemple rappelle le *Je ne peux pas... J'ai beau essayer...* de (21b))
(b) Je me revois lui expliquer la hiérarchie. Un homme c'est mieux qu'une femme. (Comme amant.) Un médecin c'est mieux qu'un ouvrier, un Blanc c'est mieux qu'un Noir. [Elle était scandalisée.]$_Z$ [J'*avais beau préciser* « aux yeux de la société ».]$_A$ (Ch. Angot, *L'Inceste*, 1999 : 34)

En revanche, nous n'avons pas jusqu'à présent repéré cet ordre dans le cas de la concessive avec *pouvoir* ; exceptionnellement, celle-ci ne fournit pas pour (24) de paraphrases satisfaisantes.

(iv) Il arrive aussi que la clause avec *avoir beau* se comporte comme une principale, quand c'est elle qui contient l'inversion du clitique sujet déclenchée par un adverbe antéposé à [AZ] (25a), ou quand elle sert d'apodose à une *si* / *quand*-P (25b) :

(25) (a) Le temps restait un peu venteux, mais la douceur de l'automne l'emportait et la lumière était parfaite, les couleurs vibraient. Idéal pour les affaires, prétendait mon père qui en jubilait presque. *Ainsi avait-il beau disparaître* pour la journée, enchaînant les visites, ne rentrant plus avant le soir, assommé de fatigue, je n'en vivais pas moins dans la perpétuelle angoisse qu'un détail, qu'une marque ne me trahisse. [Ph. Djian, *Dispersez-vous, ralliez-vous !*, 2017 (= 2016) : 23]
(b) Mais quand il faut qu'on ait un œil crevé, on *a beau* y mettre un emplâtre. (Marivaux, 1736, *in* Béguelin 2010 ; *cf.*, n. 18, l'exemple de J.-A. de Baïf, où la construction verbale avec *avoir beau* constitue la principale)

(v) Par ailleurs, certaines de nos séquences présentent les indices clairs d'une syntagmatique de type inférentiel :

(26) (a) Je vis pour ma cité et pour mon temps.
La Peste – Le temps des esclaves !
Diego – Le temps des hommes libres !
La Peste – Tu m'étonnes. [*J'ai beau chercher.*]$_A$ [Où sont-ils ?]$_Z$ (*Frantext* : A. Camus, *L'État de siège*, 1948)
(b) Si un truc pareil arrivait à sa fille… Mais qu'est-ce que tu veux faire ? Xavier en parle souvent avec Sélim et [il *a beau prétendre* qu'il enfermerait la petite,]$_A$ [c'est un peu court]$_Z$. (V. Despentes, *Vernon Subutex*, t. 3, 2017 : 141)

Dans (26a), Z est sous modalité interrogative, et la conséquence niée (« je ne trouve pas ») n'en est qu'un sous-entendu : si couplage il y a, il est manifestement d'ordre pragma-syntaxique, au sens du Groupe de Fribourg (2012). Quant à (26b), une certaine gymnastique inférentielle y est également nécessaire afin de restituer, autant que faire se peut, le topos contrarié inhérent au diptyque concessif. *Cf.*, dans la même veine, l'exemple (2c) *supra.*

(vi) D'autres cas, particulièrement instructifs, mettent en jeu des structures dialogiques complexes :

(27) (a) Le feu qui meurt *a beau* nous faire signe : « Allez vous coucher, mes enfants ! » les bougies *ont beau* crier : « Au lit ! au lit ! Nous sommes

brûlées jusqu'aux bobèches. » – « *On ne vous écoute pas* », leur dit Jacques en riant, et notre veillée continue. (*Frantext* : A. Daudet, 1880)
(b) Cette enfant de huit ans se refusait en effet à éprouver la moindre douleur. On *avait beau* l'opérer d'un panaris, ou lui ôter une écharde du doigt. *« Tu as mal ? » demandaient les parents. « Non », disait-elle.* (J. Paulhan, *Guide d'un petit voyage en Suisse*, 1947, p. 34)
(c) Nietzsche *a beau* nous recommander une danse de la plume : « Savoir danser avec les pieds, avec les idées, avec les mots : faut-il que je dise qu'il est aussi nécessaire de le savoir avec la plume, – qu'il faut apprendre à écrire ? ». Flaubert savait bien, et il avait raison, que l'écriture ne peut être dionysiaque de part en part. « On ne peut penser et écrire qu'assis », disait-il. (*Frantext* : J. Derrida, *L'Écriture et la différence*, 1967)

Dans (27a), les protases figurent dans la diégèse, l'apodose dans un discours direct ; et dans (27b), l'apodose consiste même en un petit échange question-réponse. À l'évidence, il est impossible de traiter des séquences de ce type en termes de dépendance micro-syntaxique. Il y a là un rendement discursif précieux de la locution *avoir beau*, qui commute ici avec *pouvoir bien / toujours...*, mais qu'il serait très difficile de reformuler avec *bien que* ou *même si* (v. *supra* p. 166).

(vii) Voici enfin des exemples d'enchâssements qui, en contraste avec ce qui se passait dans (20), montrent une répétition du subordonnant (accompagné ou non de *et*) devant les corrélats :

(28) (a) Et dire qu'on est toujours dupe, *qu'on a beau se croire inventif*, *que* la réalité vous écrase toujours. (*Frantext* : G. Flaubert, *Correspondance (1853)*, 1853)
(b) L'un d'eux s'en va trouver le doyen et lui dire *qu'ils avaient beau frapper, et que* leur maître ne leur ouvrait pas. (*Frantext* : E. Sue, *Les Mystères de Paris*, 1843)
(c) J'étais resté à ma place. Par peur, indifférence, soumission à ce gérant qui tacitement me protégeait ? Peut-être à cause de ces épanchements du cœur *que j'ai beau avoir en aversion et qui* n'en font pas moins de moi le figurant prêt à remplacer le héros de n'importe quelle cause, s'il défaille. (*Frantext* : H. Bianciotti, *Sans la miséricorde du Christ*, 1985)

Ces occurrences laissent à penser que leurs auteurs traitent [A] et [Z] comme des entités de même rang syntaxique.

Synthèse des principaux emplois observés

Nous résumons ici les structures observées pour *avoir beau* V_{inf}, en reprenant l'ordre exploité ci-dessus pour la formule avec *pouvoir* (v. p. 174) :

[1] A beau mentir qui vient de loin.
[2] J'ai beau avoir l'habitude, mais je ne peux pas m'empêcher d'être choqué.
[3] Il a beau chercher, (car) il a tout son temps.
[4] Il a beau chercher, il ne trouve pas.
[5] Tu auras beau essayer !

Contrairement à ce qui se passait avec *pouvoir bien / toujours*, etc., [1] et [3] font ici figures d'archaïsmes. Il ne semble plus possible d'utiliser aujourd'hui, à l'instar des exemples (15), *avoir beau mentir*, *beau chercher* au sens positif d'« avoir belle occasion de mentir, de chercher » (on utiliserait plutôt, à cette fin, *avoir beau jeu de mentir, de chercher*)[21]. La routine causale, attestée anciennement avec le sens « en vain » (exemples (18b-d), est elle aussi tombée en désuétude. L'emploi [2] en revanche, est toujours en usage à l'époque moderne. Quant à [4], nous le décrivons, dans notre cadre de modélisation, comme une routine discursive préparation-action, née dans des conditions analogues à celle qui a été posée plus haut pour rendre compte de la concessive avec *pouvoir* (v. p. 174). Cette routine pragma-syntaxique est sujette, au même titre que les diptyques avec *pouvoir* (*cf.* (12a)), à une réanalyse en tant que structure micro-syntaxique de type ajout-proposition. *Avoir beau* V_{inf} n'en demeure pas moins compatible avec des structures textuelles complexes, impliquant des citations directes et/ou des phénomènes de liste, de rang indubitablement pragma-syntaxique (v. (27)). Quant aux emplois de type [5], ils témoignent d'une lexicalisation de l'inférence « vanité des efforts », qui peut être liée soit à l'inhibition d'une apodose, jugée évidente, soit à une simple surinterprétation contextuelle, en fonction de l'état courant de M.

Des indices contradictoires inventoriés ci-dessus, nous concluons qu'il y a *variation* quant au statut syntaxique de la concessive avec *avoir beau*. Elle ne se laisse considérer univoquement ni comme un cas de

21 Cette structure, souvent évoquée à propos d'*avoir beau* V_{inf}, est relativement rare (237 résultats dans *Frantext*, contre plus de 9 000 pour *avoir beau* V_{inf}). En voici tout de même une illustration : « Quant aux trotskystes, *ils ont beau jeu de dénoncer* cette nouvelle trahison stalinienne. » (*Frantext* : D. Guérin, *Le Feu du sang : autobiographie politique et charnelle*, 1977)

subordination implicite, ni comme un « préfixe spécialisé » qui serait toujours suivi d'autre chose (selon l'hypothèse de C. Blanche-Benveniste *& al.* (1990 : 129-130), reprise par Ch. Benzitoun & F. Sabio (2010)). La spécificité de nos concessives paratactiques réside précisément dans leur souplesse, dans laquelle on peut voir un atout : leur spectre d'emploi va de la position enchâssée où [AZ] est traité comme un tout, à des structures discursives où [A] et [Z], quoique dépendants au plan informationnel, sont à l'évidence libres du point de vue syntaxique.

CONCLUSIONS ET PERSPECTIVES D'ÉLARGISSEMENT

Les faits examinés dans cet article – qui devront, lorsque de plus grands corpus de français parlé seront disponibles, être complétés par des données orales – conduisent à postuler que nos diptyques sont analysés syntaxiquement par les sujets en fonction de deux grammaires en concurrence, déjà présentées dans nos précédents travaux sur le sujet :

– GRAMMAIRE G1 : routine pragma-syntaxique (ou discursive) :

$$\mathcal{E}(A)_{C1} + \mathcal{E}(Z)_{C2}$$

= énonciation préparatrice + énonciation-action niant une implication de la première : la dépendance entre les deux clauses couplées est alors de nature informationnelle

– GRAMMAIRE G2 : énonciation unique, résultant d'une coalescence de la routine ci-dessus :

$$\mathcal{E}([A][Z])_{C}$$

= clause unique, constituée de deux constituants en relation de dépendance unilatérale (une concessive liée, une 'principale' libre) ; la dépendance est alors de type syntaxique

Le discours grammatical se fait l'écho de ces deux grammaires, mais en prétendant trancher entre deux. G2 correspond à la position de M.-A. Morel (1996) et, *mutatis mutandis*, à la thèse aixoise (Benzitoun & Sabio 2010), alors que G1 reflète plutôt les positions de P.-L. Faye, K. Togeby, P. Le Goffic, M. Wilmet, etc. (v. *supra* p. 177). Si les faits particuliers relevés dans cette étude sont explicables tantôt dans le cadre de G1, tantôt dans le cadre de G2, il existe cependant aussi, il convient d'y insister, un grand nombre de séquences métanalytiques, qui peuvent être expliquées des deux manières, sans indice décisif pour faire pencher la balance.

En dépit de ce qui distingue nos deux diptyques, leur constitution repose en gros sur les mêmes principes et le sort de l'un éclaire indirectement celui de l'autre. Les emplois non corrélés d'*avoir beau* au sens négatif (type *j'aurais beau essayer* au sens de *c'est en vain que j'essaierais*) portent ainsi témoignage d'une inférence analogue à celle qui affecte certaines propositions avec *pouvoir* (*cf.* le cas de *pouvoir (toujours) courir*). S'agissant d'*avoir beau* cependant, le processus de routinisation syntagmatique a une beaucoup plus longue histoire : le sens « positif » de la formule est aujourd'hui moins facile à attester, et les emplois concessifs se sont généralisés au détriment des emplois causaux. Quant à *pouvoir bien* et ses variantes, ils restent fortement polysémiques ; ils peuvent très bien entrer dans des routines causales, et l'interprétation concessive, quoique saillante aux yeux des grammairiens, ne concerne qu'un dixième environ des occurrences.

Plus généralement, la confrontation entreprise suggère que la présence dans une clause (au sens défini p. 164) de certains marqueurs de haut degré (*bien, beau, toujours*, etc.) tend à créer l'attente d'une autre clause et à devenir, par suite, la marque possible d'une relation entre propositions, qu'elle soit de nature causale ou concessive (*cf.* König & Siemund 2000). Le même type de phénomène affecte des expressions intensives comme *tant*, *si* + *Adj*, qui ont acquis une fonction de marqueurs concessifs ou causaux dans diverses structures du moyen français, dont certaines se sont perpétuées (v. Fradin 1977 ; Muller 1993 ; Gachet 2014 ; Combettes & Dargnat 2016). L'observation de ces structures pourrait sans doute apporter un éclairage supplémentaire sur les diptyques impliquant *pouvoir* et *avoir beau*, permettant de les intégrer à un phénomène plus général.

Marie-José BÉGUELIN
Université de Neuchâtel

Frédéric GACHET
Université de Fribourg

BIBLIOGRAPHIE

RÉFÉRENCES CITÉES

Adam Jean-Michel, Revaz Françoise, 1989, « Aspects de la structuration du texte descriptif : les marqueurs d'énumération et de reformulation », *Langue française*, 81 : 59-98.

Allaire Suzanne, 1982 [1977], *Le modèle syntaxique des systèmes corrélatifs : étude en français moderne*, Thèse de doctorat d'État, Université Rennes II, Lille 3, Service de reproduction des thèses.

Alvarez-Prendès Emma, 2004, « Le paradoxe linguistique : le cas des énoncés concessifs », *in* J. Suso Lopez & R. Lopez Carrillo (dir.), *Le français face aux défis actuels. Histoire, langue et culture*, vol. I, Granada, APFUE-GILEC : 519-530.

Anscombre Jean-Claude, Ducrot Oswald, 1977, « Deux *mais* en français ? », *Lingua*, 43 : 23-40.

Apothéloz Denis, 2018, « Deux exemples de noyaux potentiellement phraséologiques : les pseudo-clivées et 'déjà' justificatif », *Verbum*, XL-1, 83-99.

Apothéloz Denis, Brandt Pierre-Yves, 1992, « Relation d'étayage : justification et/ou explication ? », *Travaux du Centre de Recherches sémiologiques*, 60 : 55-88.

Apothéloz Denis, Miéville Denis, 1989, « Matériaux pour une étude des relations argumentatives », *in* C. Rubattel (dir.), *Modèles du discours*, Berne, Peter Lang : 247-260.

Apothéloz Denis, Nowakowska Małgorzata, 2011, « *Déjà* en emploi justificatif », *in* G. Corminboeuf & M.-J. Béguelin (dir.), *Du système linguistique aux actions langagières*, Bruxelles, De Boeck/Duculot : 249-261.

Apothéloz Denis, Nowakowska Małgorzata, 2013, « *Déjà* et le sens des énoncés », *Cahiers Chronos*, 26 : 355-386.

Asher Nicholas, Lascarides Alex, 2003, *Logics of Conversation*, Cambridge, Cambridge University Press.

Auer Peter, 2014, "The temporality of language in interaction : projection and latency", *InLiSt*, 54 : en ligne (www.inlist.uni-bayreuth.de/issues/54/inlist54.pdf).

Bally Charles, 1944, *Linguistique générale et linguistique française*, 2e éd., Berne, Francke.

Baranzini Laura, Manzotti Emilio, 2008, « Pour une sémantique 'raisonnée' de l'adverbe temporel *già* 'déjà' », *Revue roumaine de linguistique*, LIII-4 : 389-404.

Barbet Cécile, 2013, *Sémantique et pragmatique des verbes modaux français ; données synchroniques, diachroniques et expérimentales*, thèse de doctorat, Universités de Neuchâtel et du Littoral Côte d'Opale.

Basset Louis, 1989, *La syntaxe de l'imaginaire. Étude des modes et des négations dans l'Iliade et l'Odyssée*, Lyon, Collection de la Maison de l'Orient Méditerranéen 20, Série Philologique 2.

Basset Louis, 1997, « Ἀλλ' ἐξόλοισθ' αὐτῷ κοαξ. Réexamen des emplois de ἀλλά à la lumière de l'énonciation dans *Les Grenouilles* d'Aristophane », *in* A. Rijksbaron (ed.), *New approaches to Greek Particles*, Amsterdam, Gieben : 75-99.

Bat-Zeev Shyldkrot Hava, 1995, « Subordonnées circonstancielles et dépendance sémantique. Comparaison, concession et condition : grammaticalisation et sens des connecteurs », *Faits de Langues*, 5 : 145-154.

Bat-Zeev Shyldkrot Hava, 2010, « Polysémie de *À peine* », *L'Information Grammaticale*, 125 : 12-16.

Bec Pierre, 1971, *Manuel pratique de philologie romane*, t. I-II, Paris, Picard.

Béguelin Marie-José, 2010, « Les constructions avec *avoir beau* sont-elles libres ou dépendantes ? », *in* S. Vanséveren (dir.), *Calliope. Mélanges de linguistique indo-européenne offerts à Francine Mawet*, Leuven, Peeters : 43-57.

Béguelin Marie-José, 2012, « Le statut morpho-syntaxique de *n'empêche* », *in* M. Van Peteghem, P. Lauwers, A. Demol & L. De Wilde (dir.), *Le verbe en verve ; réflexions sur la syntaxe et la sémantique verbale*, Gand, Academia Press : 635-661.

Béguelin Marie-José, Conti Virginie, 2010, « Syntaxe des structures avec *avoir beau* en français préclassique et classique », *in* B. Combettes, C. Guillot, S. Prévost, E. Oppermann-Marsaux & A. Rodríguez Somolinos (dir.), *Le changement en français. Études de linguistique diachronique*, Berne, Peter Lang : 43-72.

Béguelin Marie-José, Avanzi Mathieu, Corminboeuf Gilles (éd.), 2010, *La Parataxe*, vol. 1 : *Entre dépendance et intégration*. Berne : Peter Lang,

Béguelin Marie-José, Corminboeuf (dir.), 2016, *Relations d'attente et de projection. Langue française*, 192, Paris, Armand Colin.

Béguelin Marie-José, Corminboeuf Gilles, 2017, « *Ou comme ça, machin* et autres marqueurs d'indétermination dans les listes », *Discours*, 20 : en ligne (https://discours. revues.org/9275).

Benveniste Émile, 1948, *Noms d'agent et noms d'action en indo-européen*, Paris, Maisonneuve.

Benzitoun Christophe, 2007, *Description morphosyntaxique du mot « quand » en français contemporain*, thèse de doctorat, Université d'Aix.

Benzitoun Christophe, Sabio Frédéric, 2010, « Où finit la phrase ? Où commence le texte ? L'exemple des regroupements de constructions verbales », *Discours*, 7 : en ligne (https://discours. revues.org/7966)

Bertocchi Alessandra, Maraldi Mirka, Orlandini Anna, 2016, « QUASI : du latin à l'italien », *in* A. Bertin, H. Bat-Zeev Shyldkrot & T. Ponchon (dir.), *Prépositions, conjonctions, connecteurs*, Paris, H. Champion.

Bescherelle, 1852, *Grammaire nationale*, 5e éd., précédée d'une introduction par M. Philarète Chasles : en ligne (http://gallica.bnf.fr/ark:/12148/bpt6k2058410/f1.image).

Blanche-Benveniste Claire, 1998, « L'usage prédicatif secondaire des participes passés », *in* M. Forsgren *& al.* (dir.), *Prédication, assertion, information*, Uppsala (Suède), Acta Universitatis Upsaliensis : 43-56.

Blanche-Benveniste Claire *& al.*, 1990, *Le français parlé. Études grammaticales*, Paris, Éditions du Centre national de la recherche scientifique.

Borillo Andrée, 1984, « La négation et les modifieurs temporels : *une fois de plus encore* », *Langue française*, 62 : 37-58.

Borillo Andrée, 2002, « Les connecteurs temporels et la structuration du discours : l'exemple de *aussitôt* », *Actes du Colloque « Macro-syntaxe et macro-sémantique »*, Berne, Peter Lang : 239-256.

Borillo Andrée, 2005, « Les adverbes temporels et la structuration du discours », *in* A. Molendijk & C. Vet (dir.), *Cahiers Chronos. Temporalité et attitude : structuration du discours et expression de la modalité*, 12, Amsterdam, Rodopi : 1-18.

Borillo Andrée, 2009, « Le participe passé comme mode d'expression d'une prédication seconde de sens temporel », *in* D. Apothéloz *& al.* (dir.), *Les linguistiques du détachement*, Berne, Peter Lang : 129-149.

Bras Myriam, Schnedecker Catherine, 2013, « *Dans un (premier+second+n*^{ième}*) temps* vs *en (premier+second+n*^{ième}*) lieu* : qu'est ce qui fait la différence ? », *Langue Française*, 179 : 89-108.

Bras Myriam, Schnedecker Catherine, 2014, "French Adverbial *dans un premier temps* and Discourse Relations : From Elaboration to Contrast", *in* L. Sarda *& al.* (ed.), *Adverbials in Use. From predicative to discourse functions*, Louvain-la-Neuve, Presses Universitaires de Louvain : 163-193.

Brinton Laurel, 2010. "The Development of *I mean* : Implications for the Study of Historical Pragmatics", *in* S. Fitzmaurice & I. Taavitsainen (eds), *Methods in Historical Pragmatics*, Berlin, Mouton de Gruyter : 37-80.

Brinton Laurel, Traugott Elizabeth, 2005, *Lexicalization and Language Change*, Cambridge, Cambridge University Press.

Choi-Jonin Injoo (dir.), 2009, *Constructions et interprétations des systèmes corrélatifs. Langages*, 174, Paris, Armand Colin.

Choi-Jonin Injoo, 2013, « La multidimensionnalité de la corrélation », *in* O. Inkova, P. Hadermann (dir.), *La corrélation. Aspects syntaxiques et sémantiques*, Genève, Droz : 57-84.

Combettes Bernard, 2007, « Discontinuité et cohérence discursive : le cas des ajouts après le point », *Cahiers de Praxématique*, 48 : 111-134.

Combettes Bernard, Dargnat Mathilde, 2016, « Grammaire de constructions et diachronie : intensivité et concession », *in* F. Neveu *& al.* (dir.), *Actes du 5e Congrès Mondial de Linguistique Française* (CMLF 2016) : en ligne (https://doi.org/10.1051/shsconf/20162704001).

Conti Virginie, Béguelin Marie-José, 2010, « Le statut des concessives en *avoir beau* du français : considérations synchroniques et diachroniques », *Journal of French Language Studies*, 20/3 : 271-288.

Corminboeuf Gilles, 2009, *L'expression de l'hypothèse en français. Entre hypotaxe et parataxe*, Bruxelles, De Boeck/Duculot.

Corminboeuf Gilles, 2013, « Corrélation et rection », *in* O. Inkova, P. Hadermann (dir.), *La corrélation. Aspects syntaxiques et sémantiques*, Genève, Droz : 41-55.

Corminboeuf Gilles, Horlacher Anne-Sylvie, 2016, « La projection en macro-syntaxe et en linguistique interactionnelle : dimensions théoriques et empiriques », *Langue française*, 192 : 15-36.

Damourette Jacques, Pichon Edouard, 1911-1933, *Des mots à la pensée. Essai de grammaire de la langue française*, Paris, Éditions d'Artrey.

Degand Liesbeth, Evers-Vermeul Jacqueline, 2015, "Grammaticalization or pragmaticalization of discourse markers ? More than a terminological issue", *Journal of Historical Pragmatics*, 16 : 59-85.

Degand Liesbeth, Fagard Benjamin, 2008, « (Inter)-subjectivisation des connecteurs : le cas de *car* et *parce que* », *Revista de Estudos Linguistícos da Universidade do Porto*, 3 : 119-136.

Deulofeu Henri-José, 2001, « La notion de construction corrélative en français : typologie et limites », *Recherches sur le français parlé*, 16 : 103-124.

Dostie Gaétane, 2004, *Pragmaticalisation et marqueurs discursifs*, Bruxelles, De Boeck/Duculot.

Drouet Griselda, Richard Élisabeth, 2013, « Une stratégie énonciative singulière : la mise en scène de la contradiction dans le discours oral », *in* J. François, P. Larrivée, D. Legallois, F. Neveu (dir.), *La Linguistique de la contradiction*, Bruxelles, PIE Peter Lang : 295-308.

Drouet Griselda, Richard Élisabeth, 2016, « Confirmer pour mieux détourner : marqueurs d'acceptation et modalités de transition », *Testi e linguaggi*,

Rivista di studi letterari, linguistici e filosofici dell'Università di Salerno, Lucia Perrone Capanon, 10.

Drouet Griselda, Richard Élisabeth, 2017, « *En même temps*, un marqueur double ? De la simultanéité temporelle à la contradiction énonciative », *in* F. Lefeuvre, G. Dostie (dir.), *Lexique, grammaire, discours. Les marqueurs discursifs*, Paris, H. Champion : 159-172.

Drouet Griselda, à paraître, « Dire la contradiction : entre ajustement énonciatif et modulation de la réfutation », Actes du colloque international *Linéarité et interprétation 2*, 29e Colloque du CerLiCO, juin 2015, *Approximation, modulation, ajustement*, Presses Universitaires de Rennes.

Ducrot Oswald, Vogt Carlos, 1979, « De *magis* à *mais* : une hypothèse sémantique », *Revue de Linguistique Romane*, 43 : 317-341.

Erman Britt, Kotsinas Ulla-Britt, 1993, "Pragmaticalization : the case of *ba* and *you know*", *Studier i modern språkvetenskap*, 10 : 76-93.

Faye Paul-Louis, 1931, "*Avoir beau* + Infinitive", *The French Review*, 5/1 : 26-29.

Faye Paul-Louis, 1934, "*Avoir beau* + Infinitive in Old French and Modern French", *PMLA*, 49/4 : 1005-1018.

Fouilloux Carolina, 2013, « Entité lexicale : *certes* », *in* J.-C. Anscombre, M.-L. Donaire & P. P. Haillet (dir.), *Opérateurs discursifs du français. Éléments de description sémantique et pragmatique*, Berne, Peter Lang : 83-89.

Fradin Bernard, 1977, *Les concessives extensionnelles en français moderne*, Thèse de 3e cycle, Université Paris 8 Vincennes-Saint-Denis.

Frank-Job Barbara, 2006, "A Dynamic–Interactional Approach to Discourse Markers", *in* K. Fischer (ed.), *Approaches to Discourse Particles*, Amsterdam, Elsevier : 395-413.

Frei Henri, 1929, *Grammaire des fautes*, Paris/Genève/Leipzig, Bellegarde.

Fuchs Catherine (dir.), 1989, *Modalité et interprétation : l'exemple de* pouvoir. *Langue française*, 84, Paris, Armand Colin.

Fuchs Catherine, 2014, *La comparaison et son expression en français*, Paris, Ophrys.

Fuchs Catherine, Guimier Claude, 1989, « Introduction : la polysémie de *pouvoir* », *Langue française*, 84 : 4-8.

Gachet Frédéric, 2010, « Les structures temporelles en *à peine* : évolution diachronique et fonctionnement syntaxique », *in* F. Neveu *& al.* (dir.), *Actes du CMLF 2010*, EDP Sciences : 207-221.

Gachet Frédéric, 2013, « Constructions à télescopage temporel », *in* O. Inkova & P. Hadermann (dir.), *La corrélation. Aspects syntaxiques et sémantiques*, Genève, Droz : 323-341.

Gachet Frédéric, 2014, « Les concessives du type *Si grand soit-il*. Hypothèses diachroniques », *in* F. Neveu *& al.* (dir.), *Actes du 4e Congrès Mondial de Linguistique Française* (CMLF 2014) : 243-257 et en ligne (http://dx.doi.org/10.1051/shsconf/20140801237).

Gachet Frédéric, Béguelin Marie-José, 2016, « Emplois concessifs et non concessifs de *pouvoir bien* », *Langue française*, 192 : 69-83.

Goosse André, 1991, « Le dossier d'*avoir facile* », *in Mélanges de grammaire et de lexicologie françaises*, Louvain-la-Neuve, Peeters : 324-350.

Grevisse Maurice, Goosse André, 2016, *Le Bon Usage : grammaire française*, 16e éd., Bruxelles, De Boeck Supérieur.

Grize Jean-Blaise, 1990, *Logique et langage*, Paris, Ophrys.

Groupe de Fribourg, 2012, *Grammaire de la période*, Berne, Peter Lang.

Guimier Claude, 2009, « De la comparaison à l'énonciation : le cas de *aussi bien* », *Langue française*, 161 : 97-114.

Hadermann Pascale, 2015, « *D'autant (plus) (que)*. De la corrélation comparative subjective à la cause emphatique intersubjective », *in* G. Dostie & P. Hadermann (dir.), *La dia-variation en français actuel, études sur corpus, approches croisées et ouvrages de référence*, Berne, Peter Lang : 123-144.

Hadermann Pascale, Pierrard Michel, Van Raemdonck Dan, 2006, « Les marqueurs d'identité : subordonnants, coordonnants ou corrélateurs ? », *Faits de Langues*, 28 : 133-144.

Hadermann Pascale, Pierrard Michel, Van Raemdonck Dan, 2013, « La structure comparative à comparant réduit : séquence elliptique ou fragmentaire ? Le cas de *autant que* », *in* P. Hadermann *& al.* (dir.), *Ellipse et fragment. Morceaux choisis*, Bruxelles, PIE Peter Lang : 17-38.

Hadermann Pascale, Pierrard Michel, Roig Audrey, Van Raemdonck Dan, 2013, « Les structures corrélatives en *plus…plus* : le point de vue des marqueurs de liaison », *in* O. Inkova & P. Hadermann (dir.), *Corrélation : aspects syntaxique et sémantique*, Genève, Droz : 235-250.

Hansen Mosegaard M.-B., 2000, « La polysémie de l'adverbe *déjà* », *Études romanes*, 47 : 157-177.

Hansen Mosegaard M.-B., 2002, "From aspectuality to discourse marking : the cas of French *déjà* and *encore*", *Belgian Journal of Linguistics*, 16 : 23-51.

Hansen Mosegaard M.-B., 2008, Particles at the semantics/pragmatics interface : synchronic and diachronic issues. A study with special reference to the French phasal adverbs, Howard House, Emerald.

Haspelmath Martin, 2004, "Coordinating constructions. An overview", *in* M. Haspelmath (ed.), *Coordinating Constructions*, Amsterdam/Philadelphia, J. Benjamins : 3-39.

Hess John A., 1924, "The Illative *Aussi* and the Concessive *Avoir Beau*", *The Modern Language Journal*, 8/5 : 281-284.

Inkova Olga, Hadermann Pascale (dir.), 2013, *La corrélation. Aspects syntaxiques et sémantiques*, Genève, Droz.

Jespersen Otto, 1924 [1992], *The Philosophy of Grammar*, London, Allen and Unwin.

Kleiber Georges, 1983, « L'emploi 'sporadique' du verbe "pouvoir" en français », *in* J. David & G. Kleiber (dir.), *La notion sémantico-logique de modalité*, Paris, Klincksieck : 183-203.

König Ekkehard, Siemund Peter, 2000, "Causal and concessive clauses : Formal and semantic relations", *in* E. Couper-Kuhlen & B. Kortmann (dir.), *Cause, condition, concession, contrast : cognitive and discourse perspectives*, Berlin / New York, Mouton de Gruyter : 341-360.

Lambert Frédéric, 2008, « Les intermittences de *ou* en français », *Revue de Sémantique et Pragmatique*, 24 : 115-141.

Le Draoulec Anne, 2005, « Connecteurs temporels d'immédiateté : le cas de *aussitôt* et de *soudain* », *Cahiers Chronos*, 12 : 19-34.

Le Draoulec Anne, Bras Myriam, 2007, « *Alors* as a possible Temporal Connective in Discourse », *Cahiers Chronos*, 17 : 81-94.

Leeman Danièle, 2002, *La phrase complexe : les subordinations*, Bruxelles, De Boeck/Duculot.

Le Goffic Pierre, 1993, *Grammaire de la phrase française*, Paris, Hachette.

Lehmann Christian, 1988, « Towards a typology of clause linkage », *in* J. Haiman *& al.* (eds), *Clause combining in grammar and discourse*, Amsterdam, J. Benjamins : 181-225.

Le Querler Nicole, 1996, *Typologie des modalités*, Caen, PUC.

Le Querler Nicole, 2001, « La place du verbe modal 'pouvoir' dans une typologie des modalités », *Cahiers Chronos*, 8 : 17-32.

Létoublon Françoise, 1985, « Latin *tantum, dum, tamen, quamquam*, cause, quantité, concession et restriction », in C. Touratier (dir.), Syntaxe et Latin. Actes du 2e Congrès International de Linguistique Latine, Aix-en-Provence, 28-31 Mars 1983, Aix-en-Provence, Université de Provence : 537-554.

Littré Emile, 1956 [1863-1872], *Dictionnaire de la langue française*, Paris, J.-J. Pauvert.

Löfstedt Einar, 1942², Syntactica. Studien und Beiträge zur Historischen Syntax des Lateins, 1. Teil. 2. Auflage. Lund, Gleerup.

Malchukov Andrej L., 2004, "Towards a Semantic Typology of Adversative and Contrast Marking", *Journal of Semantics*, 21 : 177-198.

Marchello-Nizia Christiane, 2008, « Le principe de surprise annoncée », *Discours*, 1 : en ligne (https://discours.revues.org/68).

Marconi Diego, Bertinetto Pier Marco, 1984, « Analisi di 'ma' », *Lingua e Stile*, 19/2 : 475-509.

Marcotte Stéphane, 1997, *La coordination des propositions subordonnées en moyen français*, Genève, Droz.

Martin Robert, 1980, « *Déjà* et *encore* : de la présupposition à l'aspect », *in* J. David & R. Martin (dir.), *La notion d'aspect*, Paris, Klincksieck : 167-179.

Martin Robert, 1987, *Les univers de croyance dans la théorie sémantique*, Bruxelles, Mardaga.

Melander Johan, 1916, *Étude sur "magis" et les expressions adversatives dans les langues romanes*, Uppsala, Almqvist & Wiksell.

Mellet Sylvie (dir.), 2008, *Concession et dialogisme. Les connecteurs concessifs à l'épreuve des corpus*, Berne, Peter Lang.

Meyer-Lübke Wilhelm, 1900, *Grammaire des langues romanes*, Paris, H. Welter.

Mignon Françoise, 2009, « Histoire du terme corrélation dans la grammaire française », *Langages*, 174 : 13-24.

Moline Estelle, 1994, « Elle n'avait pas soutenu sa thèse que déjà elle voulait publier. Éléments pour la description syntaxico-sémantique des phrases de forme *(ne... pas) (encore) p que (déjà) (ne... plus) q* », *Cahiers de Grammaire*, 19 : 35-73.

Molinier Christian, 2009, « Sur la nature et la structure des consécutives intégrées », *Lingvisticae Investigationes*, 32 : 163-175.

Molinier Christian, Lévrier Françoise, 2000, *Grammaire des adverbes. Description des formes en –ment*, Genève, Droz.

Montchaud Pascal, 2015, "Reciprocal Connection in French", *in* A. Bondaruk *& al.* (eds), *Young Minds vs. Old Questions in Linguistics :* 14 *Proceedings of the Fourth Central European Conference for Linguistics*, Lublin : 139-155.

Montchaud Pascal, 2017, « Marqueurs discursifs *vs* corrélatifs : un sous-ensemble commun ? Le cas de "déjà" et de "d'une part" et "d'un côté" », *in* G. Dostie & F. Lefeuvre (dir.), *Lexique, grammaire, discours. Les marqueurs discursifs*, Paris, Honoré Champion : 87-104.

Morel Marie-Annick, 1980, *Étude sur les moyens grammaticaux et lexicaux propres à exprimer une concession en français moderne*, Thèse d'État, Université Paris 3.

Morel Marie-Annick, 1996, *La concession en français*, Gap/Paris, Ophrys.

Morency Patrick, 2009, « *Déjà* : un marqueur procédural de subjectivisation », *Tranel*, 51 : 19-43.

Mosegaard Hansen Maj-Britt, 2002, "From aspectuality to discourse marking : The case of French *déjà* and *encore*", *Belgian Journal of Linguistics*, 16 : 23-51.

Mouret François, 2013, « Sur la notion de 'corrélateur' », *in* O. Inkova & P. Hadermann (dir.), *La corrélation. Aspects syntaxiques et sémantiques*, Genève, Droz : 217-233.

Muller Claude, 1993, « La syntaxe des concessives extensionnelles du français », *Travaux linguistiques du Cerlico*, 6 : 169-206.

Muller Claude, 1999, « *Encore* et *toujours*, les modifieurs temporels de *encore* à *toujours* », *in* M. Plénat *& al.* (dir.), *L'emprise du sens : structures linguistiques et interprétations*, Amsterdam, Rodopi : 217-247.

Névéol Aurélie, 2002, *Étude du connecteur « d'autant plus que » dans une optique de génération automatique*, Mémoire de DEA, Linguistique informatique, Université Paris 7.

Nøjgaard Morten, 1992/1993/1995, *Les adverbes français. Essai de description fonctionnelle*, 3 vol., Copenhague, Munksgaard.

Orlandini Anna, 1999, « *Tamen* : l'argumentation par "re-formulation rectifiante" », *in* A. Bertocchi, M. Maraldi, A. Orlandini (dir.), *L'argumentation en latin*, *Lalies*, 19 : 199-213.

Orr John, 1963/1957, *Essais d'étymologie et de philologie françaises*, Paris, Klincksieck.

Paillard Denis, 2004, « *Déjà* : adverbe ou marqueur discursif ? », Communication présentée au Colloque *Chronos* 6. Résumé en ligne : www.unige.ch/lettres/latl/chronos/paillard.rtf

Pander Maat Henk, Degand Liesbeth, 2001a, "Scaling causal relations and connectives in terms of Speaker Involvement", *Cognitive Linguistics*, 12/3 : 211-245.

Pander Maat Henk, Sanders Ted, 2001b, "Subjectivity in causal connectives : An empirical study of language in use", *Cognitive Linguistics*, 12/3 : 247-273.

Péroz Pierre, 1998, « *D'une part, d'autre part* : le partage du dit », *in* C. Schnedecker (dir.), *Les corrélats anaphoriques*, Paris, Klincksieck : 61-73.

Pierrard Michel, 2008, « *Que* dans les comparatives équatives : une proforme indéfinie ? », *Langue française*, 158 : 69-85.

Pit Mirna, 2003, *How to express yourself with a causal connective. Subjectivity and Causal Connectives in Dutch, German and French*, Amsterdam, Rodopi.

Prévost Sophie, Fagard Benjamin, 2007, « Grammaticalisation et lexicalisation : la formation d'expressions complexes », *Langue française*, 156 : 3-8.

Rebotier Aude, 2014, « De la simultanéité à la restriction : l'évolution actuelle d'*en même temps* », *in* R. Daval, E. Hilgert, T. Nicklas & D. Thomières (dir.), *Sens, formes, langage. Contributions en l'honneur de Pierre Frath*, ÉPURE – Éditions et Presses universitaires de Reims, Reims : 307-330.

Renkema Jan, 2009, *The Texture of Discourse.* Amsterdam/Philadelphia, John Benjamins.

Rhetorical Structure Theory : http://www.sfu.ca/rst/.

Richter Elise, 1908, « Zur Geschichte der Indeklinabilien 1. Die Geschichte von *magis* im Französischen », *Zeitschrift für romanische Philologie*, 32 : 657-677.

Riegel Martin, Pellat Jean-Christophe, Rioul René, 1994, *Grammaire méthodique du français*, 1re édition, Paris, PUF.

Riegel Martin, Pellat Jean-Christophe, Rioul René, 2009, *Grammaire méthodique du français*, 4e édition entièrement revue, Paris, PUF.

Rigamonti Alessandra, Manzotti Emilio, 1991, « La negazione », *in* L. Renzi, G. Salvi (dir.), *Grande grammatica italiana di consultazione. II. I sintagmi verbale, aggettivale, avverbiale. La subordinazione*, Bologna, Il Mulino : 245-317.

Roig Audrey, 2015, *La corrélation en français. Étude morphosyntaxique*, coll. Domaines linguistiques, Paris, Classiques Garnier.

Roig Audrey, Van Raemdonck Dan (dir.), 2014, *Les liaisons de prédications. Langue française*, 182, Paris, Armand Colin.

Roig Audrey, Van Raemdonck Dan, 2014, « Présentation », *Langue française. Les liaisons de prédications*, 182, Paris, Armand Colin : 3-10.

Roig Audrey, Van Raemdonck Dan, 2018, « Déjà », *in* A. Aleksandrova, C. Benninger, A. Theissen, F. Marsac & J.-P. Meyer (dir.), *Consécutivité et simultanéité en Linguistique, Langues et Parole – 2. Syntaxe, Sémantique*, Paris, L'Harmattan, coll. Dixit Grammatica, p. 179-198.

Rosén Hannah, 2005, "Particles-Hypercharacterization and status shift in Latin and Romance", *in* S. Kiss, L. Mondin, G.P. Salvi (dir.), *Latin et langues romanes. Études de linguistique offertes à Josef Herman à l'occasion de son 80e anniversaire*, Tübingen, Niemeyer : 227-236.

Rossari Corinne, 2008, « Le fonctionnement dialogique de quelques connecteurs argumentatifs », *in* M. Birkelund, M.-B. Mosegaard Hansen & C. Norén (dir.), *L'énonciation dans tous ses états*, Berne, Peter Lang : 361-375.

Roze Charlotte, 2009, *Base lexicale des connecteurs discursifs du français*, Mémoire de Master 2, Linguistique informatique, Université Paris 7.

Saez Frédérique, 2009, « De la corrélation temporelle à la connexion discursive : le cas de *cependant* et *alors* », *Langages*, 174 : 67-82.

Sandfeld Kristian, 1977 [1936], *Syntaxe du français contemporain. II. Les propositions subordonnées*, Genève, Droz.

Savelli Marie-Josée, 1993, *Contribution à l'analyse macro-syntaxique des constructions « siamoises » de type :* « plus V1… plus V2 », Thèse de doctorat nouveau régime en Sciences du langage, Université de Provence.

Schnedecker Catherine (dir.), 1998, *Les corrélats anaphoriques*, Paris, Klincksieck.

Schnedecker Catherine, 1999a, « Les corrélats anaphoriques : une entrée en matière », *in* C. Schnedecker (dir.), *Les corrélats anaphoriques*, *Recherches linguistiques*, 22, Paris, Klincksieck : 3-36.

Schnedecker Catherine (dir.), 1999b, *Les corrélats anaphoriques*, *Recherches linguistiques* 22, Paris, Klincksieck.

Schnedecker Catherine, 2001a, « De l'ordre dans les adverbes : les ordinaux », *in* C. Buridant, G. Kleiber & J.-C. Pellat (dir.), *Par Monts et par vaux, itinéraires linguistiques et grammaticaux, mélanges de grammaire et de linguistique française en hommage au professeur Martin Riegel*, Louvain-la-Neuve, Peeters : 365-378.

Schnedecker Catherine, 2001b, « Adverbes ordinaux et introducteurs de cadre : aspects linguistiques et cognitifs », *Lingvisticae Investigationes*, XXIV/2 : 257-287.

Schnedecker Catherine, 2006, *De l'un à l'autre et réciproquement. Aspects sémantiques, discursifs et cognitifs des pronoms anaphoriques corrélés*, Bruxelles, De Boeck/Duculot.

Schnedecker Catherine, 2017, « Aspects morpho-sémantiques de la "corrélation" : les "séquences discursives" à marques paradigmatisantes », *Travaux de linguistique*, 74 : 81-108.

Schnedecker Catherine, Bras Myriam, 2011, « Description sémantique de *dans un premier temps* : de la composition syntagmatique au discours », *Discours*, 9 : en ligne (http://discours.revues.org/8563).

Segre Cesare, 1963, *Lingua, stile e società*, Milano, Feltrinelli.

Soutet Olivier, 1990, *La concession en français des origines au XVIe siècle*, Genève, Droz.

Soutet Olivier, 1992, *La concession dans la phrase complexe en français des origines au XVIe siècle*, Genève, Droz.

Sperber Dan, Wilson Deirdre, 1989, *La pertinence. Communication et cognition*, Paris, Minuit (éd. anglaise 1986).

Spevak Olga, 2005, *La concession en latin*, Bruxelles, Latomus.

Sueur Jean-Pierre, 1977a, « À propos des restrictions de sélection : les infinitifs *devoir* et *pouvoir* », *Lingvisticae Investigationes*, 1/2 : 375-409.

Sueur Jean-Pierre, 1977b, « Quantificateurs et modalités », *Langages*, 48 : 84-99.

Sueur Jean-Pierre, 1979, « Une analyse sémantique des verbes "devoir" et "pouvoir" », *Le français moderne*, 47/2 : 97-120.

Sueur Jean-Pierre, 1983, « Les verbes modaux sont-ils ambigus ? », *in* J. David & G. Kleiber (dir.), *La notion sémantico-logique de modalité*, Paris, Klincksieck : 165-182.

Svensson Maria, 2010, *Marqueurs corrélatifs en français et en suédois. Étude sémantico-fonctionnelle de d'une part… d'autre part, d'un côté… de l'autre et de non seulement… mais en contraste*, Uppsala, Uppsala Universitet, *Studia Romanica Upsaliensia*, 79.

Theissen Anne, 2018, « *Une fois* (*que*) + *P* : un marqueur de consécutivité processuelle », *Consécutivité et Simultanéité en linguistique, langues et parole*, vol. 2, Collection *Dixit Grammatica*, Paris, L'Harmattan.

Togeby Knud, 1983, *Grammaire française*, Copenhague, Akademisk Forlag.

Traugott Elizabeth, 1994, "Grammaticalization and Lexicalization", *in* R. Asher & J. Simpson (eds), *Encyclopedia of Language and Linguistics*, vol. 3, Oxford, Pergamon : 1481-1486.

Traugott Elizabeth, 1997, "UNLESS and BUT conditionals : a historical perspective", *in* A. Athanasiadou & R. Dirven (eds), *On conditionals again*, Amsterdam, J. Benjamins : 147-167.

Traugott Elizabeth, 2003, "From subjectivisation to intersubjectivisation", *in* R. Hickey (ed.), *Motives for language change*, Cambridge, Cambridge University Press.

Turco Gilbert, Coltier Danielle, 1988, « Des agents doubles de l'organisation textuelle : les marqueurs d'intégration linéaire », *Pratiques*, 57 : 57-79.

Tutescu Mariana, 2006, « *L'opérateur* numai : *de la partition à la modalité* », *in* G. Kleiber, C. Schnedecker & A. Theissen (dir.), *La relation partie-tout*, Louvain/Paris, Peeters : 243-256.

Van Raemdonck Dan, 2011, *Le sens grammatical. Référentiel à l'usage des enseignants*, PIE Peter Lang, Bruxelles.

Vendler Zeno, 1967, *Linguistics in Philosophy*, Ithaca, Cornell University Press.

Vet Co, 2011, « L'aspect grammatical et les adverbes aspectuels *déjà* et *(pas) encore*. », *in* D. Amiot *& al.* (dir), *Ars Grammatica, Hommage à Nelly Flaux*, Berne, Peter Lang : 355-369.

Wagner Robert Léon, Pinchon Jacqueline, 1962, *Grammaire du français classique et moderne*, Paris, Hachette.

Wartburg Walter von, Zumthor Paul, 1947, *Précis de syntaxe du français contemporain*. Berne, A. Francke (2e éd., 1958).

Wilmet Marc, 1997, *Grammaire critique du français*, 1re éd., Bruxelles, De Boeck/Duculot.

Wilmet Marc, 2003, *Grammaire critique du français*, 3e éd., Bruxelles, De Boeck/Duculot.

Wilmet Marc, 2010, *Grammaire critique du français*, 5e éd. entièrement revue, Bruxelles, De Boeck/Duculot.

RÉFÉRENCES DES CORPUS UTILISÉS

Avanzi Mathieu, Béguelin Marie-José, Diémoz Federica, 2012-2015, « Présentation du corpus OFROM – corpus oral de français de Suisse romande », Université de Neuchâtel, http://www.unine.ch/ofrom

Branca-Rosoff Sonia, Fleury Serge, Lefeuvre Florence, Pires Matthew, 2012, Discours sur la ville. Présentation du Corpus de Français Parlé Parisien des années 2000 (CFPP2000).

Clapi, *Corpus de Langue Parlée en Interaction*, laboratoire ICAR, Université Lyon 2. Disponible sur : http://clapi.univ-lyon2.fr.

Frantext, Atilf-CNRS & Université de Lorraine. Site internet : http://www.frantext.fr.

INDEX NOMINUM

RÉSUMÉS

Audrey ROIG et Catherine SCHNEDECKER, « Introduction. Portrait de la *connexion corrélative* »

Introduisant les études qui suivent dans le volume, cette contribution entend dresser le portrait de la connexion corrélative en français. Après avoir listé différents cas de corrélation (non marquée *vs* marquée, au moyen de connecteurs *simples*, *doubles* ou *bi-/polynomiaux*), elle présente quelques marqueurs corrélatifs intraphrastiques qui tendent à prendre la forme d'organisateurs textuels/discursifs/énonciatifs, et vice-versa.

Bernard COMBETTES, « Locutions temporelles, locutions spatiales en corrélation, deux évolutions différentes »

Cette contribution étudie, d'un point de vue diachronique, le fonctionnement de certaines expressions qui établissent en français un parallèle entre deux constituants de l'énoncé : elle observe le processus de pragmaticalisation qui caractérise leur évolution, en s'attachant particulièrement aux expressions spatio-temporelles, et tente de montrer les différences qui séparent deux types de constructions : la répétition simple (*tantôt… tantôt*) et la relation anaphorique (*d'une part… d'autre part*).

Bernard COMBETTES et Mathilde DARGNAT, « Grammaticalisation du tour corrélatif *d'autant que* comme "mot du discours" »

L'étude diachronique et synchronique de *d'autant que* en français met en évidence plusieurs étapes, le XVIe siècle apparaissant comme une période pivot. Parmi ces étapes, parallèlement à une autonomisation, un détachement et à un changement d'ordre, on observe le passage de la valeur comparative à la valeur causale, qui tend à devenir argumentative. Les processus de grammaticalisation, pragmaticalisation et lexicalisation sont mis en perspective avec le phénomène d'(inter)subjectivisation.

Anna ORLANDINI et Paolo POCCETTI, « *Magis*, de la corrélation à l'adversative »

En latin archaïque, l'on connaît les structures corrélatives *quo magis… eo magis* et *quam magis… tam magis*, correspondant aux constructions romanes *Plus… (et) plus…* ; *Più… (e) più…*, *Màs… (y) màs.* Il s'agit d'une structure *en balance.* Une autre corrélative est le *magis correctivum* (*mais/sondern*), *NON* X, *MAGIS* Y, qui opère par substitution et qui est proche de la disjonction, alors que le *magis quantitativum* (*mais/aber*) est une structure *en balance* qui se rapproche de la coordination connective.

Andrée BORILLO, « Schémas corrélatifs pour l'expression de l'immédiateté temporelle en discours »

Dans le schéma corrélatif E[e1(,) e2], les relations temporelles entre deux énoncés e1 et e2 s'expriment à travers le couplage de deux adverbes temporels créant trois schémas différents : Correl.1 (*à peine… déjà*) exprime une relation de successivité immédiate, Correl.2 (*toujours… déjà*) et Correl.3 (*pas encore… déjà*), expriment une relation de recouvrement partiel, l'un par le fait d'un état qui se prolonge en e1, l'autre, d'une situation débutant en e2 alors qu'une première est encore en cours.

Griselda DROUET et Élisabeth RICHARD, « *En même temps* : marqueur à rebours de corrélation énonciative »

Cet article interroge la notion de corrélation en regard de la description du marqueur *en même temps*. Ce dernier répond *a priori* pleinement à la définition de la corrélation : il installe deux séquences dans un rapport de macrodépendance, de simultanéité, de concomitance dont l'une implique l'autre et réciproquement. Cependant, la corrélation qu'*en même temps* instaure est singulière en ce qu'elle impose souvent de tirer de deux segments corrélés, deux conclusions différentes voire opposées.

Gilles CORMINBOEUF, « Corrélation et argumentation. L'emploi justificatif de *déjà* en français parlé »

L'étude décrit le fonctionnement en français parlé d'organisations discursives où *déjà* introduit un argument qui endosse une fonction justificative. Nous montrons que *déjà* justificatif entre dans trois schémas discursifs et nous précisons ce qu'il faut entendre par « justification » : l'énonciation indexée par *déjà* se présente comme une raison de croire à une conclusion argumentative.

Marie-José Béguelin et Frédéric Gachet, « Expression du haut degré et constitution de diptyques syntaxiques. Le cas de *pouvoir* (*bien* / *toujours*...) et *avoir beau* + infinitif »

L'étude porte sur les diptyques formés à l'aide de [*pouvoir* ± formule intensive] et d'[*avoir beau*]+V_{inf}. Leur constitution repose en gros sur les mêmes principes, et le sort de l'un éclaire indirectement celui de l'autre. Leur confrontation suggère que la présence dans un énoncé de certains marqueurs de haut degré (*bien*, *toujours*, *beau*, etc.) tend à créer l'attente d'un autre énoncé, et à devenir par la suite la marque possible d'une relation entre propositions, de nature causale ou concessive.

TABLE DES MATIÈRES

IMPRIM'VERT®

Achevé d'imprimer par Corlet Numéric,
Z.A. Charles Tellier, Condé-en-Normandie (Calvados), en décembre 2020
N° d'impression : 169454 - dépôt légal : décembre 2020
Imprimé en France